미래경영의
아트코어

미래경영의
아트코어

저성장을 돌파하는 가치창조의 5가지 시크릿

황순학 지음

 더블북

미래경영의 아트코어

초판 1쇄 인쇄 2016년 1월 5일
초판 1쇄 발행 2016년 1월 15일

지은이 | 황순학
펴낸이 | 하인숙

펴낸곳 | ㈜ 더블북코리아
출판등록 | 2009년 4월 13일 제2009-000020호

주소 | (우)07983 서울시 양천구 목동서로 77 현대월드타워 1319호
전화 | 02-2061-0765
팩스 | 02-2061-0766
이메일 | doublebook@naver.com

ⓒ황순학 2016
ISBN 979-11-85853-06-2 (03320)

이 책은 한국출판문화산업진흥원의
2015년 〈우수 출판콘텐츠 제작 지원〉 사업 선정작입니다.

미래를 경영하려면 아트코어를 배워라

우리나라에 창조경영이란 새로운 화두가 거론되던 시점에 한 경영인들의 모임에 초청되어 예술이 경영현장에서 필요한 이유를 역설하는 기회가 있었다. 이 책을 집필하게 된 계기를 제공한 자리였던 셈이다.

돌이켜 생각해 보면 그 모임에서 필자를 초청한 이유는 대다수 경영인들이 갖고 싶은 취미생활의 한 연장선에서이거나 특별한 이벤트성 음악 감상 강연을 염두에 둔 것이겠지만, 그날의 강연에서 필자는 음악 감상 대신에 우리 사회에서 음악과 예술을 단순히 취미활동 또는 여가활용으로 바라보는 관점에서 벗어나 음악과 예술이 경영현장에서 너무나 필요한 것임을 필자의 오랜 유럽 유학생활의 경험을 바탕으로 이야기했다. 유럽의 기업들이 글로벌 시장에서 강한 이유를 예술과 문화적 관점에서 참석자들에게 설명해 드리며 많은 호응을 얻었고 개인적으로도 경영인들과의 만남의 자리에서 예술과 경영의 접목이란 새로운 타이틀이 미래경영의 패러다임으로 만들어져야 한다는 점도 확인할 수 있었다.

그로부터 2~3년의 세월이 흘러 2015년 현재 대한민국을 대표하는 기업들은 여전히 세계시장에서 고전을 면치 못하고 있다. 엔저 현상으로 일본의 수출 가격은 2013년 -9.2%, 2014년 -4.0%, 2015년 9월 현재 -9.3%로 계속 하락하는 추세다. 엔저로 인해 일본제품들이 우리 제품보다 상대적으로 가격경쟁력까지 높아지는 역전현상이 발생할 우려도 보인다. 또한 중국과의 기술경쟁력에서 앞서 온 우리였지만 이제 중국과 한국의 기술경쟁력 격차는 2012년 1.9년에서 2014년 1.4년으로 단축됐다. 이는 같은 기간 우리나라와 일본의 기술격차가 3.1년에서 2.8년으로 좁혀진 것에 비교하면 중국의 추격 속도가 한층 빠른 것이다.

이로 인해 과거 한국과 중국이 선진국과 신흥국 간의 국제 분업질서인 안행형(雁行型, 미국 주도 수출시장에 일본·중국·한국·대만·홍콩·싱가포르 등이 뒤따르는 모습을 기러기 떼가 비상하는 것에 비유한 용어) 성장 모델이 붕괴할 수 있다는 분석이 보고되고 있는 시점이다. 이제껏 가격경쟁력, 기술경쟁력, 제품경쟁력에서 비록 샌드위치 형태였을지라도 중국과 일본 사이에서 그나마 안정적 위치를 점했던 우리였지만 이젠 일본과 중국 사이에서 언제든 나가떨어질 수 있는 시점이라는 점에서 우리의 국가경쟁력의 미래가 무척 우려된다.

이런 시점에서 우리가 도모해야 할 새로운 혁신의 제언은 바로 문화예술 기반형 혁신이다. 이제껏 많은 혁신을 도모하고 실행했지만, 가격 경쟁력 차원에서의 혁신에만 집중해 고부가가치산업 구조를 이룩하는 데는 실패했다. 앞으로 우리 경제가 주목해야 할 역사적 교훈은 경제활동만 왕성했던 실크로드의 주요 거점 도시와 지중해 연안의 무역도시들은 모두 역사에서 그 자취가 사라졌다는 점이다. 우리라고 그렇지 않을 것이란 보장은 없다. 정치적으로나 경제적으로 지금 부활하고 있는 중국과 러시아가 문화와 예술의 향유가 늘 가득했던 지역이었다는 점을 우리는 놓치고 있지 않나 싶다.

이 책에서 밝히는 새로운 예술적 감각의 경영이론은 이제 'How'가 아닌 'What'에 눈뜨게 할 것이다. 이 책의 본질은 인간이 좋아하는 바로 그 'What'에 관한 이야기다. 인간은 좋아하는 것에 늘 본능적으로 특별한 관심을 가지며, 'What'을 좋아하면 좋아할수록 'What'의 구매력 지수는 상승한다는 점에 기인해 경영이론에서 제대로 다루지 않는 고부가가치 산업으로의 방향성을 예술로 잡은 것이다.

작가가 'What'을 만든다고 해서 그 'What'이 바로 예술이 되지는 않는다. 많은 사람의 기호와 판단에 근거해 상대적으로 많은 이로부터 선택을 받아야만 궁극적으로 예술로 인정받으며, 교과서에 수록된 수많은 예술 작품들은 한때 많은 이들에게 공감을 불러일으키고 선택받았던 'What'이었다는 점에서 예술은 현대의 제품들이 가져야 할 숙명과도 같은 것이다. 그런 취지에서 예술을 경영학적 관점에서 공통으로 다루어 보려는 것이다.

일본과 중국의 틈새에서 가격경쟁력의 경쟁에서 벗어나는 일은 이제 우리 사회가 고부가가치산업을 정확히 인식하고 창출할 수 있는 능력에 눈을 떠야만 가능하다. 고부가가치를 가장 충실히 이행해 오고 있는 것들은 바로 예술이었다는 점을 상기하시길 바란다. 세월이 흘러도 여전히 소비자들에게 선택받는 '명품제품'들이 갖는 속성은 늘 고부가가치를 이룩해왔으며 여태껏 서유럽 경제의 알려지지 않은 숨은 기반이 되었다는 사실을 이 책에서 확인해 보시길 바란다. 그 기반이 되는 'What'을 인간이 어떻게 인식하는지를 깨달을 때 이 책의 가치도 빛날 것이다. 이 책을 통해 독자 여러분들 각각 개인의 가치도 고부가가치형으로 상승해 나가는 계기가 되기를 기원해 드린다.

끝으로 십여 년의 유학생활 동안 저에게 큰 힘이 되어 주시고 새로운 가치관에 눈뜨게 해주신 이탈리아 대사와 독일 대사를 역임하신 이기주

전 외교부 차관님께 깊은 존경과 감사를 지면으로나마 전해 올린다. 그리스와 로마 그리고 르네상스 문화를 관심 있게 연구할 수 있는 계기를 만들어 주시고 나아가 필자에게 다양한 경험을 할 수 있는 환경을 적극적으로 제공해 주셨다. 자료조사를 도와준 서울과학기술대학교 경영학과의 김인겸 군과 같은 대학 행정학과의 김민음 양에게도 고마움을 전한다.

2015년 12월

황순학

| 차례 |

왜 Made in Europe인가

'Made in Europe'이 갖는 가장 큰 특징은 모든 사회 전반의 분야에서 고부가가치를 실현한다는 점이다. 유럽은 예술의 요소를 정치, 사회, 교육, 공공 인프라, 산업 시스템, 산업생산품 등의 전 분야에 적용하고 있으며, 그 결과물들의 우수성을 위한 노력뿐만 아니라 결과물들을 예술적 이미지로 잘 포장하면서 탁월한 능력을 갖추고 있다. 이러한 그들의 결과물의 우수성과 이미지를 우리는 흔히 창의성 혹은 상상력이라는 말로 해석하고 감탄해마지 않는다.

유럽에서 태동한 철학, 문학, 예술, 기술 등 Made in Europe의 결과물들은 공통으로 '멋진 것'들 또는 '있어 보이는 것'이라 인정받는다. 그 '멋진 것'들과 '있어 보이는 것'들이 우리의 영혼과 지갑을 쉽게 열어젖히게 한다. 그리고 그 '멋진 것'들과 '있어 보이는 것'들을 학문적으로는 고차원, 상업적으로는 '고부가가치'라 정의를 내린다.

창의성과 상상력의 기반이 되는 예술과 예술적 감각이 고차원과 고부가가치를 만들어낸다는 것을 이 책에서 확인시켜 드리고 싶다. 유럽에서는 플라톤 이래로 사르트르까지 그리고 현재 이 순간도 이미지에 관한 철학적 탐구를 계속하고 있다. 인간의 믿을 수 없는 판단력에 기대어 높은 부가가치를 실현해 나가고 있다. 이러한 점 역시 이 책에서 전달하고 싶다. 결국 창의성과 상상력이 고차원과 고부가가치를 만들어내고 인간의 불완전하고 믿을 수 없는 판단력은 그것을 '선택'할 수밖에 없는 숙명이라는 점, 그리고 그것을 통해서 유럽이 어떻게 '저녁이 있는 삶'을 갖게 되었는지도 살펴볼 것이다.

고부가가치 산업 구조를 가진 서구 유럽 지역의 공통적인 특징은 각국의 고유한 전통적 예술문화가 인류사에서 보편적으로 훌륭하다는 견해로 인정받고 있는 점이다. Made in Europe이 우리에게 '명품'이라 평가받는 이유이다. 명품이라고 하면 소유욕을 불러일으키는 요소로 단순히 인간의 '과시욕' 차원으로만 생각하는 사람이 많다. 그러나 그전에 우리는 명품만이 갖는 고가의 가격책정과 한정생산방식 등이 가능할 수 있었던 요소에 주목해야 한다.

세계적으로 명품이라 불리는 브랜드와 초일류기업의 '핫(hot)'한 아이템을 기획하고 만들어내는 인재들에게는 우리와는 다른 공통점이 있다. 그들의 DNA 속에는 자신들만의 고유한 문화 예술에 관한 기호와 더불어 시간이 빚어낸 정통 문화에 관한 감각과 자부심이 들어있으며, 전통적으로 아름다움을 중시한다. 우리의 경우 전통문화와 예술이 근대화와 산업화 과정에서 먹고 살기 위한 생존권 투쟁에서 밀려났지만, 서구 유럽인들에게 전통문화와 예술은 강요된 학습의 성과가 아니라 일상을 살아가면서 느끼는 자연스러운 발로였다. 한 마디로 전통문화와 예술의 자연습득이 가능한 환경이었다.

우리에겐 특별한 품질과 디자인, 즉 명품이 갖는 고급적 이미지로 인식되는 Made in Europe의 제품들이 유럽처럼 일상생활 공간을 최고의 예술품들로 아름답게 장식하고 유지하는 곳에서는 무척 자연스러운 생각과 아이디어에서 비롯된 것이며, 친숙한 이미지의 디자인일 수 있다는 점을 새롭게 인식해야 한다. 예술과 문화가 성숙한 곳에서 만들어지는 제품은 그 역할과 기능이 우리 삶에 미치는 영향이 미비한 제품일지라도 예술적 기운으로 만들어지고 있다.

이제 한국 사회와 경제 분야에서도 서서히 예술적 기운의 중요도가 점차 인식되고 있는 분위기다. 그러나 아직 부족한 면이 많다. 따라서 서유럽의 명품이 갖는 예술적 이미지를 구체화하고 명료하게 전달될 수 있도록 할 생각이며, '예술을 위한 예술'이 아닌 '저녁이 있는 삶을 가능케 할 예술'이란 개념으로 Made in Europe 제품이 갖는 예술적 이미지에 관해 이야기해보고자 한다.

OECD 회원국 중 최고의 노동시간을 자랑하지만, 여전히 우리가 상대적으로 배가 고픈 것은 고부가가치 제품에 관한 기획 및 생산에서 서

유럽보다 경쟁력 우위를 확보하지 못하고 있기 때문이란 생각이 든다. 지금의 우리 경제가 처한 저성장의 늪에서 빠져나오기 위해 예술이란 이름의 구명튜브를 던지는 것이 살짝 걱정되기도 한다. 왜냐하면, 예전보다는 아주 배불러진 우리 사회지만 아직도 예술에 관한 이야기를 조금이라도 꺼내려 하면 돌아오는 대답은 여전히 "배부른 소리 하고 있네!"이다. 이런 취급을 받기 일쑤지만 '있어 보이는 것들' 다시 말해 고부가가치를 갖는 생산물은 모두 예술적 기반 위에서 만들어진다는 사실을 우리 사회에 이야기하고 싶다. 우리는 그동안 절체절명의 생존을 위한 투쟁으로 배고픔만을 해결하기 위해 앞만 보고 달려왔다. 그래서 그런지 몰라도 '저녁이 있는 삶'을 생각하고 준비할 겨를이 없었던 것 같다. 살짝 배불러진 지금 시야를 좀 더 넓혀 서유럽의 여러 나라를 바라보길 바란다.

문화와 예술이 일상에서 자연스럽게 소비되고 그 가치를 인정받는 나라일수록 현재 글로벌 시장에서 가격 경쟁력이 높은 일명 고부가가치의 '브랜드(brand)'인 '명품(luxury goods)'을 생산해 내며 높은 국가경쟁력과 개인의 삶의 질이 풍족함을 과시하고 있다. 문화와 예술이 도외시된 채 압축 성장만으로 쌓아 올린 대한민국 경제는 고부가가치를 실현하는 '명품브랜드(luxury goods brand)'를 잘 만들어 내지 못하고 있는 것 또한 사실이다. '저녁이 있는 삶'은 우리 경제계와 산업계 전반에서 고부가가치의 한국산 '명품 브랜드(luxury goods brand)'들이 글로벌 시장에 쏟아나올 때 비로소 가능하지 않을까 생각한다.

앞으로 다가올 미래에는 좀 더 여유 있는 삶, 그러니까 서구 유럽인들처럼 진정한 '저녁이 있는 삶'을 우리가 모두 구가했으면 한다. '저녁이 있는 삶'을 가능하게 할 예술의 중요성은 여전히 "배부른 소리 하고 있네!"라는 평가를 받는 현실이지만, '배고픈 소리'로 가득한 곳에서 우리의 배를 부르게 할 또 다른 경제적 성장이 찾아올지는 미지수이다. 지난날의 '배고픈 소리'는 이제 역사적 사명을 다했다. 이제 다가올 미래는 '배부른 소리'로 출발해야 한다. 그런 의미에서 다가올 미래를 준비하며 독자 여러분들부터 첫 번째 '배부른 소리'인 예술과 예술적 감각에 관해 새롭게 인식하기를 희망해본다.

'어! 아직도 배부른 소리 하고 있네!'라고? 그렇다고 언제까지 '배고픈 소리'만 할 작정인지. 배고픈 소리는 '추운 겨울'과 단짝이다. 이제는 춥고 배고픈 시절을 벗어나 따뜻한 봄을 꿈꾸어도 좋지 않을까?

Part 1

예술이
밥 먹여주는
시대

01 인간에게 예술이란?

"음악이란 음으로 표현된 만국 공통의 규칙이다."

– 헨리 소로(Henry Thoreau)

음악이 탄생한 의미로부터 예술이 우리에게 주는 의미를 알아보자. 분명 인간은 태초부터 노래했을 것이다. 4만3천 년 전경 네안데르탈인들이 곰의 뼈로 만들었을 것

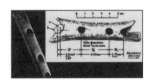
곰의 뼈로 만든 피리

으로 추정되는데, 요즘 피리 형태의 악기만 보더라도 인간 사회에서 음악의 역사가 얼마가 유구한지 알 수 있다.

인간은 왜 이렇게 오래전부터 노래와 악기를 통해 음악을 즐겼을까?

분명 감정의 자연스러운 발로였을 것이다. 현생 인류의 직접적 조상은 인류학적 측면에서 '호모사피엔스'이며 동시대를 겸하는 다른 유인원인 네안데르탈인이 있었다는 것이 고고학계의 일반적 추정이다. 네안데르탈인들은 언어적 체계가 없어 절대음감으로 노래를 통해 의사를 소통하는 동물적 본능을 가지고 있었다고 추정한다. 동물의 세계에서는 아직도 절대음감에 의해 의사소통한다는 것을 생각해 보면 절대음감은 사실 인간 본연의 모습 속에 오랫동안 감추어져 있었던 본능적 요소일 수 있다는 것에 고개가 끄덕여질 것이다.

네안데르탈인 이후 호모 사피엔스 계열의 인류는 언어체계를 가지게 되었고 이후 인류사에서 절대음감은 인간 사회에서 필요 요소가 아닌 선택적 요소로 변화했다. 현대를 살아가는 우리 대부분은 절대음감을 잃게 되었고, 결과적으로 우리 주변에는 절대음감의 소유자가 그리 많지 않게 되었다. 언어라는 체계적인 의사소통 도구가 발달하면서 인간이 의사소통을 위해 절대음감을 가지지 않아도 되었기 때문이다. 어떻게 보면 인간의 꼬리가 퇴화하였듯이 절대음감도 퇴화한 것이라 할 수 있다. 그에 따라 절대음감을 갖기 위해서는 음악적인 환경 노출과 교육이 필요하게 된 것이다.

그렇다면 언어라는 의사소통 체계를 가진 인류는 왜 음악이란 체계를 도입하게 되었을까? 바로 음악이 주는 특별함 때문이다. 일상의 언어생활에서 벗어나 신에게 간절히 구하거나 사랑하는 이에게 노래를 통해 자신의 감성을 정성들여 들려줌으로써 음악 선물을 받는 이나 주는 이가 일상적인 언어에서 벗어나는 독특함과 특별함을 만끽하게 해준다.

누군가에게 프러포즈할 때 "나랑 사귀자!"라는 일상의 언어만 하는 것보다는 노래나 음악을 함께 선물하면 더 로맨틱하고 극적인 효과가 있게 되는 경우를 생각해보면 지금도 인간 사회에서 음악은 매우 특별함으로 인식되고 있음을 알 수 있다.

이렇게 일상의 언어에서 벗어난 특별한 언어가 곧 음악인 것이다. 이런 현상은 여타의 다른 예술의 탄생기원을 추정해 볼 때도 무척 설득력이 있다. 무용이란 예술도 이처럼 생각해보면, 일상의 몸짓에서 벗어나 우리에게 특별하게 보이는 몸짓으로 인해 감동을 하는 것이다. 특별함은 항상 인간에게 감동을 주었고, 누군가를 특별히 생각하거나 대할 때 상대방도 나에게 감동한다. '말 한마디로 천 냥 빚을 갚는다.'는 속담에서 볼 수 있듯이 누군가를 특별히 감동을 줄 때 우리는 무언가를 이룰 수 있게 된다.

여태 가격경쟁력에만 몰두한 나머지 우리 공산품엔 특별함보다는 일반화된 보편성만이 주를 이루게 되었고 날로 첨예화되는 글로벌 시장의 경쟁에서 이제 우리의 공산품은 그 존재 이유를 나날이 잃어 가고 있다.

이제 우리의 공산품도 예술적 감각으로 기획되고 제작되어 예술이란 이미지로 멋지게 포장될 때 소비자에게 특별하게 '명품'이라 취급받게 되는 것이다. 그렇다면 명품 제조를 위한 예술적 감각은 어떻게 만들어 갈 수 있을까? 그 부분에 대한 이야기를 구체적으로 해보도록 하겠다.

02 예술의 다른 이름 창의성

창조?
또는 직관!

세계 브랜드 가치를 한눈에 알아볼 수 있는 지표로서 널리 주목받고 있는 '밀워드 브라운(Millward Brown)'의 '세계 브랜드 가치 순위 Top 100' 2015년 보고서에 의하면 2014년에 이어 2015년에도 여전히 IT 기업들의 강세가 계속되는 가운데 2014년 구글(Google)에 1위 자리를 내주었던 애플(Apple Inc)이 구글을 큰 차이로 따돌리면서 다시 1위 자리로 복귀하는 영광을 차지했다고 한다.

이런 가운데 우리의 대표 브랜드 삼성은 2014년 29위에 랭크되었다가 2015년 평가에서는 브랜드 가치가 15%가량 감소한 평가를 받으며 16단계 하락한 45위에 머무른 것으로 보고되었다. 애플과 삼성 제품의 기능 차이는 거의 없을 정도로 무의미하다. 그런데 왜 애플과 삼성의 브랜드 가치는 이렇게 큰 차이가 나는 것일까? 그 이유를 단순히 브랜드 인지도 때문이라 설명하기엔 삼성 역시 애플처럼 수년간 글로벌 시장에서 천문학적인 액수를 광고에 쏟아 부으며 자신들의 이름을 꾸준히 알려왔다. 그런 것을 생각해 보면 역시 브랜드의 차이를 인지도의 차이로 설명하기에는 뭔가 부족한 것 같다. 결국, 두 기업의 차이는 바로 두 기업이 가지고 있는 감각의 차이고, 감각의 방향 설정에 관한 차이가 아닐까 생각한다.

우리는 세계적인 브랜드를 만드는 조건으로 '창의성'에 대한 이야기를 많이 한다. 그런데 정작 이 창의성이 무엇인지 설명해보라고 하면 제대로 설명하지 못하는 경우가 많다. 지금부터 창의성의 무엇인지 그 실체에 관해서 설명하도록 하겠다.

조물주의 영역인 창조에 다가가 신의 한 수라 칭하는 '모방'의 단계에 올라서기 위해서는 먼저 멋진 감수성과 상상력이 필요하다. 하지만 훌륭한 감수성과 상상력이라는 것이 쉽게 생겨나지는 않는다. 평소 다양한 영역, 즉 문학, 음악, 미술 등의 분야에서 다양한 직접 경험 또는 간접(대리) 경험이 풍부할수록 뛰어난 감수성과 상상력을 가지게 된다.

감수성과 상상력이 풍부한 사람일수록 직관력이 우수하다는 평가를 받는다. 영어로 직관은 'intuition'이다. 직관과 관련된 음악용어로 'intutti'가 있는데, 이는 직관을 뜻하는 이탈리아어 'intuizione'에서 파

경험
다양한 영역에서
감각의 직간접적 습득
(삶, 문학, 음악, 미술 등)

감수성
직간접적 경험에
의해 형성

모방 Mimesis
창의적 모방

창조 Creation
신의 고유 영역

생되었다. 이 음악용어를 풀어보면 직관이 뭔지 잘 설명된다. 즉 intutti 는 '방법'을 뜻하는 in과 '모든 것'을 뜻하는 'tutti'가 합쳐진 말이다. 그래 서 서양 음악에서 오케스트라가 사용하는 악보에 Intutti라 적혀 있으면 그 순간 모든 오케스트라의 악기들이 총동원되어 소릴 내야 한다는 뜻 이다.

이처럼 직관이 갖는 의미는 그 어원처럼 논리적 사유와 추론을 무시 한 채 순간적인 영감을 한꺼번에 표상할 수 있는 총체적 감각의 능력을 말한다. 위의 표처럼 신의 한 수인 '모방'에 이르게 하는 능력인 감수성 과 상상력은 다양한 영역에서 멋진 방향성을 가지고, 특히 예술과 문화 를 'senso(sense)' 있게 경험한 사람일수록 직관력에서 유리한 고지를 선 점하고 우수해진다.

하지만 대한민국의 교과과정에서 직관력이 있어야 하는 교과목은 대 개 수능시험의 교과목으로 편제되어 있지 않다. 잘 알려진 바와 같이 우리의 뇌 중 우측은 직관력과 관련이 있고, 좌측은 논리력과 관계가 있다. 그런데 우리나라 대다수의 국민은 좌측 뇌 중심의 논리적 사고로만 세상을 이해하려 덤벼들기에 우리에게 창의적 감각이 상대적으로 부족하다.

이에 반해 프랑스 초등 교과과정에서는 미술과 국어 시간이 융합되어 있어 알파벳을 색깔 있는 지점토로 만들어 가며 철자법을 동시에 익힌다. 우리나라에서는 예체능이라 하여 괄시받는 미술이라는 과목이 프랑스에서는 '모든 학습은 미술에서 시작된다.'라는 기조 아래 국어, 수학, 역사를 같이 배우는 중요한 교과목으로 인정받으며 그 기능과 역할을 새롭게 하고 있다.

독일의 초등교육에서는 구구단 외우는 것을 금지하고 있다. 하지만 우리의 초등학생들은 초등학교도 들어가기 전에 이미 철자법을 끝내고 구구단을 암기하고 있다. 우리나라 학생들은 우수한 좌측 뇌 사고중심의 교육문화 혜택을 누리고 있다. 그런 면에서는 서구 유럽의 초등교육이 우리를 따라오지 못한다. 그런데 왜 우리나라에서는 아직까지 노벨상을 수여 받은 인물이 나오지 않는 것일까?

늦은 감은 있지만 그나마 다행스러운 것은 현재 우리나라에서도 좌우 뇌의 조합에 관한 새로운 생각을 하기 시작했다는 점이다. 특히 사회 각 분야에서 융·복합에 관한 사고와 연구가 이루어지고 있으며, 각종 프로젝트 분야에서 인문학과 기술의 융·복합에 관심을 두고 '창조경제' 실현을 위해 고군분투 중이다. 하지만 우측 뇌의 도움 없이 좌측 뇌로만 이루어지는 융·복합의 과제는 실현 불가능하며 설사 이루더라도 그것은 이것저것 감각 없이 섞기만 하는 일종의 '개밥'이 되고 말 것이다. 예를 들어 똑같은 음식 재료를 똑같은 양으로 어린 학생에게 주었을 때와 그 학생 어머니에게 주었을 때, 어떤 경우가 '개밥' 대신 '비빔밥'이 될 가능성이 클까? 대부분 후자 쪽이 맛있는 비빔밥을 만들 가능성이 클 것이다. 이것이 바로 경험에서 나오는 감각의 차이다. 그러나 그 차이는 백지장 하나 정도의 미세한 차이다. 그 미세한 차이는 언제든지 뒤집을 수 있다.

Made in Europe을 비롯해 서양의 우수해 보이는 '아이템'들은 이렇게 우리와 미세한 감각의 차이만을 가지고 있다. 그 미세한 차이라는 것이 결국 예술이 주는 감각의 영역에서 우리를 조금 앞서고 있다. 애플과 삼성의 차이도 우뇌를 바탕으로 하는 예술적 감각의 미세한 차이에서 오는 것이 아닐까? 이러한 부분을 이제는 우리가 진지하게 생각해봐야 한다.

언젠가부터 우리 사회는 '창조경제'라는 말을 슬로건처럼 내걸고 있다. 그런데 진정한 창조경제는 좌·우뇌 각각의 중요성 모두를 우리 사회에서 고루 인정할 때 이룩될 수 있다. 이성적이고 논리적인 사람만 우대받는 좌뇌형 사회에서는 우리가 그토록 염원하는 창조경제와 진정한 부를 이룰 수 없다. 오늘날의 고부가가치 제품은 소비자에게 '특별함'을 선물해야 비로소 탄생하는 것이기 때문이다.

▌'특별함'을 갖게 하는
▌열쇠, '센소'

감각을 뜻하는 영어 단어로 'sense'가 있다. 우리는 어느 순간 상대방이 생각지도 못한 방법과 방향으로 자신을 위해 준비해 놓은 선물이나 사려 깊은 말과 행동에 깜짝 놀라며 행복을 느끼는 경험을 종종 하게 된다. 이런 경험을 할 때 우리는 상대에게 감사함의 표시로 "무척 센스(sense) 있으시군요!"라는 칭찬을 하곤 한다.

영어로 sense의 어원이 되는 이탈리아어(라틴어에서 분파) 'senso'라는 말에는 감각이라는 뜻과 함께 '방향'이라는 뜻이 같이 포함되어 있다. 영어 sense의 의미는 단순히 감각만을 이야기하는 것일 수 있지만, 이탈리아어 senso는 감각에 방향성이 포함된다는 사실을 우리에게 구체적으로 잘 설명해준다. 즉 감각인 'senso'의 형성에서 방향 설정이 무엇보다 중요하다는 이야기다. 중요한 방향 설정을 위해 감각의 방향을 다음처럼 크게 네 가지로 구분해 볼 수 있다.

'올바른' 감각과 방향

사실 일반적이고 올바른 감각이나 방향은 누구나 잘 알고 있으며 대부분 가지고 있다. 그래서 많은 사람이 이 길을 선택한다. 이렇게 같은 길에 서있는 무리가 대중(mass)이다. 여기에는 명품이 가져야 할 특별함은 찾아볼 수 없다. 특히 우리 사회처럼 좌측 뇌 중심으로 교육이 이루어지고 점수로 모든 걸 평가하고 해석하는 구조에선 올바른 감각과 방향의 길은 단기적 성과주의의 덫에 늘 걸리게 된다.

애플과 구글이 세상을 선도해 나갈 방안과 아이템을 쏟아낼 때마다 우리의 좌측 뇌 전공자들은 단기적 성과주의에 내몰려 주판알만 돌리다 퇴근하고 있지는 않은가? 가히 세계 최고의 노동 시간을 자랑하는 우리가 세계 최고의 부유한 국가가 아닌 걸 보면 말이다.

'틀린' 감각과 방향

틀린 감각과 방향을 우리는 흔히 편견이라고 하는데, 이는 자신이나 타인을 고통의 길로 인도하는 최악의 방향이다. 틀린 것은 올바른 것과 서로 상극이다. 틀린 것과 올바른 것이 양 끝에서 서로의 자기장으로 끌어당기며 힘의 균형을 이루면 그것이 '보편성'이라는 이름을 갖게 된다. 이 역시 특별함과는 거리가 있다.

'다른' 감각과 방향

드디어 우리 사회에서도 틀림과 다름을 이야기하기 시작했다. 하지만 인간이 자꾸 다른 것을 고집하거나 달라져야 한다는 점에 집착하다 보면 강박증에 시달릴 수 있다. "나는 달라야 해!"라는 강박은 우리의 몸과 마음을 건강하지 못하게 만든다. 또한, 우리 속담에 '모난 돌이 정 맞는다.'라는 말이 있듯이 한국 사회에서는 다름을 인정받기 무척 힘들다. 아직도 사회 전반에 군대문화가 가득한 조직사회이다 보니 남들과 다르기 위해서는 포기해야 하고 희생해야 할 것들이 너무나 많다. 따라서 다른 감각과 방향을 선택하기 위해서는 그만큼 많은 고충이 뒤따름을 인식하고 있어야 한다.

'멋진' 감각과 방향

'멋진' 감각과 방향의 다른 이름이 바로 'Senso'이다. 멋진 감각과 방향은 세 번째 '다른 감각과 방향'처럼 방향 설정 후 감수해야 할 피해가 상대적으로 적으면서도 찾아오는 결과는 무척 매력적이라 할 수 있다. 왜냐하면, 우리가 잘 인지하지 못하지만, 인간은 늘 '멋진 것'을 좋아했고 '멋진 것'은 인간에게 자주 선택받아 온 사실 때문이다. 인간은 늘 자신이 멋지다는 것에 언제라도 목숨을 걸거나 그것을 죽도록 사랑하는 존재가 아닌가?

센스(sense)는 단순한 감각을, 센소(senso)는 예술적 감각이라 정의할 수 있다. 감각은 누구나 가지고 있지만, 통찰력(insight)을 갖는 자의 능력인 직관(intuition)은 예술적 감각인 센소의 기반 위에서 자라난다. 이제부터 여러분도 센스(일반적인 감각)에서 벗어나 센소(특별한 감각)를 가져보길 바란다.

우리의 대표기업들이 이제 고민해야 할 새로운 방향 역시 인간은 멋진 것에 목숨을 건다는 점이다. 이제 그런 때가 왔다. 소비자 또한 멋지다고 생각하는 것에 항상 지갑을 열 준비가 되어있다. 인간이 얼마나 멋진 것, 그러니까 예술적인 것을 사랑하는지 더 구체적으로 알아보겠다.

03 인간을 움직이는 '멋진 것'의 힘

▌험프리 보가트
▌증후군

인간이 아름다움을 위해 자신의 목소리와 다른 음역의 소리를 무리해서 내는 경우 험프리 보가트 증후군(Humphrey Bogart syndrome)이라는 성대질환에 걸린다. 험프리 보가트는 1940년대에 활약했던 할리우드 스타다. 그의 분위기 있는 특유의 저음의 목소리 톤은 당시 할리우드에서 뜨거운 반응을 불러일으켰고, 이로 인해 유명세를 치렀다. 곧바로 그의 이런 낮고 짙은 음색은 당시 미국 청소년들 사이에서 신드롬을 일으켜 선망의 대상이 되었다. 이후 미국 의료계에서 이전에 없었던 이

상한 질환이 계속 보고되기 시
작했는데, 그 질환의 원인으로
험프리 보가트의 목소리가 떠
올랐다. 당시 의학계에서는 이
질환의 발생 원인으로 특유의
그의 저음 음역의 목소리를 무
리해서 따라 하는 청소년 팬들

험프리 보가트

을 주목했다. 이후 과도한 성대모사에 의한 발성장애라는 것으로 결론
지어졌고 그의 이름을 따 험프리 보가트 증후군이라는 의학용어가 새
롭게 탄생했다. 이 증상은 자신의 음역과 맞지 않는 성대모사로 인해 성
대 질환이 생기는 대표적인 사례로 손꼽히게 되었다.

　험프리 보가트 증후군처럼 인간은 자신이 아름답고 멋지다고 생각하
는 것을 따라 하기 위해서 인위적인 발성 패턴과 비정상적인 근육의 움
직임까지도 만들어내는 존재다. 무리해서 따라 하다 보면 나중에는 호
흡을 조절하려 해도 잘 안 되고 고음을 내는데도 장애가 발생한다. 또
한, 목이 쉽게 피로해지고 통증을 느끼게 된다. 그렇더라도 멋진 것을
이루기 위해 잘못된 발성 패턴을 결코 쉽게 버리지 않는다. 가히 고집스
러운 예술가들이라 할만하다.

　한국에서 험프리 보가트 증후군의 대표적 사례를 우리에게 잘 설명
할 수 있는 소재 역시 배우들의 목소리다. 남성 배우 중 마초적 감성의
아이콘이 된 터프가이 최민수 씨가 대표적으로 험프리 보가트 증후군
증상을 보여준다 할 수 있다. 그가 태어날 때부터 그런 낮고 어두운 톤

의 목소리를 가지고 있지는 않았을 것이다. 아마도 배우로서 자신의 남성적인 캐릭터를 부각하기 위해 스스로 노력한 결과일 것이다.

이처럼 인간은 항상 멋진 것을 가지거나 이루고 싶어 하는 욕망이 있고, 또한 그것을 실현할 준비가 항상 되어 있는 예비 예술가이자 소비자다. 그런데 지금까지 우리는 단가 대비 효용과 효율을 따지며 양적 성장만이 멋지다고 생각해왔다. 그러다 보니 우리에게는 '저녁이 있는 삶'이 찾아오지 않았다.

▋ 할리데이비슨을 ▋ 위기로부터 구한 것

1970년대 후반 혼다, 야마하 등 일본 모터사이클 업체들의 미국시장 진출로 할리데이비슨은 부도의 위기까지 몰렸다. 이때 CEO 본 빌스는 이러한 위기를 타개하고자 다른 사업으로의 다각화를 꾀하면서도 당사의 핵심사업인 중량급 대형 오토바이는 유지하는 전략을 취했다. 대형 오토바이는 생산 단가가 높아서 회사 자금력을 갉아먹을 수밖에 없었지만, 직관이 빛나는 선택이었다. 이후 자사의 대형 오토바이에 대한 생산성과 품질향상에 계속 매진하여 지속적인 고급 고객층을 확보하게 되었고, 이는 할리데이비슨이 재기하는 데 결정적인 요인이 되었다. 재미있는 것은 그들이 지속해서 확보한 고급 고객층은 부자 고객층이 아닌 당시 베트남 파병과 전쟁 반대 시위에 열을 올리던 히피족이었다는

영화 〈이지 라이더〉 중 할리데이비슨

사실이다.

양팔을 머리 위 높이의 핸들에 올린 채 아메리카대륙을 횡단하며 들르는 술집마다 소란을 일삼았던 히피들에게 할리데이비슨의 부도 소식은 충격으로 다가왔다. 더는 할리데이비슨으로부터 원활한 부품공급이 이루어지지 않으면 자신들의 멋진 라이딩의 기회 역시 사라질 위기에 처할 것을 직감한 히피들이 스스로 할리데이비슨 회생을 위해 자발적인 모금운동을 전개했다. 이토록 인간이란 동물은 멋진 것에 사족을 못 쓰는 것이 숙명인가 보다.

히피들의 모금 활동 이외에도 할리데이비슨은 부도 위기 가운데 생산라인의 감축과 대대적인 인력조정을 감행하면서도 막무가내식의 인력조정을 하기보다는 위기 회생의 궁극적인 주체가 내부직원들이라는 판단으로 합리적인 노사경영협의회를 운영하여 성공을 거두었다. 노사 동수의 협의회를 통해 인력조정과 경영현안 해결 등의 해법을 찾아 나간 것은 좌측 뇌만을 사용하는 CEO에게는 말도 안 되는 조치일 것이다. 그 결과 노조는 위기 상황에서 자신들이 무리한 요구를 하면 오히려 손해가 된다는 사실을 깨닫고 자율적인 임금동결과 인력 구조조정에 합의하는 등 희생을 감수했다. 노조의 이런 통 큰 양보 역시 CEO의 감각적 결단에 응수한 '인간은 멋진 것에 행동한다.'는 지극히 자연스러운 사례이면서 좌측 뇌로만 세상의 문제를 해결한다는 것 자체가 얼마나 위험하고 무리수인지 깨닫게 하여 준 경영사례이다.

이제 우리 경영 현장에서도 슬슬 '멋진 것'을 추구하는 방향으로 노선이 변경되어야 하는 것이 아닌지 모르겠다. 또 무슨 배부른 소리냐고? 하루아침에 다른 회사로 이동하는 얄미운 고객들이나, 회사 건물을 한순간에 난장판으로 만들어버리는 노조의 점거 농성 사태를 겪고 나서도 깨닫는 바가 없는가? 원래 소비자는 그런 것이고 노동자는 그런 것이라고 포기할 셈인가? 그렇다면 우리 경제 상황은 앞으로도 크게 달라지는 것이 없을 것이다.

04 명품과 예술의 공통점은 소비자의 '선택'

선택받은 '표현'만이 예술로 등극한다

예술적 감각이 필요하다는 말을 계속하고 있지만, 우리에게 예술이라는 개념이 그리 쉬운 의미는 결코 아닐 것이다. 예술의 개념과 의미를 생각할 때, 현대인들은 자연스럽게 현대 예술이 주는 관념적이고 모호한 개념에 구속받기 십상이다. 그래서 예술이 더 어렵게 느껴진다. "예술이 무엇입니까?"라는 질문에 많은 사람이 선뜻 대답하지 못하는 것도 다 그 때문이다.

필자의 수업에서도 100여 명의 학생에게 '예술이 뭐냐?'고 물으면 대개의 학생이 입을 열지 못한다. 그나마 입을 연 소수의 학생이 공통으로 내놓은 대답은 '표현'이라는 것이다. 정말 누군가의 '표현'이 예술이 될까? 결론부터 말하자면 '표현'이 다 예술이 되는 것은 아니다.

이와 관련해 비디오아티스트였던 백남준 선생님의 말씀을 생각해 볼 필요가 있다. 그는 "예술은 사기"라고 외쳤다. 이 문장 하나로 서양예술의 속성을 잘 이야기할 수 있다. 동양 예술과 확연히 구분되는 서양예술의 속성 중 하나가 '사기'라는 말이다. 이 말은 우리가 생각하는 일반적인 의미의 사기가 아니라 아름다움을 무기로 인간의 이성과 감성 등 모든 감각기관을 이용해 현혹하고 현혹당하는 모든 것들을 포함하는 개념이다.

여기서 한 가지 재밌는 사실은 '예술은 사기'이지만 '사기는 예술이 아니다'라는 명제이다. 예를 들어 당신이 보이스피싱 사기에 걸려들었다고 치자. 사기꾼의 화려한 언변에 현혹된 당신은 그것이 사기라는 자각도 없이 자신도 모르게 유체이탈과 같은 상태가 되어 ATM 앞으로 달려가 송금을 하게 된다. 이때 그 사기꾼은 평범한 사기꾼이 아닌 한 사람의 예술가로 등극하는 영광을 누릴 수 있다. 그런데 같은 사기 수법의 보이스피싱 전화일지라도 전화를 받아보고 사기라고 단번에 느껴져 바로 전화를 끊었다면 전화를 걸어온 그는 평범한 사기꾼에 불과하다.

두 경우의 차이를 알겠는가? 그것은 선택을 받았느냐 받지 못했느냐의 차이이다. 앞서 '표현'이 모두 예술이 되는 게 아니라고 했는데, 이처럼 선택받아 특별히 인정받은 '표현'만이 예술이 되는 것이다. 똑같은 그림이라도 누군가의 그림은 갤러리에 걸려 몇천, 몇억 원에 팔려나가고, 누군가의 그림은 그냥 일개 낙서에 지나지 않는 것도 이와 같은 이치다. 전자는 수많은 사람의 선택을 받은 것이고, 후자는 아무도 선택하지 않은 것이다. 그래서 그냥 표현이 아니라 예술이 되기 위한 표현이 중요한 것이다. 우리가 이성을 소개받아 처음 만나는 자리가 마련될 때 상대 이성이 마음에 들면 들수록 호감을 느끼게끔 평소 목소리와 행동보다 더 나아 보이도록 포장을 하게 된다. 이것 역시 선택받기 위한 표현, 일종의 예술 행위로 생각할 수 있다. 예술을 '사기'라고 이야기하는 것도 이 때문일 것이다. 얼마나 사람들을 달콤하고 화려한 말과 몸짓으로 현혹해 사람들의 선택받을 것이냐가 관건이다.

현대에 들어서 이런 사기에 가까운 예술 행위는 마케팅 기법에서 고객 발굴 및 확보, 그리고 지속적인 고객관리의 기법으로도 매우 유용하다. 기업의 제품이 소비자에게 선택받는 것이나 예술품이 애호가에 선택받는 것은 결국 같은 과정이라고 할 수 있기 때문이다.

'선택'이라는 명제 아래에서는 명품이나 핫한 아이템들 모두 예술 작품과 다를 게 없다. 따라서 소비자의 선택을 받기 위해서 기업의 제품을 보다 예술적으로 승화시킬 필요가 있다. 그런데 평소에 예술을 가까이하지 않던 기업들이 갑자기 예술에 다가 가려고 하면 그것이 그리 호락호락하지는 않을 것이다. 이에 대한 해결책을 하나하나 살펴보도록 하자.

스펙보다는
감동을 전하라

우리 아이를 가르칠 가정교사를 구한다고 가정해보자. 지원자가 2명인데 한 사람은 소위 명문이라 불리는 대학 출신이고, 또 한 사람은 평범한 대학 출신이다. 당신이라면 어떤 사람을 채용하겠는가? 대부분은 명문 대학 출신을 선호할 것이다. 기업도 마찬가지다. 똑같은 채용 조건에 지원한 응시자 중 아무래도 스펙이 좋은 사람에게 우선권이 가게된다. 이렇게 이야기하면 세상이 마치 스펙 중심으로 돌아가는 것 같다. 실제로 우리 사회에서 스펙이 중요하게 여겨지는 것도 사실이다.

그러나 여기에 한 가지 빠진 요소가 있다. 바로 감동이다. 가정교사든 기업의 입사 지원자든 나에게 특별한 감동을 선사하는 사람이 있다면 스펙과 상관없이 아마도 그 사람을 선택하게 되지 않을까? 인간은 원래 감동에 약한 존재다. 그래서 스펙에서 다소 차이가 나더라도 감동을 주는 쪽으로 마음이 쏠리게 되어 있다. 그야말로 인지상정이다.

우리의 대기업 제품과 애플의 차이를 기능적인 면에서 비교해 보면 우리가 만들어 내는 제품보다 잡스 제품의 스펙이 더 훌륭하다고는 할수 없다. 그러나 애플은 늘 인간의 믿을 수 없는 판단력에 의해 발생하는 감각에 기대 소비자를 감동하게 하고 그것이 '마니아(mania) 문화'를 만들어낸다. 이른바 '애플빠'의 탄생이 그것이다.

잡스는 우리가 흔히 말하는 인문학적 지식이나 최고의 기술로 소비자의 선택을 받는 게 아니라 누군가를 감동을 주겠다는 의지를 마음껏

펼쳤다. 죽는 날까지도 소비자에게 선보일 신제품을 구상하느라 바빴던 잡스의 열의는 소비자를 감동하게 하는 강력한 에너지로 충만해 있었다. 이런 잡스에게 감동한 '애플빠'들은 기능적으로나 가격경쟁력에서 애플 제품보다 더 나은 제품이 등장해도 눈길 한 번 주질 않았다. 이것이 잡스의 힘이고, 애플의 경쟁력이다.

이와는 반대로 감동하지 못하고 가격 대비 기능만 보고 제품을 구매한 소비자들은 언제든 또 다른 가격 대비 기능이 우수한 제품이 나오면 거기로 이동한다. 가격경쟁력의 차원에서 보면 중국 제품들이 이미 우리 제품보다 비교우위를 확보하고 있다. 제품의 사양도 우리와의 차이가 안 날 정도로 기술의 간격 차가 날로 좁혀들고 있다. 우리 제품의 생산성을 향상해 가격을 더 내리기에는 이미 한계치에 도달했으며, 가격을 무리하게 내린다 해도 가격경쟁력의 우위를 가지고 있는 중국산 제품들이 버티고 있다. 그렇다고 우리 제품의 품질을 더 높여 가격을 올리자니 애플빠들의 외면이 버티고 있다. 그야말로 사면초가다. 우리의 제품들은 이제 글로벌 시장에서 세계의 소비자들을 감동하게 해 명품으로 등극해야만 한다. 그래야 지금의 저가와 고가 사이의 어중간한 위치에서 탈출해 중국과 글로벌 경제로부터의 압박에서 벗어날 수 있을 것이다.

▌'Made in Europe'이
▌감동적인 이유

2010년 유럽 발 경제위기로 유럽 전역 공공 극장의 공연예술문화 활동이 예산삭감으로 인해 위축되는 등 위험에 처했다. 당시 세계적인 지휘자 다니엘 바렌보임은 이탈리아 밀라노시에 소재한 공공극장인 라 스칼라(La Scala) 오페라극장 시즌 오픈 공연 전 무대 위에서 다음과 같은 메시지를 전했다.

"문화는 사치가 아니며, 미학적인 것만도 아니다. 문화는 윤리적인 것
이며 인간의 윤리는 문화와 음악, 오페라, 극장에서 진실 되게 표현된
다. 문화를 줄여서 경제 문제를 해결할 수 있다는 발상은 어리석은 짓
이다.

다니엘 바렌보임은 문화나 예술이 우리에게 주는 영향을 단순한 감흥이 아닌 인간을 윤리적으로 성장시키는 것으로 이야기하고 있다. 대다수가 수준 높은 문화예술교육을 받으며 윤리의식으로 무장된 국민과 배고픔을 해결하기 위해 앞만 보고 달리며 문화예술을 경시했던 국민의 삶의

카네기 홀에서 지휘중인 다니엘 바렌보임(Daniel Barenboim)

질은 크게 차이가 날 수밖에 없다.

지난 2014년 1월 20일에 타계한 이탈리아의 지휘자 클라우디오 아바도(Claudio Abbado). 그의 장례식이 거행된 밀라노 스칼라 가극장 앞 광장에는 수많은 인파가 모였다. 아파트 분양권 추첨도, 대학입시설명회도, 공짜 득템 행사도 아닌데 자발적으로 나온 수만 명의 인파로 광장은 발 디딜 틈이 없었다. 우리나라 국립국악원 원장의 타계 소식에 이런 인파가 자발적으로 모이겠나 생각해 보면 그들의 예술 문화 수준이 부러워진다.

이렇게 예술적 감각이 발달한 소비자를 유혹해야 하는 Made in Europe의 제품들은 기능과 기술적 완성도뿐만 아니라 생산품의 미적인 완성도 면에서 앞설 수밖에 없다. 예술을 일상에서 자연스럽게 접하고 소비하는 국민들이 만들어내는 산업 생산품은 예술 경험과 향유로 인해 감각적으로 발달해있다. 이런 이유로 우리는 Made in Europe을 명품이라 부르며 만족하는 것이다.

우리는 흔히 이탈리아나 프랑스 같은 서유럽의 선진국들이 단순히 화장품이나 가방을 잘 만들고, 조상 잘 만난 덕에 관광특수로 잘 먹고 잘사는 것으로만 생각한다. 그들이 만드는 것들이 화장품이나 명품 가방만은 아니지만, 명품 화장품을 예로 생각해 보면 정밀 화학 분야에서 최고의 기술력이 있어야 세계적인 명품 화장품이나 향수를 만들 수 있다. 또한, 명품 가방들은 대대로 내려오는 전통과 오랜 시간이 빚어 낸 훌륭한 손기술과 예술적 안목이 있어야 그것의 가치를 인정받는 것이다. 대당 가격이 수십억을 호가하는 세계적인 스포츠카들은 죄다 이탈리아를 비롯한 유럽산 제품들이다. 세계적인 기계공학기술과 함께 예술적 안목을 그 기술력 안에 포함시켜야 가능한 일이다. 단순히 기술력이 뛰어나다고 해서 명품 자동차가 만들어지는 것이 아니라는 얘기다.

자연스럽게 녹아 있는 서구 유럽인들의 예술적 감각과 안목은 서유럽 공산품의 기계적 가치와 미적 가치에 큰 영향을 끼쳤고, 20세기 이후 수없이 쏟아지는 서구의 공산품들은 우리의 소유 본능을 자극해 지갑을 열게 하였다. 새로운 산업화 사회에서 우리는 지금까지 수동적 수요자 역할을 톡톡히 다하고 있었다. 그런 점에서 우리는 예술적 감각이 산업화한 사회에서 절대적 가치를 갖는다는 사실을 다시 한 번 되새길 필요가 있다.

우리가 상대방을 감동하게 하고 선택받을 수 있는 결과물을 생산하기 위해서는 예술적 감각과 안목으로 무장해야 한다. 그런 예술적 감각과 안목을 어떻게 하면 가질 수 있을까? 많은 사람들이 예술적 감각이나 안목은 일정 부분 타고난 감각에서 기인한다고 생각할 것이다. 물론 예술을 직접 생산해 내는 예술가들에게는 맞는 이야기일 수 있다. 하지만 일반적인 사람들 모두가 예술적 감각과 안목을 겸비하고 예술을 향유하기 위해 선천적인 자질이 필요한 것은 아니다.

인간의 역사에서 최고의 예술이라고 인정받는 것들은 교과서에 실릴 정도로 많은 사람의 선택을 받은 것들이다. 반면에 아무리 전문가적 입장에서 훌륭한 예술을 펼쳤다 하더라도 일반 대중에게 선택되지 못한 것들이 훨씬 많다. 그중에는 사후에 그 가치를 평가받는 경우도 있지만 그대로 사장되어 우리가 알 수 없었던 인물이나 예술품들이 부지기수다. 우리는 잔인하게도 선택받지 못한 그것들을 예술가나 예술이라 부르지 않는다. 이런 관점에서 보면 예술 역시 고객인 소비자에 의해 선택되는 하나의 상품이라고 할 수 있다.

그러니까 예술적 안목을 가지라는 것은 예술가가 되라는 얘기가 아니다. 평소 생각처럼 예술이 난해하거나 모호한 개념이 아닌 가치가 있는 실재적 생산품이라는 사실을 새롭게 인식하고 그런 관점에서 예술적 안목을 키울 수 있다는 점을 강조하고 싶다. 보편적으로 일반인들이 예술에 관심을 두고 고민을 하다 보면 예술품을 생산해내는 예술가가 될 수는 없다 하더라도 예술적 안목은 가지고 예술가의 작품을 분별력 있게 스스로 선택하는 기쁨은 누구나 소유할 수 있다. 또한 예술을 통해 진정으로 무언가에 감동한 자만이 다른 누군가를 감동하게 하는 방법과 방안을 창안해낸다는 것도 잊어서는 안 될 것이다.

새로운 성장 동력을 잃고 표류 중인 대한민국 경제나 일반 개개인들의 삶에서 이제 예술을 경시하거나 국가 경제 혹은 일반 기업 활동과 개인의 소득 증대를 위한 생산 활동과는 전혀 무관한 분야로만 인식하는 폐단은 하루빨리 없어져야 한다. 예술이 생산과 제조의 분야에서 그 가치를 인정받는 환경으로 사회 전체가 재편되어야 할 시점이 도래한 것은 분명하다.

국내 굴지의 대표기업도 글로벌 환경에 노출되면 아직도 많은 분야에서 '비(非) 브랜드'인 것이 현실이다. 따라서 '비(非) 브랜드'의 '브랜드' 화는 지금 우리가 처한 경제적, 사회적 실상에서 먼저 이루어야 할 과제이다. 어떻게 보면 지식 획득만을 위한 활동처럼 우리는 여태껏 서구 기업의 선진기술만을 획득하려 덤벼들었다고 할 수 있다. 어떤 분야에서는 이런 사고방식으로 기술적인 측면에서 소기의 성과를 이룩한 것도 사실이다. 특히 IT 분야에서는 놀라운 적응력과 응용력을 발휘하고 있다.

영어 단어 중 매력남을 뜻하는 'Heart-throb'라는 말이 있다. 주로 미디어에서 사용하는 말로, 수많은 여자(소비자)들의 가슴을 두근거리게 하는 남자(대개 배우나 가수)를 뜻한다. 단적인 예로 스티브 잡스는 그의 감각적인 제품으로 인해 신제품 출시 때마다 일명 '애플빠'를 양산했는데, 그들에게 잡스는 심장을 두근거리게 하는 매력남(Heart-throb)이었다. 우리가 만들어내는 제품 중 애플처럼 전 세계인을 홀릭(-holic)하게 한 제품들이 몇 종이나 있을까? 아무리 생각해도 가수 싸이의 '강남스타일'의 경우가 거의 유일한 것 같다.

'비브랜드'는 기술개발의 당연성은 물론이고 기술적 완성도와 함께 매력적인 요소를 어떻게 발견해내고 첨부할지를 고민해봐야 한다. 비브랜드가 매력남이 되면 브랜드가 된다. 우리의 비브랜드 상당수는 기술적인 면에서는 브랜드와 거의 차이가 없다고 봐도 무방할 것이다. 그러나 매력남이 되지 못하면 혹독한 글로벌 환경에서 브랜드로 거듭나기 쉽지 않을 것이다. 브랜드가 되기 위해서는 기존에 갖고 있던 노동집약적이고 대량생산체제의 산업 환경에서 가졌던 사고방식에서 벗어나는 일이 급선무다.

05 보이지 않은 것을 보이게 하는 예술적 감각

예술이 부를 만든다

예술을 가까이 해보라고 권유하고 예술적 감각의 중요성을 아무리 말하려 해도 우리 사회의 일반 대중들을 설득하기가 쉽지 않다. 그 이유 중에 하나는 예술과 문화생활에 관한 보편적 사고의 오류가 많고 강하게 존재하고 있기 때문인 것 같다.

우리 대중들은 부유한 서구의 선진국과 그 나라의 국민 중에 우리보다 문화와 예술을 일상에서 자연스럽게 소비하고 향유하는 층이 많은 이유가 그들이 우리보다 일찍 경제적으로 풍요롭고 잘 살게 되었기

스티브 블랭크(Steve Blank)

때문이고, 우리 또한 그런 삶을 살기 위해서는 일단 열심히 일해야 한다고 생각한다. 이러한 생각이 바로 보편적 사고의 오류다.

대중이 갖는 예술에 관한 보편적 사고의 오류에 대해서 스탠포드 경영학과 교수인 스티브 블랭크(Steve Blank)의 말에 귀 기울여볼 필요가 있다. 그는 스타트업 창업에 관련해 실리콘밸리의 대부로 불리는 사람으로, 1978년부터 실리콘밸리에서 8곳의 스타트업을 이끌었다. 2011년에는 '린 런치패드'를 창설하고 학생들에게 고객 개발을 훈련시켰다. 그 외에도 스탠포드 대학교와 U.C. 버클리 대학교, 콜롬비아 대학교 등에서 강의하며 창업가를 위한 책을 썼다. 그의 고객 개발 방법론은 '린 스타트업 운동'으로 확산되기도 했다.

그는 어느 매체와의 인터뷰에서 예술적 감각의 역할에 관해서 이야기하면서 "훌륭한 예술가가 될 수 있는 자질, 즉 뛰어난 화가나 음악가가 될 자질이 있는 사람은 창업가가 될 수 있다"고 했다. 그 이유에 대해서는 "그들은 남들이 보지 못하는 걸 보기 때문"이라고 말했다. 음악을 예로 들면 그들은 연주자보다는 작곡가에 가깝다는 것이 그의 생각이었다. 즉 무에서 유를 만들고, 새로운 걸 시도할 줄 아는 사람이 뛰어난 창업가로 성공을 거둔다는 것이다. 눈에 보이지 않는 아이디어가 구체적으로 어떻게 실현이 될지 내다볼 수 있는 능력이 그들에게 있기 때문이다. 우리는 어릴 때 예술 감상하는 법을 가르치면 여러 가지로 유익할 것으로 생각은 하지만 예술가가 되지 않은 이상 그것이 당장 우리의 커리어로 이어져 돈을 벌게 하지는 않는다고 생각한다. 그러나 스티브 블랭크는 예술적 감각으로 돈을 벌 수 있다고 주장한다.

이런 주장에 대해 어떤 사람들은 또 '배부른 소리 하고 있다'고 할지도 모르겠다. 우리나라에서 예술 따위에 관심을 가지다 보면 대학도 못가고 인생낙오자 되기 십상이라며, 블랭크가 부유한 미국 사회에서 자랐기 때문에 우리와는 다른 사고를 가질 수밖에 없다고 반박하는 사람도 있을 것이다. 하지만 블랭크의 주장처럼 예술로 돈을 벌 수 있고 자신의 커리어를 예술적 감각으로 개발하고 쌓을 수 있다면? 우리나라에서는 그럴 수 없을 것이라는 당신의 생각이 잘못된 것이라면? 블랭크처럼 예술적 감각을 통해 창업 혹은 기업 경영에 성공한 사례들을 좀 더 살펴보면서 여러분이 가진 보편적 사고의 오류를 바로잡는 시간이 되었으면 좋겠다.

▍예술적 감각과 상상력이
▍만들어낸 경영이론

스티브 블랭크의 제자인 에릭 리스(Eric Ries)는 스타트업 IMVU의 공동창업자며 CTO이다. '린 스타트업(Lean Startup)'의 창시자로 그에 관한 책을 썼으며, 여러 기업에 비즈니스 조언자로 활동했다. 린 스타트업은 그가 스타트업 시장에 내놓아 획기적 경영이론의 실제로 불리는 개념으로, 스타트업 사업의 특성상 기존의 대기업 고객개발 방법론의 개념으로 회사를 설립해서는 안 된다는 이론이다. 회사를 먼저 설립하는 게 아니라 회사설립 전 단계에서 기업이 가질 향후 역량에 초점을 맞추는 것이 특징이다.

　내용을 간단히 설명하자면, 소규모 자본과 인력의 한계를 갖는 스타트업 시장의 특성상 향후 사업의 아이템을 개발하기 위한 아이디어를 먼저 생각한 후 아이디어를 구현할 최소기능제품(MV : Minimum Viable Product)인 프로토타입(prototype)을 빠르게 시장에 내놓는다. 그다음 과정에서 고객과 시장의 반응을 측정한 후 '다섯 가지 이유'라는 분석기법

만들기	측정	학습
배포자동화 스몰 배치 최소기능제품 리팩토리	스플릿 테스트 성과 지표 순수 추천 지수	고객 배포 다섯 가지 이유의 분석기법 이용

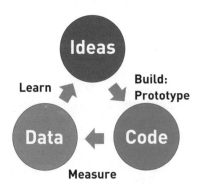

Lean Startup

으로 학습하는 과정을 거쳐 다시 고객 맞춤형 아이디어를 새롭게 내놓는 경영전략이다. 이렇게 만들기, 측정, 학습의 세 과정으로 구성된 린 스타트업 모델을 표로 정리한 것이다.

옆 페이지의 표처럼 만들기, 측정, 학습의 꼬리 물기를 무한 반복하여 시장과 고객에게 제품을 사야 하는 이유를 명확히 제시할 수 있게 되면 그때 회사를 설립하는 경영전략이다. 이 경영전략은 스마트업 업계에서 새로운 고객개발 방법론으로 호평을 받고 있다.

그런데 이러한 린 스타트업 경영전략은 에릭 리스가 일본의 자동차 회사인 토요타(Toyota)의 생산 및 품질관리 방식에서 영감을 얻어 완성한 것이다. 토요타 자동차의 생산 관리 방식은 워낙 유명하므로 경영이론을 공부한 사람이라면 누구나 알고 있다. 이것을 블랭크와 그의 제자 리스가 스타트업 경영이론에 접목하여 '린 스타트업' 이론을 탄생시켰다. 이는 그들에게 훌륭한 우뇌적 사고와 행동, 즉 상상력과 감각적인 행보가 없었다면 이루기 힘든 일이었을 것이다.

'린 스타트업'은 스타트업 업계에서는 일반적인 경영이론이 되었다. 하지만 이 경영방식으로 사업을 이끈다 해도 모두가 100%의 성공률을 보장받지는 못한다. 여기에도 "무에서 유를 만들고, 새로운 걸 시도할 줄 아는 사람"의 기본 바탕인 직관력과 용기가 필요하다. 이것은 우뇌의 역량이다. 아무리 우수한 경영이론이라도 사업을 실행하면서 상상력을 발휘하고 감각적으로 행동하지 못하면 좋은 결과를 가져올 수 없다. 이는 똑같이 자기계발서를 읽어도 어떤 사람은 자기계발에 성공하는 반면 많은 사람이 책에 나온 내용대로 자기계발을 하지 못하는 것도 같은 이치다. 우뇌적 역량이 부족한 사람이 아무리 좌뇌적 사고로 주판알을 굴려봤자 답이 안 나온다.

다시 '린 스타트업' 개념으로 돌아가 그 과정을 상상해보자. 각 단계에서 고객의 요구에 맞춰 아이디어를 짜고 아이디어에 맞게 프로타입을 만드는 것은 감각이 필요한 일이라 그리 쉬운 일이 아니다. 프로타입을 만들더라도 시장의 요구를 측정하는 단계에서도 고객의 반응을 모은 데이터들이 제시하는 유의미한 의미를 해석하는 것은 컴퓨터가 아닌 개개인의 감각의 촉수와 상상력, 그리고 용기가 승부를 짓는 데 큰 역할을 한다. 같은 프로세스를 사용하더라도 성공률은 그것을 다루는 개개인의 감각의 차이로 크게 달라지는 것이다.

고객이 제품을 사야 하는 이유를 가설과 검증을 통해 제시하는 '린 스타트업' 프로세스의 역량과 과거 명작이라 손꼽히는 예술이 일반 대중에게 쉽게 공감을 일으키는 역량의 속성은 "인간이 늘 좋아하는 것들에 관한 탐구와 표현"이라는 면에서 일치한다.

정보사회 진입 이후 초기에는 정보가 권력이었으나 빠르게 변해 이제 세상의 모든 정보와 소스는 오픈되었거나 오픈되고 있다. 오픈된 소스에서 유의미한 결과를 유추하는 것은 개인적 역량에 따라 천차만별로 나타나며, 우수한 업무역량 발굴에 필요한 판단력은 감각과 감수성, 상상력 등의 도움 없이는 불가능한 일이 되었다.

자신만의 센소로
승부하라

좌측 뇌로만 사고하는 경향이 많은 우리의 교육환경에서도 예술적 감각이 뛰어난 수학자가 탄생했다. 바로 국립고등과학원에 재직 중인 황준묵 교수다. 그는 1999년에 그동안 아무도 증명하지 못해 세계 수학계의 난제 중 난제로 여겨졌던 '라자스펠트 예상(Lazarsfeld Conjecture)'을 직접 증명해내 세계 수학계를 놀라움으로 떠들썩하게 만든 인물이다.

황준묵 교수는 미국 노트르담 대학교의 조교수와 서울대학교 조교수를 거쳐 라자스펠트를 증명한 1999년에 고등과학원 수학부 정교수가 되었으며, 2006년에는 한국인 최초로 세계 수학자 대회에 강연을 초청받고 대한민국최고과학기술인상을 수상한 바 있다.

라자스펠트 예상이란 '대칭성을 가지는 공간과 연관된 변환은 매우 단순한 꼴밖에 없을 것'이라는 추측으로, 허수를 다루는 복소수와 연관이 되는 영역을 복잡하게 다루기 때문에 수많은 수학자가 풀지 못하는 난제였다. 그런 난제를 증명한 후 그는 이렇게 말했다.

"순수 수학의 기하학적 결과들은 미술 작품과도 같습니다. 그런 의미에서 앞서 푼 문제들은 참 예쁜 그림들이었어요. 말하자면, 이전까지 모르고 있던 예쁜 그림을 제가 찾아낸 셈이지요."

황준묵 교수는 수학을 예술적 감각의 눈으로 보았다. 그의 문제풀이는 논리적인 완벽한 계산력이 주가 되었다기보다는 예술적 감각이 함께 어우러진 하나의 예술 행위였다. 다른 수학자들은 기하학을 숫자의 집합으로만 보지만 그는 '예쁜 그림'으로 여겼다. 2014년 서울 세계수학자대회 기조 강연자로 나서기도 했던 그는 수학의 아름다움에 대해서 다음과 같이 설명했다. "피타고라스 정의는 수학으로만 외울 땐 그저 공식에 불과하지만, 자세히 보면 무척 아름답습니다. 즉시 유용한 것도 아닌 연구를 왜 하느냐는 물음도 있지만 제가 수학을 연구하는 동기는 수학의 예술적인 아름다움을 추구하기 때문이죠."

그러면서 그는 수학을 음악 장르에 비유했다. 수학은 예술 분야에서 감상하기가 상당히 어려운 분야 중 하나인데, 음악에 비유하자면 클래식과 같다는 것이다. 클래식은 잘 모르는 사람이 들으면 지루한 음악이다. 하지만 잘 듣다 보면 그 선율에 심취하게 된다. 수학 역시 클래식 음악처럼 세련된 예술이라 쉬운 레벨에서 보면 아름다움을 알 수 없지만 깊게 들어갈수록 진국이 드러나는 분야라고 그는 말한다.

그는 어떻게 이런 남다른 시각과 감각을 가지게 되었을까? 그의 성장 배경을 보면 어느 정도 짐작을 할 수 있다. 황준묵 교수의 아버지는 가야금 명인 황병기 씨이고, 어머니는 노벨 문학상 후보에도 오른 적이 있는 소설가 한말숙 씨다. 이런 가정환경으로 인해 황준묵 교수는 어렸을 적부터 가야금 소리와 문학적 감수성에 꾸준히 노출됐고, 그 과정에서 그만의 남다른 '센소(senso)'가 발달하였을 것이다. 우리는 이처럼 자신만의 센소로 대결하는 법을 배워야 한다.

"아름다움을 추구하다가 과학적으로 유용해진다는 것이 놀랍고 신기할 따름입니다."

황준묵 교수가 던진 이 말 한마디를 우리는 곱씹어볼 필요가 있다.

Part 2

Made in Europ의
센소

01 예술의 나라 고대 그리스

▌잘 먹고 잘살기 위한 ▌다양성

'멋져 보이는 것' 그리고 '있어 보이는 것'은 Made in Europe이 갖는 가장 큰 특징이다. 그리고 우리는 Made in Europe의 결과물들을 '창의력', '상상력'이라 해석한다. 우리에게 멋져 보이고, 있어 보이는 것들을 만들어내는 Made in Europe의 센소(senso)는 어떻게 탄생하게 되었고, 어떻게 전개되어 지금에 이르렀는지, 또 우리에게 전하는 교훈은 무엇인지 알아보자.

서양의 역사에서 고대 그리스와 로마가 번성한 시기는 기원전 1100

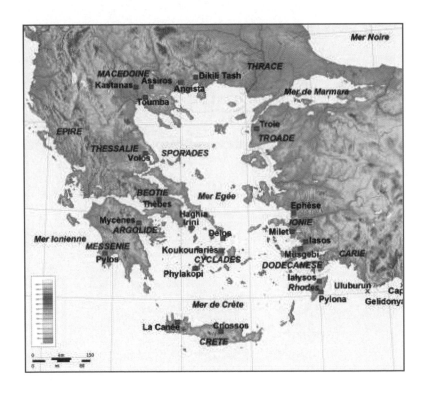

년경에서 1453년 동로마가 투르크에 정복될 때까지 2천 년이 넘는 시기를 점한다. 고대 그리스와 로마가 갖는 위상과 장대한 역사는 서구 문명의 토대를 마련했고, Made in Europe의 모든 senso(멋진 감각)는 고대 그리스와 로마에서 비롯되었다고 할 수 있다.

위의 그림은 고대 그리스 도시(폴리스, polis)들의 분포지역을 나타내고 있다. 거의 모든 도시가 바다와 면해있음을 알 수 있다. 이유는 간단명료하다. 기원전의 고대 그리스는 자연환경 자체가 지형적으로나 기후적으로 작물을 재배하고 생산해 내기 힘들었다. 내륙지역은 북쪽에서 불어오는 찬바람과 황량한 돌산으로 이루어진 토양으로 인해 대규모 토지경작이 어려웠다. 한마디로 먹고살기 힘든 지역이었다. 이런 불리한 경작 환경과 척박한 자연환경으로 인해 고대 그리스인들은 자연스럽게 따뜻한 미풍이 불어오는 에게 해와 지중해 해안가 근처로 이주하게 되었고, 이후 해안가를 중심으로 해양 도시들을 건설하며 바다로 시선을 돌리는 계기가 마련되었다.

다른 동시대의 문명권들은 내륙의 비옥한 토양으로 인해 대개 같은 민족끼리의 내륙 간 교류로 한정되었고, 이런 내륙문화가 갖는 환경에서는 자연스럽게 중앙 권력의 전제적 정치 문화가 만들어지기 마련이었다. 반면 고대 그리스는 지정학적 특성상 내륙 간 연결이 아닌 해양 도시 간의 바닷길을 통한 네트워크를 형성해 지중해와 에게 해를 아우르는 독특한 상업문화를 낳았고, 지중해 전역에 해양 도시를 건설하고 각 도시의 다양성이 존중받는 사상의 기틀이 마련되었다.

이렇게 건설된 해양 도시들은 폴리스라는 이름으로 각각 독립적인 도시국가 연합체를 결성하고 생존을 위해 농경문화가 아닌 상업문화를 기반으로 하는 사회를 구축하게 되었다. 이후 상업무역뿐만이 아닌 동 · 서양 사상의 교류까지로 이어져 헬레네스(그리스주의)라는 공동의 가치관을 형성하는 근간이 되었다. Made in Europe의 멋진 감각 senso는 다양성을 인정하는 고대 그리스의 전통에서 출발했다고 할 수 있다.

현대 기업들의 해외시장 구축 개념은 그리스가 전 지중해 권역에 폴리스를 건설한 경우와 매우 닮아있다. 기업 문화에서도 멋진 감각 senso의 형성은 사내 문화와 구성원의 다양성을 인정할 때 초일류 기업으로의 성장 발판이 마련된다. 다양할 수밖에 없는 사내 구성원들을 획일화시켜 줄 세우기를 하면 단기적 성과는 볼 수 있을지 모르지만, 고대 그리스처럼 천 년 이상의 제국을 건설하기란 무척 어려울 것이다.

우리 대기업들의 고질적인 하청 문제도 다양성의 존중 가치가 없는 단가 후려치기 방식으로 '배고픈 소리'가 가득하다. 그런데 스포츠카 시장의 명품 기업 페라리는 하청 방식에서 '배부른 소리'를 하고 있다. 페라리의 기업경영 철학 중 독특한 문화는 우리의 문어발식 경영확장과는 다른 차원의 경영기법이다. 바로 협력업체와의 상생, 공생이다. 하청기업에 납품가격 후려치기를 하는 대신 진정한 협력, 협업 시스템을 구축하고 일종의 콜라보레이션을 구현하고 있다.

예를 들어 제동장치는 세계 최고의 기술력을 가진 브렘보(Brembo)와 협력을 하고, 흡배기 시스템은 슈퍼스프린트(Super Sprint)사, 그리고 타이어는 피렐리(Pirelli)사 등 시제품 기획 · 연구개발 단계부터 여러 업체와 동등한 위치에서 노하우를 공유하며 협력 관계를 유지해 동반성장을 이룩해 나가고 있다.

이에 반해 우리의 기업들은 해외 투자자와 증권 애널리스트들로부터 사내문화가 획일화되어 있다는 평가를 받고 있다. 하청업체와의 관계에서도 우월적 지배권을 행사해 제품의 납품 단가 후려치기를 통한 가격경쟁력의 우위만 확보하려 한다는 것이다. 이처럼 다양성을 인정하지 않고 멋진 감각과는 거리가 먼 '배고픈 소리'만 항상 하니까 글로벌 환경에 노출되면 맥을 못 추는 것이다.

아름다움의 본질
'칼로카가티아'

칼로카가티아(Kalokagathia)는 고대 그리스에서 미를 뜻하는 용어로 미(美 : Kalos)이면서도 선(善 : Agathos)한 것을 의미한다. 이는 미인 칼로스와 선인 아가토스가 합체된 결과다. 고대 그리스에서는 폴리스 시민으로서 아레테(Arete)를 갖춘 사람, 즉 심신이 조화를 이루어 정치, 군사, 경기에 출중한 사람을 칼로카가토스(kalokagathos)라 불렀다. 칼로카가토스는 경기자인 아마추어(Amateur : 당시의 올림픽 출전자)의 이상형이었다.

고대 그리스인들은 그들의 신화에서 최고의 신 제우스가 세상의 모든 존재에게 적당한 척도와 적절한 한계를 할당해 주었다는 믿음을 가지고 있었다. 쉽게 말해서 신이 내린 '팔등신'의 몸매는 인간의 눈에 본능적으로 늘 아름답게 비치며 선망의 대상이 될 수밖에 없다는 논리다.

"가장 올바른 것이 가장 아름답다."
"한계를 지켜라."
"오만함을 증오하라."
"지나침이 없게 하라."

그들은 제우스가 내린 금언이 의미하는 아름다움을 사랑하게 되었고, '아름다움을 사랑하는 자'란 뜻의 아마추어(Amateur)가 이때쯤 탄생했다. 그리고 이 네 개의 금언은 델피 신전의 서쪽 박공 위에 아폴론을 모시는 뮤즈(Muse : 음악이란 용어의 기원)들의 모습으로 형상화되었다. 그런데 재미있는 것은 동일한 신전의 반대편 박공 위에 카오스의 신이자 모든 규율을 자유분방하게 위반하는 디오니소스가 새겨져 있다는 점이다. 고대 그리스인들이 이성과 감성의 조화로움을 추구한 면면을 엿볼 수 있는 장면이다.

이후 서양 철학사에서 빛나는 금자탑을 이룬 니체 역시 그의 철학적 고민과 논의의 시작을 고대 그리스인이 생각한 이성과 감성의 영역, 그리고 그것들을 관장하는 신의 이야기에서 출발했다. 이러한 점을 상기할 때 Made in Europe의 근간은 고대 그리스인 것이 분명해 보인다.

▌먹고 살기 위해
▌예술이 필요했던 고대 그리스

"가장 올바른 것이 가장 아름답다."
– 델포이 신전의 신탁

고대 그리스에서 예술이라는 개념은 플라톤이 정의한 '모방(mimesis)'이라는 개념의 철학적 사유에서 비롯된 용어뿐이었다. 앞서 말한 바와 같이 배가 고팠던 고대 그리스인들은 신에게 아름다움을 최초로 문의한 '배부른 소릴' 했던 인간들이었다. 신의 대답은 칼로카가티아의 이상을 잘 말해준다.

"가장 올바른 것이 가장 아름답다!"

이 말은 '가장 기술(Tech)적인 것이 가장 아름(Art)답다'라는 뜻으로 풀이할 수 있다. 그러니까 Made in Europe의 멋진 감각 senso는 고대 그리스인이 추구하던 테크(Tech)와 아트(Art)의 만남이 그 출발점이었다. 고대 그리스에서 생산하는 각종 공예품들은 최고의 기술력은 물론이고 예술로 잘 포장해야만 팔려나갔다. 기술 위에 예술을 첨가해 소비자를 빠르게 유혹하는 것, 그것은 경작지가 턱없이 부족했던 고대 그리스인들에게는 생존을 위한 선택이었다.

이처럼 배고픔을 해결하기 위해 신에게 최초로 아름다움을 물었던 고대 그리스의 문화는 이후 서구 유럽 문화 형성에 지대한 영향을 미쳤다. 그들의 아름다움을 추구하는 문화의 전통과 가치관은 전래동화인 〈백설공주〉 속 가장 유명한 "거울아! 거울아! 이 세상에서 누가 가장 아름답지?"라는 대사에서 잘 드러난다. 그런데 우리나라의 전래동화에는 눈 씻고 찾아봐도 아름다움에 관해서 물어보는 동화가 없다. 그런 점을 생각해보면 유럽 지역에서 기원전부터 '아름다움'을 가지려고 노력한 결과물들이 지금도 빛을 발하고 있는 것이 아닌가 싶다.

칼로카가토스[Beauty]가 되기 위해 올림픽에 출전한 아마추어(칼로카가티아를 사랑하는 자)들 역시 아름다움을 가지려고 올 누드로 경기에 임했다. 그들은 아름다움 중에서도 인간의 아름다움을 중시했기 때문에 '젊음'을 사랑했다. 젊음을 오랫동안 유지하고 간직하고 싶은 인간 본연의 본능을 실현하고자 보톡스가 없던 그 시절에는 오직 체력 단련만으로 자신의 몸과 마음을 다스렸다. 후에 로마 시인 유베날리스가 "건전한 정신은 건전한 육체에 깃든다."라는 명언을 남긴 것처럼 건강한 육체와 정신을 가진 젊음은 인간이 가장 좋아하는 아름다움의 본질이라 할 수 있다.

이러한 아름다움의 본질에 대해서 현대의 기업들은 스스로 묻고 탐구해야 한다. Made in Europe의 제품들이 기능성과 아름다움을 함께 추구하는 칼로카가티아로 가득한 명품이 될 수 있었던 비법도 바로 여기에 있다고 할 수 있다.

아름다운 것은 무죄?

기원전 4세기에 고대 그리스에서는 프리네(Phryne)라는 이름을 가진 여인이 재판에 회부된 일이 있었다. 그녀는 고급매춘부를 뜻하는 헤타이라(hetaira)로, '상상할 수 없을 정도'로 아름다워 당시 그리스 사회의 지도자들 사이에서 가장 인기가 높았다고 한다. 그녀는 사형에 처할지도 모를 위기에 처했다. 그런데 재판 도중 유명한 웅변가 히페레이데스(Hypereides)가 배심원들의 판결에 앞서 재판장 한가운데 서있던 프레네의 옷을 갑자기 확 찢었고, 그 순간 그녀의 빛나는 가슴이 훤하게 드러났다. 히페레이데스는 그녀의 가슴을 가리키며 "이토록 아름다운 가슴을 가진 여인에게 무거운 형벌을 내리지 말아 달라"고 간청했다. 배심원들은 그토록 우아한 가슴을 가진 여인에게 이렇게 외쳤다.

장 레온 제롬, 〈프리네의 재판〉, 1861

"아름다운 것은 신성하고 선하다. 무죄!"

결국 그녀는 사형에 처할 위기에서 벗어나 방면되었다.

그런데 이런 프리네(Phryne)의 아름다움도 단 한 사람 철학자 크세노크라테스(Xenocrates)에게만은 통하지 않았다. 누군가가 크세노크라테스를 유혹할 수 있겠느냐며 내기를 걸어 왔고, 프리네는 그 내기에 응했다. 호화로운 잔치에서 술을 마시고 있는 철학자 크세노크라테스 옆에 앉은 프리네는 자신의 매력을 한껏 드러내며 그를 유혹했다. 그러나 결국 실패하고 말았다. 크세노크라테스는 유혹 당하기는커녕 오히려 화를 내며 자신을 유혹한 매춘부를 실컷 두들겨 패기까지 했다. 그에게 흠씬 두들겨 맞은 프리네는 고개를 가로저으며 내기를 걸어온 이에게 "나는 살과 피를 가진 인간을 유혹할 수 있다고 내기를 한 것이지 결코 아무 감각도 없는 목석을 두고 내기한 것이 아니에요."라고 말했다고 한다.

우리나라의 황진이와 서경덕 선생의 일화처럼 고대 그리스의 대철학자 크세노크라테스의 빛나는 이성을 잘 말해주는 일화라 하겠다. 그러나 이것은 매우 이례적인 경우이고, Made in Europe의 유전자에는 앞선 프리네의 재판의 경우처럼 아름다운 것을 쉽게 신성하고 선한 것으로 생각하고 해석하는 경향이 자리 잡고 있다.

이러한 아름다움에 관한 그들의 태도는 현대에서도 확인할 수 있다. 이탈리아 마라 카르파냐(Maria Rosaria "Mara" Carfagna)는 TV쇼걸 출신의 정치인이다. 그녀는 2006년 하원의원 선거에서 당선되어 정계에 입문한 후 2008년부터 2011년까지 이탈리아 기회균등부 장관을 역임하며 '세계에서 가장 아름다운 장관'이라는 별명을 갖고 있다. TV쇼걸 출신 시절 그녀가 남긴 농염한 사진의 노출 수위는 책에 실을 수 없을 정도다. 하지만 아름다움을 중시하는 사회라서 그런지 장관 임명을 크게 반대한 이들은 없었고, 그녀 또한 장관으로서 해야 할 역할을 무척 잘했다는 평가를 받았다. 행정부의 특성상 각 부처의 수장은 실무능력보다는 정치적 철학이 업무역량에 더 큰 영향을 끼치는 것 같다. 실무능력은 장관을 보좌하는 똑똑한 전문가 그룹이 각 부처에 늘 포진해 있어서 얼마든지 보완할 수 있다.

기업의 CEO도 마찬가지다. CEO의 인성과 경영철학이 기업을 이끌어가는 것이다. CEO의 개인적이고 전문적인 업무능력보다는 직원들을 올바르고 아름다운 방향으로 이끌어 갈 때 CEO의 역량은 빛이 나고 기업의 미래 역시 성공적일 것이다.

아름다움의 추구가 가져온 놀라운 결과

"아름다움을 추구하다가 과학적으로 유용해진다는 것이 놀랍고 신기할 따름"이라고 했던 황준묵 교수의 말을 다시 한 번 떠올려보면 고대 그리스 사회를 더욱 쉽게 이해할 수 있다.

고대 그리스인에게 수학은 아름다움과 밀접한 관련이 있었다. 그들은 최고의 신 제우스가 세상의 모든 존재에게 적당한 척도와 적절한 한계를 할당해 주었다고 믿었다. 이런 이유로 고대 그리스인들은 제우스가 세상의 모든 아름다운 것에 부여한 적당한 척도의 비율을 알아내고자 수학적 탐구를 시작했다. 영어의 이성을 뜻하는 'reason'은 황금률

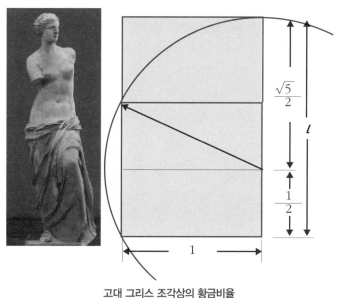

고대 그리스 조각상의 황금비율

을 뜻하는 'Golden Ratio'에서 유래되었다. 또한 ratio는 '비율, 비례를 분석하다'라는 어원을 갖고 있고, 우리가 흔히 '분석하다'라는 의미로 사용하는 '아날리지(analysis)'는 '분리해내다'라는 어원을 갖고 있다. 즉 세상의 모든 것 중에 인간의 눈에 아름답게 느껴지고 보이는 것을 분리해 찾아내고 그 척도의 비율을 알아내고자 분석하는 것, 그것이 고대 그리스인들이 수학하는 이유였다.

세상에서 가장 아름다운 네모의 적당한 척도를 찾아낸 사람이 고대 그리스의 수학자이자 철학가였던 피타고라스다. 피타고라스의 정리는 직각삼각형에 관한 것으로 초등기하학에서 가장 아름다운 정리이자 가장 유용한 정리로 알려졌다. 직각삼각형의 세 변의 길이 사이에 '$a^2+b^2=c^2$'인 관계가 성립한다는 것으로, 이 피타고라스의 직각삼각형 두 개를 접합시키면 3:4 비율의 네모가 나온다. 이 비율이 인류가 2천 년 넘게 사용한 황금비율로, 우리가 지금까지 즐겨보는 화면 해상도 비

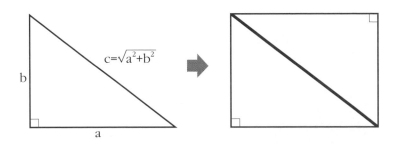

피타고라스 정리로 찾아낸 3:4 황금비율

율이기도 하다.

이처럼 세상에 모든 것에서 인간이 좋아할 만한 아름다움을 분리해내는 것이 고대 그리스인들이 생각하는 수학임과 동시에 이성적 유희였다. 아름다움에 관한 탐구의 시작으로 고대 그리스에서는 기하학과 수학의 놀라운 발전이 전개되었고, 예술이라는 개념이 지금처럼 한 분야에만 존재하는 게 아닌 모든 분야에서 다루어지는 계기가 되었다.

재화나 상품에서 뛰어난 기술력을 자랑하는 것은 물론이고 예술의 경지까지 올라서야 생존할 수 있다고 생각한 것이 'reason'이 되었다. 따라서 고대 그리스인들에게 있어 기술이 먼저냐 예술이 먼저냐를 따지는 것은 무의미했으며, 기술(技術)과 미(美)를 모두 충족해야만 그들의 배고픔이 해결되는 절대적인 것이었다. 생존을 위한 그들의 가치관에서 예술이라는 개념은 순수와 실용의 경계가 없었다.

'이성만을 위한 이성'은 세상과 통하지 않는다. 세상과 통하지 않으면 결국 배고픈 소리가 될 수밖에 없다. 배부른 소리를 위해서는 '이성만을 위한 이성'이 아닌 '빛나는 금빛 이성'이 필요하다. 이는 Golden Ratio(황금률)라는 말에서 영어 reason(이성)이 파생된 것처럼 탁월한 감각으로 자연과 사물에서 유의미함을 분리해내 분석적으로 바라보는 능력자의 이성이다. 영어로 색깔을 뜻하는 컬러(color)의 어원은 '금빛을 갖다'란 뜻의 '꼴로레(colore)'다. 서양이나 동양이나 가장 아름다운 색깔은 금빛이었나 보다. 추수를 기다리는 가을 들녘을 바라볼 때도 '황금빛 들녘'이라 표현하는 걸 보면 먹고사는 경제 활동에서 황금빛의 소중한 가치는 오랜 역사를 자랑하는 것 같다.

앞서 말한 황준묵 교수가 본 수학적인 아름다움은 보이지 않는 것을 보이게 하는 예술의 힘으로, 공식의 세계가 아닌 예술의 세계에서 기하학적 그림들로 분리해내는 금빛 이성이다. 이러한 금빛 이성은 기업을 이끄는 CEO에게도 필요하다. 회사에 닥친 문제의 본질을 읽어내고 필요한 지시를 그때그때 내릴 수 있는 능력이 CEO의 자질이다. 흔히 말하는 창의적 사고나 논리적 사고는 빛나는 황금빛 이성이 주는 통찰력에서 시작된다. 앞으로 더욱 기업들이 생존해갈 미래 시장에서 가장 중요한 요소이고 집중해야 할 부분이다.

정통적인 수학이나 응용수학이 아닌 산업수학이 세상의 문제를 해결하는 요즘에는 회사나 개인에게 닥친 문제를 황금빛 이성을 통한 진정한 논리적 분석으로 문제점과 연계된 요소들을 발견하는 힘이 필요한 세상이다. 빅 데이터에 의한 정보 과잉의 시대에 데이터가 말하는 유의미함을 분리해내는 힘 역시 컴퓨터나 숫자가 아닌 빛나는 황금빛 이성과 예술적 감각 senso가 만들어주는 통찰력임을 알아야 한다. 이제 CEO나 각 개인의 senso가 더욱 필요해진 세상이 도래했다.

02 고대 그리스가 사랑한 덕목과 예술

신의 개입, 우연, 자유의지

고대 그리스의 사회는 신의 개입, 우연, 자유의지, 이 세 가지 덕목을 무척 사랑했다.

첫 번째 '신의 개입'이란 모든 일에는 신이 개입되어 있으며, 인간은 한계를 가질 수밖에 없는 나약한 존재이지만 일이 잘 풀리면 내 탓이고 잘못되면 신 탓으로 돌리는 매우 긍정적 사고에서 신의 개입과 신의 세계를 바라보는 것이다. 신과 나와의 관계를 종속적 형태로 받아들이기보다는 긍정적인 삶의 태도로 인식하고 출발했다는 점에서 동시대 이집트나 메소포타미아 지역의 고대국가들처럼 절대적이고 종속적인 신과의 관계를 강요하는 문화는 아니었다.

두 번째 '우연'이란 필연적인 학연, 지연, 혈연보다 우연 속에서 만나는 모든 사물과 자연현상 속에서 우리는 진정한 자신의 실력을 인정받을 수 있다는 것이다. 이러한 덕목은 현대에서도 매우 중요한 덕목 중에 하나다. 가까운 예로 야구선수 류현진은 필연적인 학연, 지연, 혈연으로 인해 메이저리그 L.A 다저스에 영입된 게 아니라 오직 실력 하나로 인정받아 L.A 다저스에 입단하게 되었다. L.A 다저스의 선수들은 류현진 선수뿐만 아니라 모두 실력으로 인정받아 입단한 친구들이다. 그렇기에 감독과의 관계에서도 학연, 지연, 혈연과는 아무런 상관없이 오직 실력 하나로 게임의 스타팅 멤버에 들어가 창의적인 플레이어가 될 수 있다.

기업에서 신입사원을 뽑을 때도 학연, 지연, 혈연에 벗어나 프로선수 뽑듯이 하면 어떨까? 비용이 좀 들더라도 최소 6개월 동안 정원의 2~3배 수를 뽑아 신입 직원과 상사들 간에 출신학교를 절대 공개하지 못하게 하는 것이다. 혈연, 지연을 떠나 공정히 업무를 배분하고 순환근무를 통해 성과를 지켜보면 각 분야에 필요한 우수한 인재들이 금방 눈에 들어올 것이다. 이것도 너무 '배부른 소리'인가?

세 번째 '자유의지'는 위의 두 가지 덕목의 밑바탕에서 공통으로 발견되는 것이다. 신에게서도 자유롭고 인간관계에서 오는 필연에서도 자유롭고 싶었던 고대 그리스인이 가장 사랑했던 덕목이 바로 자유였다. 이로 인해 고대 그리스는 동시대 주변국에서는 상상도 할 수 없었던 직접 민주 정치 제도를 인류 최초로 실현한 국가가 되었다. 자유의지를 심각하게 훼손할 수 있는 독재자와 독재 행위를 항상 경계해 기원전 487년경부터 도편 추방제도인 'Ostrakon'라는 제도를 도입했다. 그 누구라도 자신의 자유의지에 방해될 것 같으면 조개껍데기나 도자기 파편에 대상자의 이름을 적어 투표하고 총 6천 표가 넘으면 국외로 10년 동안 추방하는 제도다.

하지만 인간에게는 모든 제도를 자신의 이익을 위해서라면 사악하게 만드는 본능적 욕망이 숨겨져 있는 것 같다. 후에 도편 추방제는 국가에 해를 끼칠 가능성이 있는 사람의 이름보다는 정치적으로 이념을 달리하는 정적을 제거하는 수단으로 악용되었고 나중에는 소멸하게 되었다.

어쨌든 기원전에 이미 고대 그리스인들은 인간이 자유를 가장 좋아하고 사랑한다는 것을 간파하고 진정한 탐구의 시작을 자유의지로부터 시작하게 된 것이다.

자유의지와 관련한 현대의 기업 사례를 보자. 다국적 기업 3M은 아이디어를 기반으로 혁신을 추구하는 기업으로 R&D를 적극적으로 장려하는 기업이다. 3M은 연구원 개개인이 자신의 역량을 자율적으로 발휘할 수 있는 분위기를 촉진하기 위해 연구원 본인이 맡는 프로젝트와 연구에 전적으로 몰두할 수 있도록 '밀주제조(bootlegging)'라는 독특한 이름을 사용하고 있다. 프로젝트나 연구를 진행하면서 상급자에게 반드시 보고하거나 허락을 받아야 하는 것이 아니라 자신이 재량껏 알아서 연구할 수 있는 사내 분위기를 허락한 것이다.

3M은 개인 근무시간의 15%를 온전히 자신의 개인적 일이나 수행하고 싶은 연구 프로젝트에 사용해도 무방한 정책을 회사의 규정으로 제정했다. 사원들의 창의력을 최대로 끌어올리기 위해 인간이 가장 좋아하는 요소인 '자유'와 '자율'을 실천하게 하는 배부른 소리로 세계 최고의 특허권 보유 수를 자랑하는 기업 중 하나가 되었다.

악기에 담긴 이성과 감성

인류에게 있어 가장 오래된 유의미한 장난감은 무엇일까? 바로 '악기 (instrument)'다. 고고학적으로 볼 때 기원전 4만 8천 년 전의 네안데르탈인들이 사용한 곰 뼈로 만든 피리가 출토된 점을 보면 정말 가장 오래된 인류 최초의 장난감이라는 생각이 든다.

음악에서 사용하는 악기 또한 고대 그리스인들은 철저하게 이원론적으로 신을 개입시켜 유의미함을 분리해냈다. 이원론적 관점에서 고대 그리스인들은 악기를 현악기 관악기로 둘로 나누었다.

모든 것에 '신의 개입'을 즐겨 사용한 고대 그리스인들은 현악기는 이성의 신 아폴론이 개입해 관장한다고 믿었고, 관악기는 감성의 신 디오니소스가 개입해 관장한다고 믿었다. 왜 그렇게 생각했을까? 그것은 악기를 연주하는 방법에서 연주자인 인간의 이성과 감성이 기여하는 정도에 따라 신의 개입을 대입한 것이다. 먼저 현악기는 인간의 이성이 악기

현악기 chitarra greca　　관악기 aulos greca

의 현들을 운지하게 하여 소리가 발생한다 생각했다. 관악기 또한 인간의 이성이 악기를 연주토록 하지만 결론적으로 감성, 즉 호흡이 맞닿아야 소리가 발생한다 생각했다. 고대 그리스인들의 이런 독특한 사고방식은 현대의 우리도 충분히 공감되는 부분이다.

　음대에서 현악기를 잘 다루는 학생들은 대체로 매사가 정돈되어 있고 시간관념이 철저한 경우가 많다. 한 번은 필자가 수업하는 강의실에서 실연(실제 연주) 음악 감상을 위해 바이올린 주자를 불렀다. 그런데 이런 강의실 환경에서는 도저히 연주가 불가능하다고 해서 그 이유를 물었더니, 강의실 조명장치의 조절판에서 작게 새나오는 전기장치 소음이 문제라면서 전원을 꺼주면 안 되겠냐고 물었다. 수년간 같은 강의실에서 수업하던 필자나 강의를 들었던 수백 명의 수강생에게는 전혀 방해되지 않는 정말 작은 소음이었는데도 불구하고 예민한 바이올린 주자에게는 너무나 큰 소음이었다. 현악기 연주에서 얼마나 강한 이성이 필요한지를 여실히 느꼈다.

　관악기의 감성적 차원 역시 현대에서도 그 효능이 여전히 유효하다. 음악 장르 중 가장 감성적인 음악 중 하나인 재즈(jazz) 음악의 경우 솔리스트 악기는 대부분 관악기다. 루이 암스트롱의 트럼펫 연주를 생각해 보면 금방 공감할 수 있을 것이다. 그 이유는 인간은 상대방의 호흡이 전해져 올 때 가장 풍부하게 감성을 꽃 피우기 때문이다. 우리가 연애할 때 서로의 호흡을 나눔으로써 사랑의 감정을 극대화하는 것도 이와 같은 원리다.

관악기의 최고봉은 다른 무엇도 아닌 바로 인간의 목소리다. 어떤 악기의 연주보다도 멋진 가수의 목소리는 그의 호흡을 동반해 내 가슴 속에 여과 없이 들어와 나의 감성을 만족하게 하기 때문이다. 그래서 나는 시험 기간이 되면 학생들에게 되도록 신나는 대중가요나 관악기 연주는 듣지 말라고 권한다. 그런 노래나 연주가 놀고 싶은 인간의 본능을 자극해 공부에 방해되기 때문이다. 현악기가 연주하는 잔잔한 곡을 들으면 분명 마음이 차분해지고 공부에 집중하는 데에도 도움이 될 것이다. 마찬가지로 회사의 중요한 결단은 이성적인 현악기 음악 감상이 살짝 도움되며, 회사의 미래를 위한 새로운 프로젝트에 관한 기획은 반대로 관악기나 노래 감상이 용기를 북돋을 수 있다.

기원전에 이미 인간과 악기의 관계를 멋지게 분석해 규정해 놓은 고대 그리스인들의 지혜가 놀랍고 신기할 따름이다.

국가가 관장한 음악교육

고대 그리스 사회에서는 노예를 제외한 시민들은 누구나 공교육 안에서 국가가 관장하는 음악교육을 30세까지 받았다. 이런 음악교육 문화가 성립된 데에는 당시 고대 그리스의 철학적 배경이 근간이 되었다.

아리스토텔레스는 그의 저서 《수사학(rhetoric)》에서 그들의 교육관의 형태를 잘 설명해주었다. 아리스토텔레스는 수사학이란 '인간관계에서 각각 주어진 상황에 가장 적합한 설득수단을 발견해 적용하는 예술'이며, 상대방을 설득하려면 로고스(logos), 파토스(pathos), 에토스(ethos) 등 3가지가 필요하다는 이론을 펼쳤다.

첫 번째로 이성적·과학적인 것을 가리키는 로고스는 이성적인 논리로 상대방을 설득하려면 설득하려는 내용이 잘 정리되어 있어야 한다는 것이다. 두 번째 파토스의 개념은 로고스와 상반되는 개념으로 감각적·신체적·예술적인 것을 뜻하며, 인간은 이성과 감성을 함께 가진 동물이기 때문에 논리만으로는 상대방을 설득할 수 없다는 데서 출발했다. 따라서 상대방의 감성에 예술적 기법으로 호소할 줄 알아야 한다는 것이다. 마지막 에토스는 사람에게 도덕적 감정을 갖게 하는 보편적인 요소들을 말한다. 이는 설득하는 화자의 평판이 좋아야 더욱 설득력이 강해진다는 논리다. 음악은 로고스와 파토스 그리고 에토스를 고루 경험하는 수단으로 당시의 고대 그리스 사회에서 주목받았다.

그들의 이런 음악에 관한 가치관의 영향은 지금까지 이어지고 있는

데, 필자는 이러한 사례를 유학 시절 직접 경험한 적이 있다. 당시 유학 올 지인을 대신해 집 계약을 하기 위해 집주인의 사무실로 찾아갔다. 집주인은 제법 큰 토목설계디자인사무소를 운영하는 사람이었는데 사무실에 들어서니 20여 명 정도의 젊은 토목 기사들이 스피커에서 은은하게 흘러나오는 클래식 음악을 들으며 제도판 앞에 앉아 일하고 있었다. 그 모습이 무척 흥미로웠다. 집주인과 인사를 나누고 이야기를 나누던 중 그가 필자에게 무슨 일을 하느냐고 물었다. 그래서 음악공부를 하고 있다고 하니 그의 얼굴에 환한 미소가 떠올랐다. 그리고는 그 자리에서 준비된 계약서를 내밀며 서명을 하라고 했다. 그렇게 계약이 쉽게 끝났다. 그에게 "내가 지인을 대신해 대리계약을 하는 것인데 신분증 사본이라도 받아야 하는 것이 아니냐"고 물었다. 그랬더니 그가 껄껄 웃으며 이렇게 대답했다.

"당신이 아까 음악 한다고 했잖습니까? 안 그래요?"

그의 말이 필자를 매료시켰다. 그날 이후로도 그가 한 말을 잊을 수가 없었다. 음악이라는 공통 관심사 하나로 이렇게 상대방을 신뢰할 수 있다니 우리나라에서는 쉽게 공감하기 힘든 부분일지도 모르겠다. 아마도 집주인의 이런 태도는 음악을 단순히 취미가 아닌 공교육 현장에서 직접 경험했기 때문이 아닐까 생각한다.

서구의 명문대학일수록 음악과 체육 동아리 활동을 권장하고 학교 차원에서 아낌없이 지원해준다. 캠퍼스 내 콘서트홀에서는 학생 오케스트라 활동뿐만 아니라 연일 유명 연주자 초청 음악회가 활발하게 개최되고 있다. 이는 로고스(logos)적인 지식과 이성만으로 무장한 채 학교에 들어오는 대학생들에게 파토스(pathos)적 감각을 익히게 하기 위한 것이다. 파토스적 감각이라는 게 말처럼 쉬운 것이 아니므로 그것을 익히는 과정에서 학생들 스스로 지식의 한계를 경험하고 로고스적 사고방식만으로는 세상일을 다 처리할 수 없음을 깨닫게 된다. 결국 그러한 깨달음을 통해 겸손하고 도덕적인 에토스(ethos)적 가치관까지 이루게 된다. 이것은 교육에 음악, 체육 등의 파토스적 활동만큼 좋은 수단은 없다고 생각한 고대 그리스인들의 지혜로운 가치관이 서구 사회에 끼친 영향이다. 머리로만 안 되는 것도 있다는 것을 깨닫게 될 때 진정한 지식인이 되는 것이다.

플라톤은 인간이 훌륭한 예술에 노출되면 노출될수록 그의 영혼에 선이 가득해진다고 했다. 기업들도 사원들에게 훌륭한 수준의 음악 감상의 기회를 자주 주면 그만큼 회사 내 갈등은 줄어들고 상생하는 분위기가 형성될 것이라 믿는다.

▌피타고라스의
▌테트라코드

우리가 흔히 알고 있는 계이름 Do, Re, Mi, Fa, Sol, La, Si는 영어가 아닌 라틴어(lantino, 로마제국의 공용어)이다. 우리말로는 다, 라, 마, 바, 사, 가, 나, 다로 부르고, 영어로는 C, D, E, F, G, A, B로 부른다. 이 계이름을 조화-비례-질서의 가치관 알고리즘으로 편성한 이가 피타고라스다. 우주 만물을 수로 규정하고 접근했던 피타고라스는 자연음들의 운행 질서를 계이름 안에 부여한 것이다.

그는 어떻게 음정의 간격을 배분했는지 알아보자. 음악에서 음정의 간격은 선율을 쌓으며 멜로디를 만들어내기 때문에 무척 중요하다.

피타고라스의 음정 배분

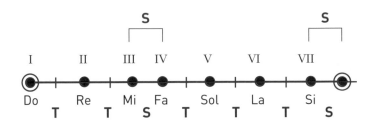

T : tone 한 음
S : semi tone 반음

우리의 전통 음계는 모든 음의 사이가 큰 한음 이상의 음정 간격을 유지하는 것이 특징이다. 이런 이유로 피아노에서 검은 건반만을 이용해 선율을 쌓으면 한국적인 선율들이 도출된다. 하지만 피타고라스는 테트라코드(tetrachord)라는 음정 배분 안에서는 한음의 간격보다 작은 '미와 파' 사이, '시와 도' 사이의 반음으로 음정 간격을 쌓았다.

우리 선조들은 반음 사이를 몰랐을까? 한자로 풀어보면, 음(音)으로서 즐겨야[樂] 음악이 된다고 우리 선조들은 생각했다. 한음 사이음들은 서로 조화롭게 다른 음들과 부딪히지 않고 어울리는 음으로 부드럽고 중

가된 음향으로 울려 퍼진다. 하지만 반음 사이 음들은 서로 부조화를 이뤄 상대 음을 방해하기 때문에 진폭이 짧아져 소음에 가까워진다. 그래서 음으로서 즐겨야 할 우리 음악의 전통 음계는 5음계로 한음 이상의 간격을 가진다. 반면 피타고라스가 조율한 서양의 7음계는 두 개의 반음 사이가 존재한다. 안 어울리는 (경고음에 가까운) 음을 어울리는 음과 함께 음계에 구성했다는 점에서 우리 음계가 갖는 느낌과 사뭇 다르다.

음정 간의 주파수

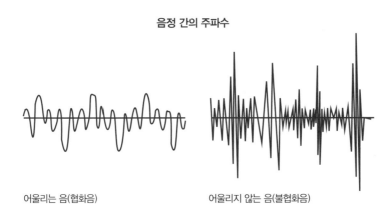

어울리는 음(협화음)　　　　　어울리지 않는 음(불협화음)

피타고라스의 조화, 비례, 질서는 다음과 같이 생각할 수 있다. 아마도 세상의 모든 남자가 미남이고 세상의 모든 여자가 미인이면 세상의 아름다움은 사라질 것이다. 미남보다 못한 남자, 미인보다 못한 여자가 있어야 세상의 조화, 비례, 질서가 완성된다. '모난 돌이 정 맞는다!'는 속담을 생각해 보면 우리 사회에서 단체 중 두각을 나타내 반음이 되는 이들이 남에게 비난받는 것을 쉽게 이해할 수 있다. 이와 달리 피타고라스가 말한 조화, 비례, 질서에는 항상 모난 돌이 끼워져 있다.

다시 음계 이야기로 돌아가면, 반음 간격의 사이는 화음에서 협화음, 증화음, 감화음 등을 구성할 수 있다. 따라서 반음 사이를 인정한 서양의 음계는 자연이나 사물, 그리고 인간의 감정을 표현하는 데 매우 유리해진다. 협화음에서 반음을 증가하게 되면 증화음이 되는데 증화음을 들어 보면 불안과 공포가 느껴지는 음색이 구현된다. 반음이 증가한 화음은 욕심을 부리는 자들의 마음과 상통하기 때문이다.

장3화음과 단3화음(Major & minor)의 차이

장조의 3화음 중 가운데 3음(도미솔의 경우 미)을 반음 내리면 단조가 된다.

반대로 반음이 줄어든 감화음은 증화음처럼 같은 불협화음이지만 욕심 없는 자의 감정을 대변해 의욕 없는 인간의 무력함을 표현할 때 잘 어울린다. 주요 장조의 3화음에서 두 번째 음을 반음 감소시키면 바로 단조로 변화되는 것을 봐도 음 하나의 차이가 얼마나 대단한지를 느끼게 해준다. 결국, 서양의 7음계는 반음 사이음들로 인해 12음계로 분화된다.

동양의 색조 화장품은 5색으로 구성되고 서양의 색조 화장품은 12색으로 구성되어 있다고 할 수 있다. 같은 가격이면 소비자가 무얼 선택할지 생각해보자. 현재 우리는 궁, 상, 각, 치, 우를 잊어버리고 서양의 12음계를 선택하고 있다. 물론 궁, 상, 각, 치, 우도 매력적인 요소가 있다. 이 부분은 차차 이야기하도록 하겠다. 어쨌든 5음계보다는 구체적이고 세밀하게 인간 감성을 음표로 구현해내는 서양 음계를 우리가 더 좋아하는 것이 사실이다. 그런 점에서 피타고라스의 음계 구성은 현재의 소비자들에게도 시장성이 유효하다고 할 수 있다.

피타고라스의 테트라코드(한음+한음+반음)의 음정 배분 간격은 그대로 파르테논 신전의 기둥 사이에서도 발견된다. 모든 기둥의 간격이 일정하면 조화, 비례, 질서가 사라진다는 고대 그리스인들의 생각을 반영한 결과다. 건축물의 하중을 잘 견뎌야 하는 양 옆의 기둥간격의 좁음(반음)은 건축물의 아름다움을 실현하는 동시에 두 개의 좁은 간격의 기둥으로 하중을 배분하면서 더욱 튼튼히 건축물의 안정성을 확보해 주는 것이다.

'가장 올바른 것이 가장 아름답다.'는 델포이 신전의 신탁을 그대로 따른 고대 그리스인들의 감각적인 영리함이 돋보인다. 뭔가 부족한 것을 다양성의 차원에서 받아들여 조화, 비례, 질서를 이룬 피타고라스의 '배부른 소리'를 잊지 말아야 한다. 우리가 모두 완벽할 순 없다.

기업문화 안에서 인적 구성의 원리도 위와 같이 고대 그리스가 말해주는 것처럼 인문과 실업이 고루 그 가치를 인정받아 조화로워야만 명품 기업을 이루는 핵심 가치란 것을 잊지 말아야 한다.

03 그리스의 후예
로마

로마의
실용적 혁신

실용적 혁신은 자신으로 돌아가, 자신의 아름다움을 찾아내는 것이다!

고대 로마는 기원전 264년경부터 23년 동안, 서부 지중해 패권을 놓고 숙적 카르타고와 드디어 바다에서 맞붙게 되는 운명을 맞이했다. 이탈리아 반도 남쪽의 여러 부족을 차례로 정복해 땅을 손에 넣은 로마가 눈을 돌린 건 바다였다. 기원전 3세기 로마가 눈을 돌린 지중해는 과거 페니키아의 해상 도시였던 카르타고가 버티고 있었다. 당시 북아프리카 연안 및 이베리아 반도 일부를 포함하는 거대한 제국으로 성장한 카르타고는 이탈리아 반도 남쪽 시칠리아 해협을 비롯한 이탈리아 반도 주변의 해상 대부분을 장악하며 당시 지중해 교역로 및 경제권을 관할하고 실질적으로 지배하며 로마에 맞서는 유일한 국가였다.

이탈리아 반도를 장악한 로마군이었지만 기존의 지상전이 아닌 해상전의 경험이 없었던 관계로 1차 포에니 전쟁에서 카르타고와 치른 초기 해상전은 연일 카르타고 해군의 승리로 끝나기 일쑤였다. 페니키아 상인들의 후예답게 배를 다루는 운용 기술의 남다른 우수함으로 무장한 카르타고 해군의 치고 빠지기 전법은 배를 다룬 경험이 상대적으로 부족한 로마 해군에게 불리하게 작용했다. 로마 해군은 압도적 수적 우세에도 불구하고 해상전투에서 고전을 면치 못했다.

기원전 3세기의 로마가 맞이했던 위기 상황은 지금 대한민국의 현 상황과 맞물려 생각해 볼 수 있다. 카르타고와 싸워 이기기 위해서는(경제적 도약과 혁신) 카르타고(G2 : 미국과 중국)의 선진 배 운용기술(경제, 산업 시스템)과 최신의 선박건조법(선진 제품 제조법)을 습득하기 위해 인재를 양성하고 선발해 카르타고(G2 : 미국과 중국)에 유학을 보내거나 국내에 카르타고식의 해군 사관학교 혹은 조선소를 세워 카르타고 출신의 교수와 선박건조 기술자들을 채용해 인재들을 육성해야 할 것이다. 하지만 기원전 3세기의 로마는 우리와는 너무나 다른 생각과 선택을 했다. 당시 로마 해군은 자기들 자신들로 돌아가 자신들만의 아름다운 장점을 찾아냈다. 로마 해군은 먼저 자신들이 카르타고보다 우세한 것은 무엇일까 고민했다. 결국, 지상전이라면 자신들이 카르타고보다 월등히 우세

할 것이라고 생각해 해상 전투를 지상 전투로 바꾸는 묘책과 전술을 구상했다. 그리고 이를 실현하기 위해 큰 배를 새롭게 건조했다. 자신들보다 빠른 카르타고의 선박에 대항해 배를 더 크게 만들면 속도는 더욱 느려지지만 무장병력을 더 많이 실어 나를 수 있을 것이라는 계산이었다.

새로운 로마 해군의 전술을 모르는 카르타고로서는 로마 해군의 선박을 우습게 생각해 다시 치고 빠지기 전술로 공략해왔다. 하지만 치고 빠지려 하는 순간 로마 해군의 함정에 설치되었던 비장의 묘책인 코르부스(corvus)가 모습을 드러냈다. 코르부스는 일종의 가교로 선박의 앞부분에 돛대처럼 설치되어 있다가 결전의 순간 360도 회전반경의 모든 각도에서 다가오는 상대방 함정에 대항해 내릴 수 있도록 고안된 장치였다. 이 가교의 끝 부분 아래로는 기다란 꼬챙이가 부착되어 가교를 내리면 상대 선박에 그대로 박혀 두 선박을 꼼짝없이 묶어버리는 역할이

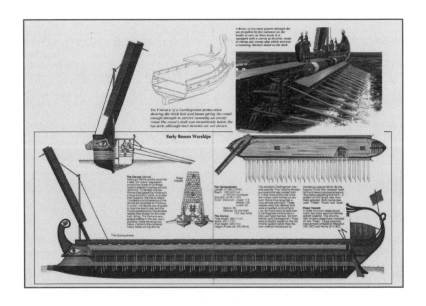

었다. 이로써 로마의 해상 전투는 한순간에 지상전으로 바뀌어버렸다. 지상전에서 누가 더 우세했을까는 여러분의 상상에 맡기겠다.

이처럼 로마 해군의 '혁신'은 innovation이 갖는 새로움이었지만 새로움이란 용어 안에는 innovate, 즉 '연장하다'라는 뜻이 있다는 것을 잊지 말아야겠다. 상황이 위급할수록 자신의 본연으로 돌아가 자신의 아름다운 장점에서 지속해서 연장 가능한 것을 찾아내는 게 진정한 '혁신'인 것이다.

그리스를 모방한 짝퉁 제조업자에서 브랜드 제조업자로

로마는 엄청난 양의 조각 작품을 제작했는데 대부분이 그리스 미술을 그대로 베끼거나 살짝 변화시킨 것이었고 술라의 시대에 이르러 독자적인 스타일로 발전했다. 로마인들은 그리스의 조각 작품에 특히 매료되어 골동품 수집이나 사치스런 실내장식에서 그리스의 원본 조각상을 구하려고 난리가 아니었다.

결국, 수요보다 공급이 부족해 짝퉁 조각상들이 수요를 대체하게 되었다. 로마의 문화는 이처럼 짝퉁으로 일어섰다. 특히 초상조각이나 부조는 이후 로마 사회에 깊숙하게 뿌리내렸다. 그리스인들은 공적인 기념비로 쓰기 위한 것 외에는 거의 초상조각을 만들지 않았던 반면 로마에서는 대부분 개인적인 목적을 위해 사용되었다. 이는 로마인의 천성

◀ 티투스의 개선문 아치

트리야누스의 원기둥 ▶

적 기질에서 기인한다고 할 수 있다. 유학 시절 이탈리아 친구 집에 초
대되어 방문하면 그들은 자기의 물건이나 솜씨를 보여주지 못해 안달이
다. 아마도 보여주고 싶은 욕망의 유전자가 그들의 피에 흐르고 있는 것
이 아닌가 싶다. 로마인들은 실물과 똑닮은 초상조각을 미화하지 않고
있는 그대로의 모습으로 만들었으며, 당시 장례 행렬에는 선조의 밀랍
초상을 들고 가는 것이 관례였다. 이런 전통은 기독교가 국교로 제정된
이후에도 살아남아 성인이나 마리아상이 대신하게 되었다.

결국 고대 그리스의 이상적인 모습의 조각 예술을 그대로 모방해 좀 더 과시적인 성격으로 발전한 로마의 기술력은 로마의 공화정 후기에 들어서면서 역사적 사건을 회화적인 표현방식보다는 조각양식으로 적극적으로 대체했다. 로마의 황제들은 거대한 크기의 제단이나 개선문 그리고 건물의 기둥에 자신들의 업적을 오랫동안 기념 하기 위해 부조를 새겨 넣었다. 대표작으로 티투스의 아치와 트라야누스의 원기둥이 있다.

로마가 위대해진 여러 이유 중에 타인으로부터 배우는 로마인의 능력이 크게 차지할 것이다. 로마는 전혀 새로운 양식의 예술을 탄생시키지는 않았지만, 실용적으로 자기화를 잘했다. 또한, 고대 그리스의 유산을 후대 유럽 사회에 전달하는 중간 전달자로서의 중요한 역할을 해냈다. 무언가를 잘 보여주고 또 잘 보이게 하는 Made in Europe의 특성은 로마인의 유전자가 잘 이식된 결과라고 할 수 있다.

로마 멸망에 얽힌 이야기들

번성했던 로마는 476년 게르만 용병대장인 오도아르케에 의해 멸망했다. 이것이 바로 역사책에 나오는 교과서적인 로마 멸망의 기록이다. 로마 멸망의 원인으로 학계에서 주장하는 바는 여러 가지다. 그중 아주 재밌고 인간적인 이야기는 로마의 지배층들이 오랜 세월 납으로 제작된 상수도관을 통해 식수를 공급받다가 납 중독에 걸렸다는 이론이다. 납중독 이론은 로마 멸망의 원인을 지배계층의 타락에서 찾는 학자들의 주장과 그 궤를 같이한다. 인간에게 납중독은 신경계에 이상 반응을 일으킨다고 한다. 납중독으로 인해 신경계 이상 반응이 나타나면 정신착란, 경련, 발작 등을 동반할 수 있다. 재밌는 것은 의학계에 보고된 바에 의하면 납중독에 걸린 사람은 자꾸만 허기를 느끼게 된다고 한다. 일반적으로 음식물이 위장으로 들어가면 대뇌에 충족감을 알리는 신호를 보내 음식물 섭취를 제어하는 명령을 내려 적당량을 섭취하게 하지만 납 중독으로 신경계의 이상 반응이 있을 시 대뇌에서는 충족감을 못 느낀다는 것이다.

또한, 황제와 귀족 그리고 귀족 부인들이 성적 충족감을 못 느껴 자꾸만 바람을 피우게 되고 동성 간 연애는 물론이고 동물들과 관계를 맺는 수간도 성행한 것을 보면 이 모든 게 신경계 이상 반응이고, 이러한 증상이 로마의 패망 원인 중 하나라는 것이다. 정말 그럴싸한 이론이다. 황제를 비롯한 로마의 귀족들을 소재로 다루는 영화를 보면 만찬장에서 위장에 음식물이 가득 차면 입안으로 새 깃털을 집어넣어 토하는 장면이 나오는데, 이를 떠올려 보면 납중독 이론에 더욱 솔깃해진다.

납중독 이론에 상상력을 하나 더하면 로마가 수많은 전쟁에서 승리하는 이유도 설명될 것 같다. 필자가 만나 본 이탈리아 사람들에게서 공통으로 발견되는 것은 다들 만사에 느릿느릿 행동한다는 점이다. 이런 그들이 갑자기 바삐 부지런해질 때가 있는데 젊은이고 중장년이고 구분 없이 국민 대다수가 불타는 금요일 저녁뿐만 아니라 평일에도 종종 직장이나 일을 마치면 꼭 아내나 이성을 데리고 무도회장에 가 춤추고 노는 일에 열중한다. 그들은 그 시간을 무척 소중히 생각하고 열정적으로 즐긴다. 그들의 춤의 향연은 새벽 늦게까지 끝나질 않는다. 정말 춤으로 놀기 좋아하는 사람들이다. 춤으로 새벽까지 논다는 것은 자신의 신체를 극한의 한계로 몰아 일종의 방전 상태로 만들어 카타르시스를 경험하는 일이다. 이런 그들의 적극적인 육체 활동은 자신들의 향락을 방해하는 상대가 나타나면 전쟁도 불사했던 로마 군단 병들이 물려준 DNA가 아닐까?

조명기기 분야에서 세계 2위의 시장점유율 자랑하는 필룩스 조명회사의 기업문화 중 재미있는 것은 계속된 특허 생산만이 자신들의 기업의 미래를 보장한다는 경영철학으로 무장해 있다는 것이다. 그래서 신입 직원을 뽑을 때도 가장 중요한 선발 요인은 창의적인 인재를 발견하는 것이라 했다. 그런데 그 창의적 인재 선발 방법이 매우 특별하고 이례적이다. 입사 후보자에게 춤을 춰보라고 하는 것이다. 대부분 몸치들이 창의적인 일을 구현해내지 못했음을 수십 년간의 경영현장에서 깨달았다는 필룩스의 CEO. 그의 말에서 로마 군단 병이 떠올랐다. 우리도 기왕에 놀 거면 술만 2차, 3차 마시지 말고 무도회장에 가서 신나게 춤을 추는 것이 창의성 함양에 도움이 되지 않을까 생각해본다.

로마의 센소를 계승한 게르만족의 노블레스 오블리주

로마가 수명을 다하고 이민족인 게르만 계열의 부족들이 서로마제국의 영토에 세운 국가가 중세의 시작을 알리는 신성로마제국이다. 4세기부터 라인 강을 넘어 서유럽에 정착하기 시작한 게르만 일파는 8세기 프와티에 전투에서 이슬람 세력을 격파하고 유럽의 맹주로 인정받는 계기를 이룩했다. 지금 프랑스의 기원이 되는 프랑크 왕국의 시작은 유럽의 새로운 역사를 알린다. 지금의 유럽 정치 지역의 형태는 이때부터 시작되었다고 할 수 있다.

이때부터 꽃피기 시작한 유럽 사회 지배층의 덕목이 바로 노블레스 오블리주(noblesse oblige)다. 그렇다면 노블레스 오블리주의 진정한 의미는 무엇일까? 우리 사회에서 노블레스 오블리주의 개념은 통상 사회 고위층 인사에게 요구되는 높은 수준의 도덕적 의무이거나 또는 높은 사회적 신분에 상응하는 도덕적 의무를 뜻하는 말로 인식되고 있다. 즉 도덕적 관념이다. 도덕은 인간 사회에서 절대적 의무를 갖는 것은 아니기에 우리는 사회 지도층의 부도덕한 모습을 인간적인 면에서 이해하고 한편으론 용서하기도 한다.

하지만 중세시대 노블레스 오블리주는 대한민국이라는 사회에서 살아가는 우리가 생각하는 뜻과는 사뭇 다른 개념이었다. 노블레스 오블리주는 초기 로마 시대에 왕과 귀족들이 보여준 투철한 도덕의식과 솔선수범하는 공공정신에서 비롯되었다. 클래식의 어원 중 하나인

'class(함대)'라는 말에서도 알 수 있듯이 초기 로마 시대에 카르타고와 지중해 지배권을 두고 벌어진 해상 전투를 앞두고 귀족들이 스스로 자비를 들여 배를 건조하고 직접 전투에 앞장섰다. 초기 로마 사회에서는 사회 고위층의 국가와 공공봉사를 위한 기부·헌납 등의 전통이 강했다. 이러한 행위는 의무인 동시에 명예로움으로 인식되었기 때문에 귀족 사회에서 자발적이고 경쟁적으로 이루어졌다.

특히 귀족 등의 고위층이 전쟁에 참여하는 전통은 더욱 확고했는데, 로마 건국 이후 500년 동안 원로원에서 귀족이 차지하는 비중이 15분의 1로 급격히 줄어든 것도 계속되는 전투 속에서 귀족들이 많이 희생되었기 때문으로 알려져 있다. 이러한 과거 로마 귀족층의 솔선수범과 희생의 정신을 4세기 이후 서유럽 사회의 일원이 된 게르만 계열의 족장들 또한 그대로 계승했다.

476년 드디어 서유럽을 통치하던 서로마 제국이 게르만 용병 대장 오도아케르에 의해 멸망한 후, 서로마 제국 거의 모든 지역이 게르만 일파의 여러 왕의 지배를 받았다. 이후 무정부적 혼란 상태가 횡행하는 가운데 5세기 말에 게르만 일파인 프랑크족의 수장 클로비스(466~511)라는 걸출한 인물이 나타나면서 프랑크 족 전체를 통일했다. 이로써 메로빙거 왕조의 막이 오르며 새로운 질서가 시작되는데, 프랑크 왕국의 건국과 더불어 클로비스의 중요한 치적은 가톨릭으로 개종한 것이었다.

동고트 족, 서고트 족, 부르군트 족 일부는 모두 삼위일체 사상을 인정하지 않는 아리우스파의 신앙을 받아들인 데에 반해 프랑크 족은 가톨릭, 즉 아타나시우스파로 개종했다. 장래 아타나시우스파를 인정하는 로마 바티칸(교황청)과의 관계설정에서 큰 의미를 가지는 일이었다. 이후 랭스 성당에서 교황으로부터 황제의 서임을 받아야 신성로마제국의 황제로 인정받는 전통이 이때 만들어졌다.

그는 개종 이후 갈리아·로마계 귀족, 특히 성직자를 등용하여 적극적으로 로마의 행정 조직을 도입하고 국가 통치 기반을 굳히는 데에 힘써 프랑크 왕국 발전의 기초를 마련했다. 당시 갈리아·로마계 주민보다 프랑크 귀족의 수는 매우 적었다. 프랑크 귀족은 프랑크란 이름을 채택한 이후 갈리아·로마 귀족과의 혼인을 통해 로마의 전통을 받아들이고 이런 로마와의 공통 이해의 기반으로 새로운 사회의 내부적인 결속을 다지며 서유럽 사회를 재편하게 된 것이다.

이렇게 게르만 족장들이 왕이나 귀족이 된 중세사회는 원시적인 게르만 사회가 로마의 영향 아래 서서히 봉건사회로 이행하여 가는 과도기였다고 할 수 있다. 이 시기의 경제는 극히 제한된 원거리 무역과 사치품 교역을 제외하면 자급 자족적인 실물경제 단계에 있었으며, 이제는 영주가 된 게르만 계열 족장들의 과도한 직접세의 높은 세율로 인해 일반 농촌사회는 암흑시대와 같았다. 또한, 영주가 농민의 결혼을 승인하는 조건으로 신부와 첫날밤을 먼저 행사하는 야만적인 초야권 행사에서도 알 수 있듯이 일반 농민들은 새로운 집권세력이 된 게르만 족장들의 만행에 극심한 양극화 사회를 살아가야 하는 운명이었다. 그런데도 이런 말도 안 되는 영주들의 통치를 천 년 동안이나 잘 따랐다.

이런 경우를 어떻게 설명할 수 있을까? 이유는 간단했다. 중세 초기 사회는 게르만 족장들, 그러니까 영주들의 영토 배분에 대한 불만으로 전쟁의 시대가 개막되었다. 중세 초기는 연일 인접 도시 간 전투가 일상화된 시대였다. 중세 전쟁의 특징으로는 용병제를 들 수 있는데, 중세시대의 모든 전투는 용병들 간의 전투이었기에 소규모 병력 전투였다. 우리가 흔히 중세를 다룬 영화의 한 장면을 생각해 보면 갑옷을 두른 기사가 긴 창과 방패로 마상경기를 하는 모습이 떠오른다. 40kg 이상 나가는 무거운 갑옷과 긴 창으로 대규모 병력을 감당하기란 무리다. 한 번 쓰러지면 도와주는 이 없이는 혼자 일어설 수도 없는 것을 생각하면 당시의 전투가 용병들의 소규모 병력 대리전이었음을 금방 눈치챌 수 있다.

중세를 살아간 일반 백성들은 평소에는 영주가 내리는 무거운 세금 정책이나 초야권 등의 무식한 정책으로 고통스러웠지만, 봉건 영주들 간의 영토분쟁으로 인해 전쟁이 자주 일어나다 보니 오히려 일반 백성들은 집에 편안히 있고 전쟁은 영주와 영주의 아들들만 참여하는 시스템이었다. 게다가 부족한 병력은 중간 기착 지역에서 구한 용병을 전투원으로 편성해 상대 도시국가와 전쟁을 벌이는 탓에 일반 백성들의 생존권은 늘 귀족들에 의해 보호되고 있었다.

특히 고용된 용병들은 전쟁에 승리하게 되면 꼭 승리수당을 영주에게 더 요구했다고 한다. 평소 무거운 세금을 거두어 가지고 온 돈이 다 떨어진 영주들은 수당을 대신하여 용병들에게 점령한 도시의 약탈을 일정 기간 허락했다. 약탈 현장의 반인간적인 폭력성은 우리가 평소 상상도 못할 일들이 대수롭지 않게 일어나는 지옥과도 같은 것이었다. 그런 지옥부터 백성을 보호하는 것도 영주의 몫이었다.

개선하는 영주를 환영하러 마을 어귀에 나간 일반 백성들은 전쟁에서 상처를 입은 영주가 애꾸눈으로 돌아오거나 따라간 아들들이 죽어 영주 혼자 쓸쓸히 돌아오는 모습을 보면서 "귀족도 할 짓이 못 되는군!" 하고 혀를 차며 읊조렸다고 한다.

근대와 현대에 이르러서도 이러한 집권층의 솔선수범은 계층 간 대립을 해결할 수 있는 최고의 수단으로 여겨져 왔다. 특히 전쟁과 같은 총체적 국난을 맞이하여 국민을 통합하고 국가의 역량을 극대화하기 위해서는 무엇보다 기득권층의 솔선하는 자세가 필요하다. 실제로 제1차 세계대전과 제2차 세계대전에서는 영국의 고위층 자제가 다니던 이튼칼리지 출신 중 2,000여 명이 전사했고, 포클랜드전쟁 때는 영국 여왕의 둘째 아들 앤드루가 영국 해군 헬기 조종사로 참전했고, 그의 조카 해리 역시 아프가니스탄에서 복무했다.

한국의 6·25전쟁 때에도 미군 장성의 아들이 142명이나 참전해 35명이 목숨을 잃거나 상처를 입었다. 당시 미8군 사령관 밴플리트의 아들은 야간폭격 임무수행 중 전사했으며, 대통령 드와이트 아이젠하워의 아들도 육군 소령으로 참전했다. 중국 지도자 마오쩌둥이 6·25전쟁에 참전한 아들의 전사 소식을 듣고 시신 수습을 포기하도록 지시했다는 일화도 유명하다.

개처럼 벌어 정승처럼 돈을 기부하는 것이 아니라 지도자가 자신의 백성을 위해 목숨을 아끼지 않는 유럽식 노블레스 오블리주가 생생히 살아있는 사회나 기업의 구성원들과 그렇지 못한 사회나 기업 구성원들의 행복지수와 만족도는 천지 차이일 것이다. 돈으로 살 수 없는 것이 바로 Made in Europe 식의 노블레스 오블리주이다.

전통적으로 우리 사회의 지도자들은 일본의 사무라이나 중세의 기사들처럼 싸움을 잘하는 이가 지도자가 되기보다는 성리학적 정치이념에 따라 상대적으로 좌측 뇌가 발달한 이들이 과거시험을 통해 등용되었다. 이렇게 싸움을 못 했던 지도자들이 대다수를 차지하다 보니 수많은 전란에서 왕을 위시한 우리의 지도자들은 종종 나약한 모습을 보였고, 그들이 보여 준 행태에 좋은 평가를 하기는 어려울 것 같다. 과거 많은 전란에서 의병, 승병들의 활약이 관군보다 눈에 띄는 현상을 어떻게 설명해야 할지 참 막막하다.

로마는 제2차 포에니 전쟁 동안 지금의 대통령격인 집정관 13명이 카르타고의 맹장 한니발에 의해 목숨을 잃는 와중에도 절대 국민을 놔두고 도망가지 않았다. 이런 집정관들의 숭고한 희생으로 카르타고를 겨우 막아낼 수 있었다. 조선 시대 임진왜란 당시 살신성인을 한 지도층은 탄금대 전투에서 전사한 신립 장군과 노량해전에서 전사한 이순신 장군을 비롯한 소수의 무인이었지 도망가기에 급급했던 문관들이나 왕이 아니었다. 조선은 병력을 관장해야 할 병조판서 자리에 문관을 임용하는 등 학문을 숭상하여 학정일치의 이상 국가를 꿈꾼 나라였다. 그러나 싸움을 못 하는 민족의 미래는 절대로 순탄치만은 않음을 우리는 역사를 통해 배웠다. 제2차 세계대전 당시 히틀러가 전쟁을 선포하자 주변의 덴마크, 네덜란드, 벨기에, 스위스 등은 중립을 선포했지만, 중세 시대 이래로 가장 싸움을 잘해 용병 수출국으로 유명한 스위스를 제외한 다른 중립국들은 하나같이 독일 기갑부대에 의해 점령되었다. 이러한 사실을 봐도 싸움을 잘하는 능력이 얼마나 중요한지를 알 수 있다.

우리에게는 학문을 중시하던 전통이 아직도 남아있다. 장교를 양성하는 사관학교에서도 여전히 학업 성적을 중요시한다. 그것도 육군, 공군, 해군 순으로 학업성적 차가 존재하는 현실이 참 재미있다. 국민을 위해 언제라도 죽기를 각오하는 사람들이 들어가는 사관학교와 자신의 이익을 위해 들어가는 사관학교는 사뭇 다를 것 같다. 조종사 양성 비용으로 교관급인 10년 차 F-16 전투기 조종사를 길러내기 위해서는 총 87억 원(2003년 기준)이 지출되지만, 상당수의 조종사들이 민간항공으로 자리를 옮겨 조종사 품귀 현상이 이슈가 되는 것만 봐도 우리가 생각해야 할 것들이 분명 있어 보인다.

유럽에 체류할 때 아주 흥미롭게 다가왔던 점이 바로 노블레스 오블리주의 전통이 살아있는 공권력의 힘을 느낄 때였다. 유럽 대부분 나라는 경찰국가로 경찰이 갖는 공권력의 위상은 우리가 생각하는 것 이상이다. 국민은 경찰이 국민을 내팽개치지 않았기 때문에 그에 대한 신뢰로 폴리스 라인을 잘 지킨다. 즉 공권력의 아름다움을 체험한 국민이 공공질서도 잘 지킨다. 이런 이유로 이탈리아의 경찰은 경찰차로 슈퍼카를 제공받고 자동소총으로 무장한다. 이탈리아 국민은 경찰이 강력하면 할수록 나의 안전이 보장된다는 강한 믿음이 있으므로 아무런 불만 없이 그러한 조치를 받아들이고 오히려 안전함을 느낀다. 그런데 만약 우리 사회에서 경찰이 2억5천만 원 상당의 슈퍼카를 경찰차로 사용한다거나 자동소총을 지참한다고 하면 어떻게 될까? 아마도 논란을 불러일으키고 극심한 반대에 부딪힐 것이다.

이러한 차이는 어디에서 오는 것일까? 이것이 바로 센소(senso)가 있고 없고의 차이다. 중세시대 유럽의 새로운 지배세력이 된 게르만 족장들은 고대 로마의 불문율 "고귀하게 태어난 사람은 고귀하게 행동해야 한다."는 귀족의 행동 지침을 멋지다고 생각해고 이를 그대로 따랐다. 멋진 걸 지켜나가는 사회는 이처럼 사회를 아름답게 만든다.

기업 문화에서도 CEO의 희생과 결단력은 멋져야 한다. 아무리 회사에 엄청난 이익과 성과를 올리는 직원이 있을지라도 그의 품성이 선하지 못하고 악랄하면 CEO는 주저없이 그를 자르는 용단을 통해 기업의 미래를 보장받게 만들어야 한다. 노블레스 오블리주가 중세를 천 년 동안이나 건재하게 만들었다는 점을 꼭 기억하면서 말이다.

Part 3

세상을
지배하는
다섯 가지 아트코어

01 아트코어란 무엇인가

예술은 인류의 역사에서 인간이 '선택'한 아름다움이다. 이 중에는 시간이 흘러도 인간이 늘 좋아하는 아름다움이 있다. 이것을 '아트코어(artcore)'라고 정의하고자 한다.

대표적인 아트코어로 세계 미술사에 빛나는 다섯 가지 양식을 뽑아 봤다. 그 다섯 가지는 르네상스(Renaissance), 바로크(Baroque), 클래식(Classic), 로망(Roman), 인상(Impressionism)이다. 이들 아트코어들을 '인류의 역사는 인간의 욕망 전개'라는 관점으로 접근하여 설명하고자 한다. 또한, 역사를 만들어 오고 있는 인간 그리고 그 인간들이 선택한 예술을 통해 현재까지도 그 유효기간이 끝나지 않고 여전히 아름다움의 빛을 잃지 않고 있는 명품들에 관해서도 소개하고자 한다.

예술의 역사는 전통적인 것에 대한 반역을 꿈꾸는 자들에 의해 전개된다. 반역을 꿈꾼 이들은 전통을 무너뜨리지만, 어느덧 그 반역 역시 전통이 된다. 그리고 그 전통은 또 다른 반역과 조우한다. 이런 이유로 선도적이고 선구적인 예술가와 예술은 기존의 기득권인 전통세력에게 좋은 평가를 받지 못했다. 그러나 15세기에서 20세기 이전까지의 예술의 역사는 현대예술의 모호성이 아닌 구체적으로 인간이 무엇을 좋아하는지에 관한 이야기를 하고 있다.

예술을 시대적으로 구분한다는 것은 후세 사람들의 감상 편의를 위한 것일 뿐 정확한 시대를 구분 짓기는 사실 어려운 일이다. 하지만 역사에 기록된 시대의 방향을 이끌었던 작품들은 우리가 충분히 참고할 만하다.

본문에서는 5가지 아트코어에 대한 주요 특징들을 살펴보고, 각 장의 마지막 부분에서 예술적 감각인 센소(senso) - 멋진 감각의 방향, 칼로카가티아(kalokagathia) - "가장 올바른 것이 가장 아름답다.", 5가지 아트코어 - "인간은 늘 그것을 좋아한다." 등의 3가지 요소가 어떤 모습으로 기업의 경영 철학과 제품에 녹아 배부른 소리를 하고 있는지도 함께 살펴보도록 하겠다.

02 르네상스 시대의 **아트코어**

14세기 이후 서유럽에서는 동서 교역 무역과 지중해 무역이 활발해지면서 상업자본이 꽃 피고 거대 상인들을 기반으로 피렌체, 베네치아와 같은 부유한 도시 국가들이 전성기를 이루었다. 이때부터 인간 중심적이고 합리적인 사고의 르네상스가 시작되었다.

고대 그리스와 로마 시대 이후 칼로카가티아(Kalokagathia : 아름답고 선한 것) 사상이 각 시대에 어떤 모습으로 그 본질을 유지하면서 형태를 변화시키고 후대 예술에 영향을 끼쳤는지, 또한 유럽 사회의 정치적, 경제적, 사회적 변화에 따라 파생된 예술의 모습을 통해 인간 본연의 정체성을 확인해보고자 한다. 여기에서 키워드는 바로 '인간'이다.

인간이란 무엇인가? 이 질문에 답을 찾기 위해 서양의 예술사조 변화를 단순히 이론적 접근이 아닌 인간 본연의 선택이었다는 전제하에 알아보도록 하겠다. 역사 속 인간의 체취를 따라 사회적, 정치적 동물인 인간 본연의 모습에 눈을 떠보자.

서유럽인들이 본격적으로 근대적 가치관 위에서 인간에 대해 관심을 끌게 되는 문화적 현상은 인문학의 시작을 알린 르네상스 시기인 15세기를 전후로 펼쳐진다. 서양의 경제와 역사에서 고부가가치 산업 구조로의 전환과 그 형성과정에서 '칼로카가티아'라는 미적 가치관의 철학이 15세기 이후 각 시대의 예술 상품에 항상 내재하여 왔다. Made in Europe 제품은 제품이 가져야 할 본질적이고 기능적인 요소 외에 항상 '아름다움'이라는 예술적 요소를 융합해 역사 속에서 인정받고 살아남았다. 그들 고유의 예술적 감각은 명품시장의 바탕을 이루고 있다.

가격으로만 경쟁하는 일반적인 제품과 달리 가치를 인정받는 명품 상품은 재밌게도 예술사조의 속성을 고루 갖추고 있을 때 그 가치가 빛난다. 정량화할 수 없는 예술적 요소를 상품시장에서도 구현해야 할 이유가 여기에 있다.

Made in Europe의 새로운 시각

르네상스는 15~16세기에 일어난 문화 운동으로 학문이나 예술의 부활 · 재생이라는 뜻을 가지며, 스위스의 역사가이자 미술사가인 부르크

하르트(Jacob Burckhardt)가 말한 것처럼 15세기를 기점으로 서유럽이 근대적 모습을 갖춘 혁신의 시기라 할 수 있다.

르네상스의 '새로운 시각'의 의미를 잘 말해줄 수 있는 용어가 바로 조각을 의미하는 스쿨투라(scultura, sculpture)다. 문화(쿨투라, culture)라는 개념 속에 자리 잡는 자연주의는 조물주가 허락하고 만들어 놓은 세계에서 벗어나 인간이 신을 대리해 주체적으로 세상에 개입한다. 이에 부정적 접두어인 's'를 통해 쿨투라(culture)를 스쿨투라(scultura, sculpture)로 개조해 나가며 조물주와 자연을 대신하여 인간이 주체적 독립을 꾀하기 시작한 시기가 바로 르네상스였던 것이다.

조각은 미술에서 3차원적 입체 형상을 조형하는 예술이다. 신이 인간을 만들었듯 예술가인 조각가가 새로운 피조물을 만들어 가는 과정이기도 하다. 르네상스 시기 피렌체는 도나텔로, 미켈란젤로 등과 같은 신의 한 수를 모방하고자 했던 조각가들의 전성기이기도 하다. 이전의 평면적 예술 분야가 이 시기에는 조각, 또는 조형을 통해 3차원적 세계관으로 변화했다. 특히 사실적이고 입체적인 묘사가 가득했던 르네상스 예술 문화의 꽃이라 할 수 있는 새로운 시각과 그것을 만드는 장치들이 속속 세상에 드러났다.

모든 기업은 새로운 시각과 관점으로 혁신을 꿈꾸어야만 한다. 혁신을 이루지 못한 기업은 아무리 세계적인 기업이 된다 해도 단숨에 시장에서 보기 좋게 퇴출당하는 게 요즘의 현실이다. 따라서 혁신을 꿈꾼다면 혁신의 시대였던 르네상스로부터 배워야 한다.

15세기 유럽에서 시작된 르네상스가 지금의 현대인들에게도 거리감이 없을 정도로 매우 친숙하게 다가오는 이유는 이탈리아 반도 중부지역의 토스카나(Toscana) 대공국(지금의 피렌체 : Florence, Firenze)에서 시작된 르네상스가 이전 시대와 달리 인간을 새롭게 인식하고 인간에 대한 관심에서 출발한 인본조의 사상에서 출발했기 때문이다.

르네상스 이전의 중세는 신 중심의 신본주의 사상과 봉건 영주들의 과도한 권력의 폐단으로 개인의 주체성이나 창의성을 허락하지 않았다. 르네상스의 인본주의 사상은 중세의 가치관에서 벗어나 서유럽 문화의 절정기였던 고대 그리스와 로마로 돌아가자는 일종의 캠페인이었다. 이렇게 고대 그리스와 로마는 Made in Europe의 기반이 될 수 있었다.

이 시기 유럽 사회는 문화 · 예술 분야뿐 아니라 정치 · 과학 등 사회 전반의 전 영역에서 새로운 사상과 기법의 시도를 통해 다양한 과학적 실험이 이루어진 시기이기도 했다. 이 시기 구텐베르크의 활판 인쇄술 발명(1440년경)은 이전 소량의 필사본에 비해 활판으로 인쇄되는 형태라 많은 사람이 쉽게 책을 접할 수 있게 되었고, 자연스럽게 지식 정보 획득이 쉬워지면서 인문학의 열풍이 전 유럽에 확산하는 계기가 되었다. 르네상스는 이렇게 이탈리아에서 시작되어 독일, 프랑스, 영국을 포함한 유럽 전역의 정치 · 문화 형성에 큰 영향을 끼쳐 '서양 문화의 어머니'로 비유되며 Made in Europe의 바탕을 이룬다.

르네상스는 유럽의 역사에서 과학이라는 개념이 세상에 등장한 시기이기도 하다. 르네상스(Renaissance)의 어원은 이탈리아어의 리나쉔자(rinascenza) 또는 리나쉬멘토(rinascimento)이다.

Ri(다시) + Nasce(태어나다) + scenza(과학)

= science(과학으로 다시 태어나다)

Ri(다시) + Nascere(태어나다)

= Rinascimento(리나쉬멘토) = Renaissance(르네상스)

어원을 살펴보면 르네상스가 쉔짜(scenza), 즉 사이언스(science)라는 말에서 유래된 것임을 알 수 있다. 1453년 동로마의 멸망으로 인해 동방의 우수한 과학 이론과 과학자들이 서로마 지역으로 대거 유입되면서 새로운 문화의 기틀이 과학의 힘으로 마련된 것이다.

▌원근법으로
▌바라보는 세상

오리지널(original)이라는 말의 어원을 살펴보면 동방에서 건너온 물품이나 사상이라는 뜻이 있다. 서유럽은 15세기 이전까지 대부분 동방(고대 그리스 문명 포함), 즉 메소포타미아나 중국, 가깝게는 이집트의 오리지널들을 무척 사랑했다. 그러다 보니 그들 고유의 오리지널이라고 내세울 수 있는 것이 없었다. 그들이 사용하는 숫자는 아라비아 숫자이고, 그들이 쓰는 알파벳도 페니키아 상인들이 최초로 고안한 것이었으며, 종이 화약은 중국으로부터 유입되었고, 기하학 · 수학 · 의학 · 천문학은 고대 그리스나 메소포타미아 그리고 이집트의 오리지널들을 그대

| 인간은 착시를 좋아한다 |

조토* Giotto di Bondone (1266/7 – January 8, 1337): 〈그리스도를 애도함〉,
1305년경 델리 스코르베니 성당. Lamentation (The Mourning of Christ), Cappella degli Scrovegni

로 수용한 형태였다.

 하지만 15세기 서유럽에서 시작된 원근법의 발견은 서양 최초의 오리지널이자 대대로 Made in Europe의 정신문화에 큰 영향을 끼친 절대적 사건이었다. 동방문화의 유입기세를 꺾어 상대적으로 동방문화보다 오리지널이 없었던 서유럽의 예술과 역사 그리고 문화에 관한 열등의식을 단번에 역전할 수 있는 계기가 된 것이다.

 이후 그들은 원근법에 기초하지 않은 그림은 미개하다는 발언을 스

---

* 조토는 이전의 중세적 평면성을 갖는 인물들을 입체감이 살아 있는 3차원 양식을 선보인다. 해부학적 인체비례와 원근법 구도의 이미지는 서구 근대 미술의 시작이 된다.

스럼없이 쏟아내는 무식한 용기를 보이기도 했지만, 어쨌든 Made in Europe이 르네상스 이후부터 비약적으로 우리의 눈을 즐겁게 해주고 우리의 지갑을 열게 하는 데 원근법의 공이 컸음은 부정할 수 없다. 단순한 착시 현상을 평면에서 잘 구현해 깊이와 공간감을 선사한 르네상스 시대 원근법은 희대의 발견이라 할 수 있다. 르네상스는 이 원근법의 과감한 차용으로 서양의 역사에서 새로운 근대 세계를 열었다.

인간은 착시를 사랑한다. 약간의 과학적 힘과 함께 우리에게 빠른 손놀림과 착시효과를 선사하는 마술사들을 생각해 보면 고개가 끄덕여진다. 인간은 마술을 좋아하듯 마술 같은 착시 또한 사랑한다. 르네상스 예술의 신기원은 이 착시를 바탕으로 새로운 원근법의 시대를 열어갔다.

고대 로마의 발상지로 전해지는 7개 언덕 중 하나인 캄피돌리오 (Campidoglio) 언덕에 미켈란젤로가 조성한 로마시청 광장의 모습은 직사각형이 아니다. 1547년에 미켈란젤로의 구상으로 마르스 신전이 위치했던 곳에 로마시청 광장이 완성되었다. 기원전에 만들어진 큰 계단 위에 전개된 이 광장(Piazza del Campidoglio)은 좌우 양쪽에 캄피돌리오 박물관(1644~1655)과 팔라초 콘세르바토리(Palazzo Conservatori)(1564~1568)가 들어서고, 안쪽 정면의 시청사(1592년 완성)의 3개 건물로 둘러싸여 있다.

좌우 건물이 마주 보는 간격은 원근법에 기초한 투시효과의 재현을 위해 바깥쪽인 계단에서 안쪽의 시청사로 향할수록 넓어지게 배치되어 있다. 원근법의 투시효과 장치로 디자인된 광장은 캄피돌리오 언덕의 계단을 통해 시청광장에 들어선 이들의 눈에 실제 크기보다 웅장하게 보이는 착시를 일으킨다. 반대로 시청 건물 쪽에서 맞은편 계단 쪽을 바라보면 실제 거리보다 멀게 느껴지는 착시를 경험하게 조성되어 있다.

광장 중앙에는 로마 시대의 황제 중 한 명인 마르쿠스 아우렐리우스의 기마상이 배치되어 장중한 안정감을 선사한다. 광장 바닥의 기하학적 무늬는 광장에 들어선 이들에게 안정감을 주는 동시에 광장의 부속 건물과 중앙의 기마상을 더욱 웅장하게 느끼게 해주는 시각적 장치로 광장의 360도 모든 측면에서 통일감 있게 균일한 바닥 디자인을 만나볼 수 있도록 고안한 것이다. 360도의 모든 방향에서 광장 중심으로 향하는 원만한 타원형의 기하학적 선과 무늬들은 광장을 더욱 장대하게 안아 감싸는 역할을 한다. 이런 미적 감각의 탁월함으로 인해 캄피돌리오 광장과 광장을 둘러싼 건물의 디자인은 원근법적 독창성과 공간통일의 미적 우수성으로 인해 미켈란젤로가 만든 건축 작품 중 가장 뛰어난 건축 작품으로 손꼽히고 있다.

르네상스는 이처럼 인간이 세상을 원근법으로 새롭게 디자인한 정경으로 가득하게 되며, 그것을 바라보는 우리는 착시로 인해 더욱더 경외감을 가지고 그들의 작품세계를 대하게 된다. 15세기 이탈리아에 불어닥친 인간과 자연을 생동감 있게 연출하는 묘사는 예술사에 시각의 변화를 예견한 최초의 시도였으며 신으로부터의 주체적 독립이었다. 르네상스는 인간의 시각적 변화를 통해 세상의 모든 사물과 생각까지도 다르게 바라보며 생각하는 시대로 접어든 인류 근대 문명의 시작이라고 할 수 있다.

시각적 효과에 탁월한
Made in Europe

2차원의 그림은 사물을 주관적으로 해석하는 힘이 있다. 다음 그림처럼 175cm의 신장을 갖는 이가 뒤쪽에 서 있다 하더라도 본질에서 신장이 작아질 리 없다는 매우 정신적인 인식론에 바탕을 두고 사물에 관해 해석한다.

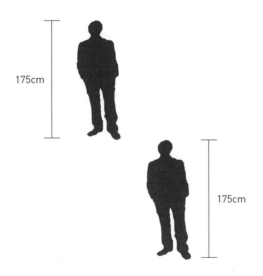

하지만 원근법에 의한 3차원의 그림의 원리는 다음 그림처럼 눈에 보이는 사물들의 원근감을 표현하기 위해 뒤쪽에 있는 것들을 작게 그려 착시를 이용해 새로운 시각으로 사물을 바라보는 시각적 연출이다. 분명 평면이지만 두 사물을 조작해 공간감을 만들어내는 것이다.

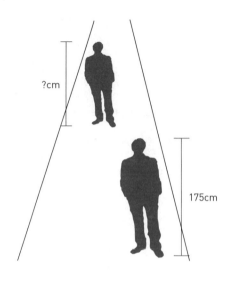

?cm

175cm

"예술은 사기다!"라는 말을 되새길 필요가 있다. 뒤쪽에 서 있다 해도 신장에 변화가 있을 리가 만무한데도 작게 그리는 것은 새로운 시각에 눈을 뜬 르네상스 예술가들이 인간의 믿을 수 없는 판단력에 기대 평면을 3차원으로 연출한 것이다. 현대를 살아가는 우리에게도 원근법에 의한 착시효과는 늘 사랑받는다.

Made in Europe은 이 믿을 수 없는 인간의 판단력과 감각에 기대어 착시효과가 주는 재미를 르네상스 시기부터 더욱 구체화해 우리의 지갑을 손쉽게 열어가고 있다는 점을 늘 상기하길 바란다. 왠지 있어 보이는 것이라 평가받는 Made in Europe의 힘은 고대 그리스의 철학과 예술이 재생되는 르네상스의 탄생과 함께 늘 우리의 감각계를 유혹하고 있다.

혁신의 출발은
충만한 내면의 아름다움

새로운 출발이나 새로운 것을 계획하기 위해서 고대 로마 해군의 코르부스(corvus)처럼 본연의 자신으로 돌아가 자신의 장점을 찾아야 한다지만 그게 말처럼 쉬운 일은 결코 아니다. 많은 성공한 이들의 특강을 보면 단골 주제로 빠지지 않고 등장하는 것이 돈을 바라지 말고 자신이 좋아하는 것을 묵묵히 일구어내라는 것이 성공의 비결이라는 것이다. 우리는 성공한 이들 대부분이 말하는 "자신이 좋아하는 것을 선택했을 뿐!"이라는 말을 조심스럽게 생각하고 받아들여야 한다.

일찍이 공자님도 논어 〈옹야〉 편에서 '알기만 하는 사람은 좋아하는 사람만 못하고, 좋아하는 사람은 즐기는 자를 이길 수 없다(知之者 不如好之者, 好之者 不如樂之者)'라고 했다. 현대적으로 풀이하자면 좋아하는 일을 즐기게 되면 그것을 이룰 수 있다는 말로도 들린다. 공자님께서 또 말씀하시기를 '그것을 아는 것은 그것을 좋아하는 것만 못하고 그것을 좋아하는 것은 그것을 즐기는 것만 못하다(知之者 不如好之者오 好之者 不如樂之者)'라고 했다. 이처럼 '좋아해라', '즐겨라'라는 말은 우리 사이에서 성공한 이들이 늘 강조하는 말이다.

무슨 일을 하든 즐겨야 신명이 나고 신명이 나야 하고자 하는 마음이 생겨 일도 잘 풀리는 법이다. 그러기에 당신이 좋아하는 것이 무언지를 발견해야 한다는 얘기가 성공한 이들의 입을 통해 자주 오르내리는 것이다. 재능이 있어서 즐거운 것이 아니고 즐겁게 하다 보니 또 다른 재능을 발견할 수 있는 이치라는 것을 공자의 말씀을 통해서도 알 수 있다.

그런데 '정말 그럴까?'라는 의문이 드는 것도 사실이다. 스포츠계에서 숱한 어려움과 환경을 극복하고 세계 정상의 자리에 오른 스포츠 스타들의 고백 또한 우리에게 '즐김'이란 가치의 중요성을 상기시킨다. 그런데 성공하지 못한 스포츠계의 많은 선수는 자신이 좋아하는 것을 즐기지 못했을까? 이런 점에서 볼 때 자신이 좋아하는 분야에서 즐김을 통해 성공에 이른 자들은 정말 소수이며, 그 소수는 큰 축복을 받은 것이라 말할 수 있다.

그렇다면 소수가 아닌 대다수 편에 선 우리 대부분은 어떻게 해야 할까? 인간이 본능적으로 좋아하는 것들의 대부분은 '발라드(ballade)'의 주제와 같다. 발라드의 주제는 인간 본연의 본능적 모습을 잘 얘기해 준다. 예술의 역사에서 인류가 만들어낸 모든 음악 장르는 자연스럽게 또는 의도적으로 필요 때문에 탄생하고 발전하고 사랑받다가 어느새 쇠락의 길을 걷고 또 다른 장르에게 자신의 소명을 전달하며 사라지는 운명이었다. 그런데 예술 장르에서 유독 '발라드'라는 장르만은 문헌상 12세기 초엽 탄생한 이후 여타 예술 장르와는 다르게 한 번도 쇠락의 길을 걷지 않았다. 발라드 장르는 거의 천년의 세월 동안 인간으로부터 변함없는 사랑을 받는 아트코어인 셈이다. 그 긴 세월 동안 여러 음악 장르 중에서 유독 사랑받고 있다는 것이 놀라울 뿐이다.

대체 발라드의 주제는 무엇이기에 우리 대부분은 발라드에 빠져 헤어 나오질 못하는 것일까? 음악의 역사에서 발라드는 중세시대 남프랑스에서 기사계급인 음유시인(troubadour)들과 궁정의 귀부인 사이에서 귀부인 숭배와 궁정 풍의 연애담에서 출발했다. 새로운 연애 사상을 담은 음악 장르의 등장은 이후 지속해서 사랑받았다. 음유시인들은 신분이나 계급의 차이로 이룰 수 없는 사랑을 할 수밖에 없는 이들의 아름다운 사랑 이야기를 궁정에서 노래했다. 여기서 발라드의 주제가 확연히 드러난다. 바로 '이룰 수 없는 사랑'이다.

보편적 다수인 우리는 이룰 수 없는 것들에 대한 무한한 신뢰와 경외감을 갖기 마련이다. 예를 들자면 중견기업의 CEO 자리에 오른 사람일지라도 그의 꿈이 원래 가수였다면, 친구 중 성공한 가수를 은근히 부러워하면서 어깨가 움츠러드는 것이 어쩔 수 없는 인간의 본능이라는 것이다.

'이룰 수 없는 사랑'의 위대한 본능적 기호는 '첫사랑'이다. 우리가 첫사랑을 잊지 못하는 경우도 대부분의 첫사랑이 주는 이룰 수 없는 것에 대한 무한 동경과 회한 때문이다. 그렇다면 '이루어진 사랑'은 결혼 생활이 된다. 대개 첫사랑은 본능적으로 인간에게 아름다운 추억으로 기억되지만, 이루어진 사랑인 결혼 생활에 관해서는 그렇지 않은 경우가 많다. 이것이 발라드의 속성이자 함정이다. 어떤 일이 자신의 재능과 관계가 멀면 멀수록 좋아 보인다. 그것에 관한 약간의 재능이 있는 경우에는 더욱더 그것을 동경하고 탐하게 된다. 그러나 그것은 실패할 확률이 높은 '첫사랑' 같은 것이다.

이런 발라드에 관한 인간의 본능적인 '선택'의 함정과 위험성을 헤아려 우리는 고대 그리스의 빛나는 금빛 이성으로 무장해야 할 필요가 있다. 좋아하는 것을 평생 직업이나 기업의 주요 사업 분야로 가져갈 때는 더욱더 철저하게 분석하고 그 위험성을 경계해야 한다. 자신이 잘할 수 있는 것을 먼저 발견해 내고, 좋아하는 것은 세컨드 잡(second job)이나 취미로 놔두어야 한다.

자신 잘할 수 있는 것과 좋아하는 것은 분명 차이가 있다. 좋아하는 것이 아니라 잘할 수 있는 것을 발견하는 것이 중요한 이유는 잘해낼 수 있겠다는 판단이 들어야 비로소 그 일에 지속적인 노력이 가능하기 때문이다. 끊임없이 정진하는 과정에서 중간 중간 세상으로 우호적인 평가를 받게 되면 기쁜 마음과 함께 그 일에 더욱 정진할 수 있게 된다. 그래야만 공자 말씀처럼 즐길 수 있게 될 확률도 높아지기 마련이다. 공자 또한 한 나라의 재상을 맡아 세상을 다스려 보고 싶은 마음이 컸지만, 제자들을 가르치는 능력이 더 뛰어났기 때문에 따르는 자가 많았고 그로 인해 기쁜 마음으로 더욱 학문에 정진할 수 있었다.

자신이 좋아하는 일이 우연히 잘하는 일과 일치하는 사람들은 말 그대로 신이 키스해 준 행복한 사람들이다. 신의 외면을 받은 대부분의 사람은 지금껏 잘해 왔고 앞으로도 잘할 수 있을 일을 발견해야 한다. 하지만 자신이 잘할 수 있는 것을 발견하기도 그리 쉬운 일은 아니다.

우리가 흔히 생각하기에 인간 사회는 외향적 성향을 선호한다고 생각하기 쉽지만, 오히려 세상을 바꾼 인물 중에는 뜻밖에 내향적 성향의 인간들이 많았다는 것을 역사가 말해준다. 그들의 타고난 내향성으로 행동하기 전에 먼저 깊은 사고와 내면의 강직함으로 세상을 철저히 분석한다. 생각 없이 행동하는 외향성의 사람은 성공하더라도 잠깐뿐이고 그 생명력이 오래가지 않는다. 내향적 성향의 사람이 가진 장점은 신중함과 차분함이다. 신중함과 차분함을 잃지 않은 상태에서 외향적으로 계산(이성, Reason)된 약간의 행위(용기, Courage)가 조금 필요할 뿐이다.

밀리언 음반을 만든 서태지의 경우, 음악은 강한 외향성이지만 서태지라는 인물의 성격은 자신의 삶을 드러내기를 싫어하는 등 내향성을 지니고 있다. 결국, 그런 내향성의 강인함이 외향성 가득한 음악적 에너지로 분출된 것으로 생각하면 고개가 끄덕여진다. 내면에서 올라오는 아름다움이 가득해질 때 진정한 용기, 진정한 외향성이 찾아온다. 심성이 착하고 내향성이 가득한 사람일수록 세상을 제대로 분별하는 힘을 발휘하기 때문이다. 그 힘이 세지고 강해지면 마치 치약 튜브를 누르면 치약이 나오듯이 자연스럽게 밖으로 분출되어 나온다.

마키아벨리도 그의 저서 〈군주론〉에서 "할 수 있다면 착해져라."라는 말을 남겼다. 인간이 착해지지 않으면 지속 가능할 세상의 아름다움은 눈에 보이지 않는다. 스티브 잡스의 성공은 모든 이들에게 개인용 컴퓨터(PC: personal Computer)를 보급하고 싶은 선한 동기에서 시작되었다. 스티브 잡스가 퍼스널 컴퓨터에 관한 의견을 처음 제시했을 당시 세계 굴지의 대기업 IBM은 왜 사람들이 개인용 컴퓨터를 가져야 하냐며 조소를 보냈다고 한다. 그는 내면의 강인함으로 췌장암에 걸려 죽는 날까지도 세상의 내일을 아름답게 바꿀 시스템 연구에 몰두했다.

기업이든 가정이든 인간이 살아가는 모든 환경에서도 마찬가지다. 위기 상황이나 절체절명의 순간에 카리스마 가득한 지도자가 위기를 헤쳐나가는 경우도 있지만, 지도자의 숨겨진 품성을 겉으로 보이는 외향적 이미지로만 이해하면 곤란하다. 선하고 차분한 사람의 내향성은 외부적 위협으로부터 내부적 환경을 지켜내고 보호하는 힘과 요소를 지니고 있으며, 약간의 사악함의 힘을 빌려 발현되기도 한다. 그런데 우리는 약간의 사악함을 띄는 용기를 늘 카리스마가 있다고 해석하며 오해한다. 그러나 오직 외향성만으로 가득한 사람의 카리스마는 결국 폭군의 역사로 남는다.

내면의 아름다움의 충만함을 가질 때 잘할 수 있는 것이 보이게 되고, 그 충만함으로 인해 스스로 외향성을 띠며 빛이 발휘되는 것을 기억하길 바란다. 개인이나 기업이나 시대의 트렌드를 좇기만 하면 그 결과가 성공적이라도 늘 불안함을 느끼게 된다. 트렌드를 따라가는 사람은 트렌드를 만들지는 못한다는 사실을 그들 자신도 잘 알고 있기 때문이다.

현대그룹의 정주영 회장이 모래벌판에 조선소를 세울 수 있었던 것 역시 그의 선한 동기가 그 시작이라 할 수 있다. 현재 대한민국의 재벌들은 문어발식 사업 확장으로 기업 생태계를 교란해 좋은 평가를 받지 못하는 것이 현실이지만, 재벌 1세대들은 공통으로 자신의 영화보다는 조국 근대화와 국민을 지독한 배고픔으로부터 탈출시키겠다는 선한 동기를 가지고 있었다는 것도 부정할 수 없는 사실이다.

정주영 회장은 1971년 당시 영국의 최대 은행인 버클레이와 4,300만 달러에 달하는 차관 도입을 협의했지만 실패했다. 버클레이를 직접 설득하는 데 실패한 정 회장은 은행에 영향력을 행사할 수 있는 인물인 영국 유명 선박 컨설턴트사 A&P애플도어사의 찰스 롱바톰 회장을 찾아갔다. 롱바톰 회장 역시 현대가 제출한 사업계획서를 살펴보며 차관 상환 능력을 의심했다. 이때 정 회장은 지갑에서 당시 유통되던 500원짜리 한국은행 지폐를 꺼내 거기에 그려진 거북선을 보여주며 "한국은 영국보다 무려 300년이나 빠른 16세기에 철갑선을 만들었다. 산업화가 늦어서 아이디어가 녹슬었을 뿐 한번 시작하면 잠재력이 분출될 것"이라고 큰소리쳤다고 한다.

정 회장이 이처럼 기개에 찬 모습을 보여줄 수 있었던 기반에 자리하고 있던 바로 '센소'라고 할 수 있다. 누구나 다 보는 500원짜리 지폐에서 아무나 조선이 16세기 세계 최고의 조선 강국이었다는 장점을 발견해내고, 또 그것을 비즈니스로 연결할 수 있는 것은 아니다. 누구에게나 있는 '센스'가 아닌 남다른 예술적 감각인 '센소'는 아무에게나 허락되지 않는 것이다. 유럽이 르네상스 정신을 그들만의 센소로 계승한 것처럼 우리도 우리 자신으로 돌아가 우리만의 장점을 발견하는 센소를 찾아야 한다.

내면의 부끄럽지 않은 아름다움을 가질 때 우리 자신이 잘할 수 있는 것이 무엇인지 보일 것이다. 또한, 내면에 간직한 아름다움을 나만의 아름다움으로 간직하기에 아까운 생각이 들 때 그것을 시장에 보여주고 싶은 욕망과 용기도 솟아날 것이다. "돈 되는 것 뭐 없을까?", "쌈박한 것 뭐 없을까?" 하는 주판알 굴리는 배고픈 소리는 결코 우리에게 경제적 부를 가져다주지 못할 것을 잊지 말아야 한다.

한 평민 가문의 콤플렉스가 문화를 일으키다

르네상스는 15세기 도시국가 피렌체 공화국의 위대한 유산이라 할수 있다. 피렌체에서 시작된 새로운 인간 중심의 르네상스는 이후 전 유럽으로 미쳤다. 고대 그리스와 로마의 문명의 토대 위에 르네상스가 꽃피운 피렌체의 인간 문화 아래서 전 세계가 움직인다 해도 과언이 아닐 정도로 문화를 재탄생시킨 피렌체 공화국의 업적은 영원한 사라지지 않을 것이다.

이 빛나는 르네상스라는 유산은 한 평민 가문의 콤플렉스에서 발현된 '배부른 소리'에서 탄생했다. 그 가문의 이름은 메디치 가문이다. 원래 메디치 가문은 피렌체 공화국의 평범한 상인 집안으로 알려졌다. 은행업으로 상당한 부를 축적하면서 유명해진 가문이라지만, 당시의 은행업이라는 게 요즘의 고리대금업자인지라 그리 존경받는 일이 아니었다. 그러니까 사금융을 통해 재력을 쌓아올린 것이다. 금융업을 하기 전에 약제 사업을 했으리라 추측을 하는 이가 많은데, 그 이유는 가문의 문장을 보면 방패 위에 다섯 개의 둥그런 공 모양이 있기 때문이다. 그것이 약사(藥師)를 의미하는 '메디코(Medico)'를 뜻하기 때문이다. 하지만 문헌상으로 알 수 있는 것은 그들 가문이 금융업을 시작한 시기부터 역사에 노출되었다는 사실이다.

메디치 가문의 숨은 잠재력은 늘 신중함을 기반으로 했다. 그도 그럴 것이 15세기 당시에 평민 가문이 하루아침에 공화국의 수반으로 신분

상승이 된 것은 유럽 내에서 유래를 찾아볼 수 없는 대단한 일임과 동시에 많은 사람의 시기와 질투, 견제가 이루어질 수밖에 없는 상황이었기 때문이다. 과거는 물론이고 요즘에도 복권에 당첨돼 하루아침에 벼락부자가 된 사람들 역시 "원래 우리 집안은 뼈대 있는 집안이야."라는 말을 하고 싶을 것이다. 어떻게든 자신의 과거를 미화시키고 싶어 한다. 메디치 가문도 마찬가지였다.

메디치 가문의 콤플렉스와 관련해 전하는 일화가 있다. 메디치 가문의 출세를 상징하는 인물은 코시모 데 메디치(Cosimo De Medici : 1389~1464)로, 교황의 인정을 받아 피렌체를 중심으로 한 토스카나 대공국을 지배했다. 그가 귀족이나 타는 가마에 올라 정청인 베키오궁으로 향하자 피렌체의 시민들은 권력이 메디치에게 이동했음을 직시하고 행렬 앞에 무릎을 꿇었다. 하지만 엄마, 아빠를 따라 나온 세상 물정 모르는 아이들은 경호원들에게 호위를 받으며 가마에 올라탄 코시모를 향해 이렇게 외쳤다. "고약장수 할아버지다! 귀족이나 타는 가마에 올라탔네? 귀족들이 알면 큰일 나요. 얼른 내려오세요!" 코시모에게는 매우 치욕스러운 순간이었다.

이후로 그는 사저인 피티궁에서 나오지 않았다. 그리고 건축가 바사리(Giorgio Vasari)에게 피티궁에서 베키오궁까지 자신만이 다닐 수 있는 복도를 건설하도록 시켰다. 외부적으로는 신변보호 차원이라는 명목이었지만 실상은 대중들과 거리를 두어 자신을 드러내지 않는 신비감을 통해 가문의 초라한 과거를 아무도 기억하지 않았으면 하는 바람이 컸던 것이다.

아이러니하게도 이런 코시모 메디치의 콤플렉스는 새로운 문화를 태동시키는 원동력이 되었다. 먼저 메디치 가문의 콤플렉스는 유럽의 음식문화에서 최초로 포크와 나이프를 등장시키는 결과를 낳았다. 당시 영국의 엘리자베스 여왕이나 유럽의 모든 왕들과 귀족들은 손으로 고기를 뜯어 먹었다. 콤플렉스가 없는 그들로서는 보기 좋지 않은 모습으로 고기를 뜯어 먹어도 뭐라 할 사람은 없다고 생각한 것이다. 하지만 메디치 가문의 콤플렉스는 대단해서 자신의 모습이 혹여 왕족답지 않게 게걸스러운 모습으로 비추어지지 않을까 하는 생각에 기인해 포크와 나이프를 사용했다.

항상 귀족들에게 신변의 위협을 받던 메디치 가문의 포크와 나이프 사용법은 무척 재밌다. 사람들이 식사할 때 왼손의 포크로 오른손의 칼을 가로막고 칼질을 하도록 시켰다. 포크로 칼을 막아 상대를 죽일 의사가 없다는 것을 확인시키기 위한 것이었다. 얼마나 신변의 위협이 거셌으면 이랬을까 생각하면 측은한 마음이 든다. 그러나 매사 이렇게 신중했음에도 불구하고 1537년 알렉산드로 데 메디치(Alessandro de' Medici)가 친척인 로렌찌노(Lorenzino de' Medici)에 의해 살해되었다. 이것이 메디치 가문의 숙명이었던 것 같다.

당시 그림에서도 그들의 콤플렉스를 알 수 있다. 메디치 가문이 〈비너스의 탄생〉이라는 작품으로 유명한 보티첼리에게 집무실에 걸어둘 그림을 주문했는데 그 그림의 크기가 당대 제일의 크기였다고 한다. 코르시카라는 변방 출신이었던 나폴레옹의 황제 대관식 그림이 엄청난 크기로 제작되었던 것도 이와 비슷한 이유일 것이다. 지금으로 치면 걸기도 힘들 정도로 큰 크기의 평면 TV를 벽에 걸어놓고 방문자의 기를 꺾으려고 하는 것과 유사한 행위다.

유럽 궁정 정원의 역사 역시 메디치 가문의 사저였던 피티궁에서 최초로 시작되었다. 유럽 최초로 계획적으로 정형화된 피티 궁전의 정원은 콤플렉스의 위대한 결과라 할 수 있다. 이렇게 화려한 궁전 정원 이외에도 가장 인공적인 아름다움을 보여주는 춤인 발레 역시 메디치 가문의 궁정 사교춤에서 시작된 후 프랑스와 러시아에서 더욱 화려하게 발전되었다. 발레의 모든 동작은 궁정 매너의 표본이 되는 동작이다. 이러한 궁정 예법을 만든 이가 평범한 상인계급 출신의 메디치가인 것을 보면 콤플렉스가 결코 단점만은 아닌 것 같다.

기업의 초기 태동 단계에서 가장 중요한 동기부여는 콤플렉스 극복이라고 할 수 있다. 콤플렉스를 자꾸 숨기려고 하면 더욱 콤플렉스에 빠져 헤어 나오지 못할 수 있다. 오히려 콤플렉스가 강하면 강할수록, 그리고 콤플렉스를 인정할수록 더 큰 극복 의지가 생겨난다. 그러니 콤플렉스까지 사랑하는 여러분이 되길 바란다.

▌동기의 선함이
▌혁신을 부른다

코시모 데 메디치가 그의 권력의 정통성을 유지할 수 있었던 것은 그의 선한 행동과 내면적 아름다움에서 나오는 대중들에 대한 깊은 배려

덕분이었다. 코시모는 선함을 실천하는 데 있어 자신의 재산을 아까워 하지 않았고, 그 결과 대중들의 마음을 열어 지지와 사랑을 끌어냈다.

그는 유럽의 16개 도시에 메디치 은행을 세웠다. 은행 지점 개설은 역사상 최초였으며, 현대의 온라인 계좌와 같은 맥락의 시스템을 구축했다. 당시는 현물거래가 일반화되어 있었기에 귀족이나 공직자가 다른 도시국가로 공무나 사무 또는 여행할 시에 많은 현물을 가지고 가야 하는 불편함을 가지고 있었다. 더 중요한 점은 많은 현물을 지참해야 하는 귀족이나 공직자들이 여행 중 도적 떼를 만나거나 심지어 그들의 심복들까지 돈에 눈이 멀어 주인을 배신하고 죽이는 불상사가 종종 연출되던 시기였다.

코시모는 이런 귀족들이나 공직자들의 불편함에 눈을 뜨고 이를 사업 아이템으로 연결했다. 그는 현물거래의 폐단과 불편함을 없애기 위해 유럽의 주요 도시에 메디치 은행지점을 개설하는 금융 네트워크 사업 구축에 엄청난 돈을 투자했다. 그의 내면에 있는 훈련된 선한 동기 (motivation)가 새로운 은행 자금관리 시스템의 혁신(Innovation)을 이룩한 것이다.

당연히 유럽의 많은 귀족과 왕실 특히 바티칸과의 거래로 메디치 가문은 막대한 부를 쌓아갔다. 아름답고 선한 마음에서 비롯된 투자가 빛을 발휘한 것이다. 이후 교황청 자금의 유통을 맡아 막대한 재산을 축적한 코시모는 자신의 재산을 고스란히 피렌체 시의 공공사업에 투입하여 학문과 예술을 보호하고 장려했다. 그의 투자를 통해 미켈란젤로, 기베르티, 도나텔로 등 수많은 예술가가 후원을 받았으며 르네상스의 걸

작들이 탄생하게 되었다. 지금의 피렌체가 갖춘 모습 대부분은 르네상스 당시 메디치 가문이 공공사업에 아낌없이 투자한 결과물이다.

그의 관대하고 사려 깊은 성품은 다음과 같은 말한 데에서도 확인된다.

"지난 수십 년간 나는 돈 벌고 돈 쓰는 일 외에 아무것도 하지 않았다. 돈 쓰는 것은 돈 버는 것보다 훨씬 더 큰 즐거움을 안겨준다."

코시모가 이처럼 돈 버는 것 보다 돈 쓰는 즐거움을 아는 인물이었던 까닭에 그의 거점이었던 피렌체가 르네상스의 시작이 될 수 있었다. 그는 학문과 예술을 후원하는 일에 돈 쓰는 즐거움을 느낀 최초의 지도자였다.

그는 또한 그의 자식들을 차세대 지도자로 교육하기 위해 유럽은 물론 오스만 제국에까지 사람을 보내 고대 문헌들을 수집해 장대한 장서를 자랑하는 '비블리오테카 메디체아 라우렌티아나(Biblioteca Medicea Laurentiana)'라는 이름의 도서관을 건립했다. 자제들의 교육을 위해 설립된 이 라우렌티아나 도서관은 피렌체 시민들에게도 개방되는 공공 도서관이었다. 자기 아들들은 물론 피렌체 시민 모두에게 도서관을 개방한 코시모의 이런 관대함과 사려 깊은 행동을 피렌체 시민들은 어떻게 받아드렸을지 여러분의 상상에 맡기겠다.

메디치 효과와
디자인의 의미

메디치 가문의 인물 중 첫 번째로 공화국 수반의 자리에 오른 죠반니 디 비치(Giovanni di Bicci : 1360~1429)이래로 그의 아들 코시모 데 메디치, 그리고 그의 손자 로렌초 데 메디치(일명 Lorenzo Il Magnifico : 위대한 자, 1449~1492)로 승계되며 이들이 통치하던 시기에 피렌체와 메디치 가문의 번영은 정점에 올랐다. 메디치 가문은 그들의 지배력을 더욱 견고히 다지기 위해 뛰어난 예술적 안목을 바탕으로 학문과 예술에 대한 장려와 보호를 위해 자금 투입을 아끼지 않았다.

르네상스 시기는 인류의 역사에서 백 년에 한 번 나올까 말까 한 천재들이 수없이 탄생한 시기이기도 하다. 특히 메디치 가문이 통치한 150~200년 동안에 피렌체에서는 세기적인 천재들이 수도 없이 태어나 르네상스를 화려하게 꽃 피울 수 있었다. 이 역시 메디치 가문의 동기(motivation)의 선함 덕분이었다.

메디치 가문은 르네상스 시대에 피렌체의 학문과 예술의 보호자를 자처했다. 동기의 선함 속에는 정치적 파급 효과를 생각한 의도도 물론 있었겠지만, 그들의 탁월한 통치에는 메디치 효과(Medici effect)가 있을 수밖에 없는 기법이 있었으니 바로 디자인(design)이라는 통치방식이다.

르네상스 시대에 등장한 디자인의 개념은 무척 새롭게 우리에게 다가온다. '지시하다 · 표현하다 · 성취하다'의 뜻을 가지고 있는 라틴어의 데지냐레(designare)에서 유래한 디자인이란 말에 담긴 다음의 의미에 주목해야 한다.

Design = Disegno

Di (of) + Segno (sign) = Of the sign

= 자율권 Autonomia, = Auto(자동적으로) Nomiato(이름이 불러지다)

= 최종적으로 자유의지

중세 시대까지는 예술 작품에 작품을 만든 장인(Artigiano)의 이름이 새겨지는 경우는 없었다. 하지만 메디치 가문은 그들의 문화예술 후원 사업과 공공사업에서 천문학적인 금액을 투자하면서도 작품의 최종 서명은 그것을 만든 장인의 이름을 새기게 했다. 자율권을 뜻하는 아우토노미아(Autonomia)는 이름이 자동으로 불린다는 뜻이다. 르네상스의 인문주의 시대를 살아갔던 메디치 가문 사람들은 인간의 본능을 누구보다 빠르고 정확하게 꿰뚫고 있었다.

당시 볼로냐 대학의 교수가 연봉으로 30두카티(ducati) 받을 적에 르네상스의 대가들은 작품 하나당 평균 100두카티(ducati)를 받았다고 한다. 이런 경우를 반기질 않을 장인이 어디 있겠는가. 엄청난 후원금은 물론이고 서명까지 내 이름으로 하게 되었으니 말이다. 메디치 가문의 이런 새로운 문화예술 후원사업의 방식은 전 유럽의 장인들을 피렌체로 끌어들이는 효과를 낳았다. 다양한 분야의 예술가와 학자, 과학자들이 피렌체로 모여들 수밖에 없었고, 자신의 이름을 남기고자 하는 훌륭한 동기(motivation)의 발현으로 각자의 분야에서 최고의 걸작들을 선보이게 되었다.

메디치 효과는 15세기 피렌체로 모여든 예술가, 철학자, 과학자, 상인 등 여러 다양한 분야의 전문가들로 구성된 이질적 집단 간의 교류를 통해 서로의 역량이 융합되면서 생긴 시너지 효과다. 현대 경영 이론에서도 이러한 효과가 주목받고 있다. 15세기 피렌체처럼 다양한 직종의 부류나 분야가 서로 교류하고 융합하여 독창적인 아이디어나 뛰어난 생산성을 나타나 새로운 시너지를 창출할 수 있다는 이론이다.

코시모 데 메디치의 경우 천한 계급의 사람이라도 실력을 인정했다. 그는 피렌체 은행 하급 서기로 일을 시작한 조반니 아메리고 데 벤치(Giovanni Amerigo De Venci)를 최고직위까지 승진시키면서 사실상의 동업자로 대우해주면서 그에게 자율권(Autonomia)을 부여했다. 이런 주인 밑에서 일하기 싫은 사람이 몇이나 있을까.

천재들이 이 시기에 많이 탄생한 것은 전적으로 자율권을 부여해주는 메디치 가문의 사려 깊은 사고방식과 작품을 만든 장인의 이름을 명예롭게 지킬 수 있다는 점이 스스로 자유의지를 자극한 덕분이었다. 구조적으로 르네상스 시대에는 많은 천재 예술가들이 탄생할 수밖에 없었다.

단선율의
착시효과

르네상스 회화의 원근법은 2차원 평면에 3차원의 공간 세계를 구현했다. 이러한 기법은 음악에도 영향을 끼쳤다. 바로 화성학적 공간감을 만들어 낸 모방기법(Stile Imititativo)이다. 단선율(선율이 하나인 것)의 선율을 시차를 두고 출발시켜 결국 화성음악을 구현한 모방기법은 처음 출발한 선율을 모방한 비슷한 유형의 선율이 시차를 두고 앞서 출발한 선율을 쫓아간다는 개념이다.

글로 설명하기엔 역부족이지만, 우리가 초등학교 시절 음악 시간에 1분단 먼저 출발하고 2분단이 뒤따라 출발하고 곧이어 3분단이 앞선 1분단과 2분단의 선율을 따라가며 불렀던 돌림노래를 생각하면 이해가 빠를 것이다. 결국, 선율은 하나지만 최종적으로는 여러 개의 선율이 만나 화성을 이루는 방식이다.

화성학적 음들은 원근법처럼 음의 깊이가 더해져 공간감을 형성한다. 원근법은 미술·건축에 이어 음악에도 선보인 르네상스 혁신의 아이콘이다. 중세 후기부터 화성학 개념은 이미 시작되었으나 바티칸은 화성음악으로 인해 신의 목소리인 성가의 가사가 잘 전달되지 못한다는 점 때문에 여전히 성가에서 화성학적 음악 유입을 반대했다.

교황 마르첼리우스는 재위 3주일 만에 서거했지만, 그 짧은 동안에도 교회음악의 발전에 힘쓴 업적은 두드러졌다. 그는 부활절 전 금요일에 합창대를 불러 모아 장래 교회의 합창곡이 불릴 때는 근행(勤行)에 따라 적당한 곡을 택해야 하고, 가사도 거기에 따라 좀 더 명확히 정해져야만 한다고 말했다. 이런 교황의 교시는 르네상스 화성학의 대가 팔레스트리나의 평소 생각과 일치했다. 팔레스트리나는 모방기법을 이용해 화성 음악 안에서도 가사가 잘 전달될 수 있는 음악 형식을 구현한 것이다.

팔레스트리나의 교황 마르첼리우스를 위한 미사곡

위의 악보를 보면 중간중간 시차를 두고 비는 공간이 만들어져 계속된 화음의 연속이 아닌 단순한 선율 부분이 중간중간 돌출된다. 그러므로 가사 전달이 잘 이루어지는 효과가 있다. 이후 바티칸은 팔레스트리나의 교황 마르첼리우스를 위한 미사곡처럼 모방기법의 음악만을 교회 음악에서 사용토록 제정했다. 1567년 이 미사곡을 인쇄했을 때 〈교황 마르첼리우스 미사〉라는 제목을 붙이게 되었다.

화성학적 선율전개로 깊은 공간감 즉 음악에서 원근법의 효과를 보여 주는 이 곡은 성자의 거룩한 얼굴에 비치는 후광처럼 부드럽고 풍부한 화성, 아름다운 천사를 생각하게 하는 풍부한 가락으로 듣는 이의 마음을 편안하게 한다. 서양음악은 이 시기 화성 음악으로 대체되며 앞으로 나아간다.

그런데 왜 우리 음악에는 화성이 없었을까? 서양은 15~16세기를 기점으로 음악 분야에서 화성 음악을 적극적으로 도입하고 발전시켜 나가며 근·현대 음악의 토대를 마련했다. 하지만 우리의 국악은 화성학적 개념이 없는 단선율 구조로 이어져 왔다. 비트겐슈타인 말 "음악의 이해는 인간에 관한 이해이다."라는 명제처럼 인간의 사고에서 이 점을

서양의 원근법

동양의 원근법 - 19세기 민화에 사용된 역투시법

생각해 보면 무척 재밌다. 음악에서 화성은 미술의 원근법처럼 듣는 이에게 공간감을 선사한다. 하지만 우리의 미술에서 원근법의 형태는 19세기 초 작품들에서 비로소 보이기 시작하는데 서양의 원근법과는 다른 역 투시법의 모습이다.

19세기 서양문화의 유입으로 동양에서도 원근법이 나타나지만, 위의 그림처럼 소실점의 위치가 동서양이 다르다. 서양인은 자신의 자아를 주체로 사물(자신의 주변)을 바라보지만 동양은 사물(자신의 주변)에 비춰진 나의 모습에 더 신경 쓰는 경향이 엿보인다.

다음 그림을 보여주며 그림 A와 더 밀접한 관계를 갖는 것을 골라 보라고 하면 우리와 같은 동양인들의 90% 정도는 그림 1을 선택한다. 반면 서양인의 대부분은 그림 2를 선택한다.

그림 A
나무로 만든 공

그림 1:
나무로 만든 컵

그림 2:
플라스틱으로 만든 공

동서양이 이렇게 서로 다른 답을 하는 것은 둘 사이에 가치관의 차이가 존재하기 때문에 그렇다. 서양인들은 사물의 재료(물질)보다는 모양(물체)을 중시한다. 그러나 동양인은 그 반대다. 즉 동양은 물질을 사랑하고, 서양은 물체를 사랑한다. 물체를 중심으로 하는 서양은 음악의 선율을 개개의 물체로 인식한다. 그래서 개체성을 중시하는 선율들의 집합성을 강조했다. 반면 물질을 중심으로 하는 동양은 음악에서도 동질성을 중시하여 음악의 일체성을 강조한다. 그래서 선율에 화성이 없다. 화성이 없다는 것은 자신들과 다르게 부르는 사람을 용납하지 못한다는 의미이기도 하다. 이러한 성향이 가장 심하게 나타나는 부분이 한국의 혈연, 지연, 학연 문화다. 이러한 것들은 어느새 넘을 수 없는 장벽으로 둘러싸였다. 장벽 안에서 힘을 모아 공동체를 이룬 것까지는 좋지만, 그 공동체 바깥은 배척한다는 점이 문제다.

한국의 전통음악은 500년 동안 단선율을 유지했다. 판소리에 화성이 없는 것은 이런 이유 때문이다. 가야금 병창의 경우도 많은 수의 가야금 주자들이 일률적인 소리로 가야금을 뜯으며 똑같은 노래 선율로 창을 하는 것이다. 현대에 와서야 국악은 일부 퓨전화되어 화성을 도입해 사용 중이다.

화음은 공간감을 만들어 준다. 중세 성당처럼 건물이 높으면 공명을 통해 화성학적 기본 개념인 '배음'을 느끼게 해준다. 배음은 가장 낮은 음의 주파수의 정수배를 가진 음들을 말한다. 배음이 잘 나타나는 건물에서는 음파가 반사되고 서로 간섭하면서 배음으로 변경되어 화음이 나타나게 된다. 새벽에 아무도 없는 목욕탕에서 노래를 불러보면 이를 잘 알 수 있다.

그런데 조선 시대에는 경회루처럼 탁 트인 공간에서 곡을 연주했다. 그래서 소리가 잘 울리지 않는 형태로 서양에 비해 작은 공간에만 전달되는 한계가 있었다. 서양은 고딕성당처럼 높은 건물 내부의 석조회랑에서 연주하기 때문에 울리는 소리 형태의 배음이 발생하는 조건이었다. 이런 영향을 받아 서양의 발성은 주로 두성을 이용해 윗소리를 회전시키면서 노래하지만, 동양은 소리가 돌아올 수 없는 탁 트인 장소에서 노래를 불렀기 때문에 배음보다는 반대로 소리를 아래로 꺾어 가까운 곳 위주로 잘 들리는 창법을 이용했다. 이런 소리의 꺾음 현상이 트로트 음악의 전형적인 특징에도 영향을 끼쳤다.

이렇게 건축도 음악에 영향을 끼친다. 결국, 음악은 모든 것의 분비물이다. 소리를 꺾는 현상에서 우리가 유추할 수 있는 것은 발성이 먹고 사는 문제와도 직결된다는 점이다. 예를 들어 서양의 락 음악은 끝없이 질러대는 사우트 창법으로 소리를 다이렉트로 낸다. 하지만 우리 고유의 창법은 소릴 꺾는다. 음식 섭취량으로 비교하자면 서양은 수 세기 동안 잘 먹은 소리고, 우리는 배고픈 소리다. 꺾는소리로 부르는 노래는 그래서 한이 서려 있는 것처럼 들린다.

우리의 목소리와 잘 어울리는 국악기로는 해금이 떠오른다. 우리말의 어족인 알타이어 계통의 몽골에서 유래된 악기가 해금이라 그런지 몰라도 중국에서 건너온 국악기들보다는 더 우리 고유의 목소리처럼 들린다. 해금은 2줄로 된 현악기인데 바이올린처럼 활로 켠다. 앞서 말한 가야금 병창과 함께 해금이 연주하는 우리 고유의 언어적 뉘앙스를 느껴보면, 우리 음악이 주는 일체성과 동질성 그리고 배고픔에서 비롯된 한 맺힌 소리가 들리는 듯하다.

다시 팔레스트리나의 마르첼리우스를 위한 미사곡을 들어보면 화성

음악이 전하는 독특한 풍부함, 즉 각각의 선율을 대변하는 '개인' 성향의 다름을 인정하는 음악적 뉘앙스를 경험할 수 있다.

음악에서의 르네상스는 이렇게 새로운 소리에 대한 관심으로부터 시작되었다고 할 수 있다. 앞서 말한 바와 같이 중세 후기 화성음악은 난해하고 복잡하기 짝이 없었다. 르네상스인들은 중세의 난해한 음악에 지루함을 느끼고 신선한 소리를 찾게 되었다. 그것이 단선율 음악의 시간차로 인한 일종의 착시효과인 모방기법이다. 이제 유럽의 음악은 모호하고 난해한 중세음악의 전통에서 벗어나 점차 단순한 하모니와 매력적인 선율로 바뀌게 되었다.

르네상스가 우리에게 주는 교훈

지금까지 알아본 르네상스(Imagine of Renaissance)의 교훈을 정리하면 다음과 같다.

진정한 혁신을 위해

- 세상을 르네상스 시대 원근법처럼 새롭게 바라봐야 한다.
- 자신의 내면으로 돌아가 자신만의 지속 가능한 성장을 발견하는 힘이다.
- 자신의 발라드(이룰 수 없는 사랑)를 늘 경계하라.
- 자신이 좋아하는 것보다는 자신이 잘할 수 있는 것을 먼저 발견하고 실행하라.
- 콤플렉스는 모든 혁신의 시작이었다.

메디치 효과(Effect of The Medci)에 주목하라

- 선한 Motivation이 진정한 Innovation을 이룬다.
- 지도자의 예술적 심미안, 즉 센소(senso)가 명품을 만들어낸다.
- 인간은 자유를 가장 사랑한다. 자율권(autonomy)을 선물하라.
- 인간은 아름다움 속에서 행복해한다. 아름다움(beauty)을 선물하라.

03 바로크 시대의
아트코어

▮ 바로크의 서막
▮ 매너리즘 예술

인간은 인공미를 통해 창조주의 능력을 탐한다. 바로크(Baroque) 시대를 이해하는 키워드는 바로 '인공적', '권력적', '럭셔리', '곡선미' 등이다. 특히 매너리즘(mannerism)이라는 말이 중요한데, 매너리즘이 가져온 예술의 '자연에서의 이탈'은 결국 이 시대 인간의 아름다움에 관한 욕망이 인공적인 아름다움으로 선택 집중되었음을 의미한다. 즉 인간 본연의 자연스러운 본능의 귀결이라고 할 수 있겠다.

매너리즘의 사전적 의미를 살펴보면, 예술 창작이나 발상 측면에서 독창성을 잃고 평범한 경향으로 흘러 표현 수단이 고정되고 상식적으로 고착된 경향을 총칭한다. 가령 일정한 기법이나 형식 따위가 습관적으로 되풀이되어 독창성과 신선한 맛을 잃어버리는 것을 말한다.

우리가 생활 속에서 느끼는 매너리즘이란 무언가를 적극적인 의지로 시작하고 노력하지만 어느 순간 발전이나 실행 의지가 고갈되는 상태를 경험한 후 기존에 해오던 방법을 교묘히 답습 반복하는 행위로 변질하다 결국 반복적 답습 행위가 어느덧 편안해지고 익숙해져 무력감을 느끼며 정체된 상태에서 의욕을 잃어버린 상태를 말한다. 현상 유지를 하려는 경향이나 자세를 가리켜 흔히 매너리즘에 빠졌다고도 말하며 부정적인 이미지로 이해된다.

매너리즘을 뜻하는 이탈리아어는 마니에리스모(manierismo)로, 수법을 뜻하는 마니에라(maniera)에서 파생된 말이다. 이것이 수법을 뜻하는 이유는 손을 뜻하는 마노(mano)에서 파생되었기 때문이다. 이런 이유로 우리는 젠틀맨들의 호의 가득한 손들, 그러니까 의자에 앉으려는 숙녀를 위해 의자를 살짝 빼준다거나 손을 멋지게 이용해 숙녀에게 제스처를 취해 주는 동작에 '매너가 좋다'고 말하는 것이다.

르네상스 시대 대가들의 신의 능력에 가까운 작품들이 쏟아져 나온 이후인 16세기 중반, 르네상스 예술의 대가와 그들의 작품 앞에 선 신진 예술가들의 창작 의욕은 시들해질 수밖에 없는 운명이었다. 지금으로 치자면 피겨스케이팅 분야에 김연아 선수와 같은 실력자가 태릉선수촌에 100명이 있다고 생각해보자. 이제 피겨스케이팅의 세계에 들어온 신인 선수들로서는 김연아 선수 급의 선배 100명이 내 앞에 떡하니

| 인간은 장중함과 화려함을 갖고 싶어한다 |

카라바조* : Michelangelo Merisi (Michael Angelo Merigi or Amerighi) da Caravaggio
[엠마오에서 저녁 식사]1597년경 런던국립미술관

버티고 있다고 생각하면 국가대표의 꿈은 아득해지며 자신의 꿈을 버릴 수밖에 없는 숙명임을 깨닫고 한 없이 슬퍼할 것이다. 매너리즘 시대의 예술가들 역시 이런 상황이었다고 보면 된다.

소치 동계 올림픽에서 김연아 선수를 제치고 금메달을 딴 러시아 선수가 있었다. 그 선수의 올림픽 우승 후 벌어진 갈라 쇼를 기억해보자. 우여곡절 끝에 금메달은 받았지만 연일 쏟아지는 부정 메달 수여 논란

* 극명하게 다른 어둠과 밝은 명암으로 드라마틱한 사건의 공간감과 실재감을 선보여 르네상스의 이상적인 미와 마니에리스모의 인공, 인위적 해석을 거부하며 짧은 12년이라 활동기간 중 바로크 예술의 장중함 가득한 이미지를 선보인다.

파르미자니노, 〈긴 목의 마돈나〉, 1534~1540

에 휩싸여 비난받았던 그녀는 갈라 쇼에서 김연아 선수의 능력 이상을 보여 줄 의욕을 상실해버리고 말았다. 결국 노란 형광색의 깃발을 들고 갈라 쇼에 나타난 그녀는 뜻대로 연기를 펼치지 못하고 깃발에 스케이트 날이 걸려 엉덩방아를 찧는 등 망신을 당하고 말았다. 이것이야말로 매너리즘의 속성을 잘 보여준 사례가 아닌가 생각한다.

이탈리아 마니에리스모 예술을 우리에게 한 눈에 잘 보여주는 작품으로 파르미자니노 (Parmigianino, 본명 : Girolamo Francesco Maria Mazzola)의 〈긴 목의 마돈나〉를 들 수 있다. 파르미자니노는 이탈리아 마니에리스모의 대표적 화가로 파르마(Parma)에서 출생했다. 미켈란젤로, 라파엘로의 영향을 받아 화풍을 한층 더 우미(優美)하게 전개해 길게 잡아 늘인 인체를 S자형으로 비튼, 인체를 극도로 이상화한 유형을 만들었다. 〈긴 목의 마돈나〉라는 작품 속 마돈나는 해부학적으로 볼 때 정상적인 인간으로서는 존재할 수 없는 비율로 사실적 묘사와는 거리가 멀다. 마돈나가 한쪽 팔에 안고 있는 아기 예수의 인체 비례 역시 길게 늘어 뜨러져 과장되게 표현되고 있다. 하지만 인간은 자연적 비례에 벗어난 그림도 멋지다고 생각한다. 종교화 속에서 거룩해 보여야 할 마돈나도 인간적으로 매력적인 긴목과 아름다운 곡선의 체형이 주는 새로운 신비감 속에서 빛나는 자태를 뽐낸다. 이미 이 시대가 종교개혁의 광풍 속에서 신을 바라보는 인간의 시선이 이전 시대와는 확연히 달라진 모습이라는 것을 그림을 통해서 알 수 있다.

현대의 인간들도 이탈리아 마니에리스모 예술이 선사한 과장되고 인공적인 아름다움에 흠뻑 취한 적이 있다. 어릴 적 연습장에 흠모하며 열심히 따라 그리던 순정만화의 주인공들을 생각해보라. 한 번쯤 눈은 얼굴의 3분의 1가량을 차지하고 다리는 끝이 안 보일 정도로 길게 늘어뜨린 인물을 그린 적이 있다면 그들은 모두 파르미자니노의 미학을 충실히 실천한 후예들이다.

벨 에포크(Belle Epoque) 시대 이탈리아 출신의 조반니 볼디니(Giovanni Boldini) 역시 파르미자니노의 화풍을 그대로 담아 〈지히 백작부인〉(Portrait of the Countess Zichy, 1905)이라는 그림을 그렸다. 조반니 볼디니는 런던과 파리에서 활동하며 주로 상류층 여성의 초상을 많이 그렸는데 화려한 색채와 흐르는 듯 유려한 그만의 선이 특징이다. 〈지히 백작부인〉은 파르미자니노에게 경의를 표하는 오마주(hommage)가 아닐까 생각한다. 헤어스타일이나 오른손의 모습을 더욱 도도하게 올라가게 그린 것은 파르미자니노 작품 속 마돈나의 겸양에 찬 순수함을 당시 파리사교계의 세태를 반영한 세속적인 이미지로 변환하기 위함이었을 것이다. 볼디니처럼 생전에 평가를 잘 받는 예술가들의 공통점은 역사에서

볼디니, 〈지히 백작부인〉, 1905

교훈을 받아 인간 본능을 충실히 표현한다는 점이다.

매너리즘은 18세기 말 낭만주의에서 가치가 재평가되고 20세기 초현실주의 예술가들에게 영감을 주었다. 초현실주의에 영향을 준 엘 그레코(El Greco)의 그림 한 점을 감상해 보길 바란다. 16세기에 이미 20세기 초현실주의 잉태를 예언한 작품이다.

트로이 아폴로 신전의 제관(祭官)이었던 라오콘은 트로이 전쟁 시 목마를 성안에 들이는 것을 반대한 사제였다. 이 이유로 그리스를 돕던 미네르바 신의 노여움을 사게 되어 그의 아들 둘과 함께 포세이돈이 보낸 뱀에 의해 살해를 당하는데, 그림의 라오콘은 다른 라오콘을 주제로 삼는 작품들과 다르게 죽기 직전 포세이돈에게 분노를 표현하기보다는 모든 걸 초월하고 멍한 시선으로 자신에게 내려진 신의 벌조차 느끼지 못하는 늙은 목동처럼 벌판에 누워있다. 그 모습은 뒤로 보이는 톨레도 도시가 주는 현실감에서 한참 떠나 있는 것처럼 보인다. 당시의 종교개혁 속에서 구교와 신교의 논쟁에 빠진 톨레도가 처한 상황을 그리스 신화의 트로이를 가져와 각색한 것이다. 톨레도에서 멀리 떨어진 벌판에서 종교적 논란 속에 희생당하는 자의 모습을 라오콘에 빗대어 그린 엘 그레코의 수작이다. 엘 그레코 역시 1506년 네로의 궁전 터에서 발견된 그레코로만 라오콘 군상의 위대한 예술적 구도에 경의를

엘 그레코, 〈라오콘〉, 1604~1614

표하면서 자신만의 시각으로 재해석한 것이다.

　매너리즘은 기업경영이나 인생사에서 반짝 성공을 이룬 초기 단계에서 불쑥 찾아올 수 있다. 그러나 그것을 부정적으로만 볼 것이 아니라 파르미자니노를 생각해 긍정적으로 받아들이면 좋겠다. 신이 아닌 이상 계속해서 성공을 이루어내는 이는 거의 없다. 따라서 반짝 성공이나 훌륭한 아이디어가 돌출된 이후에는 매너리즘이 으레 찾아오게 마련이다. 그 벽을 긍정과 순응으로 받아들여 포기하지 않는다면 벽을 넘어 다음으로 전개될 것이다.

　매너리즘을 부정적인 견해로만 받아들이는 것은 역사에서 교훈을 받지 못했기 때문이다. 바티칸 박물관의 라오콘 군상을 바라보며 경탄만 할 게 아니라 자신만의 매너리즘으로 항상 재해석하려는 용기를 가져야 한다.

르네상스 말기 종교개혁 기간 동안 당시 종교를 바라보는 예술가들의 달라진 시선을 1517년에 알브레히트 뒤러(albrecht durer)의 지화상이 잘 말해준다. 자신을 신격화해 예수의 모습으로 그린 '프로타고니스타의 자아'를 표현했다. 이전의 신본주의 가치관은 찾아볼 수 없을 정도의 고결함과 도도함으로 인간인 자신을 신의 모습으로 표상했다.

종교 개혁은 신교, 구교 어느 쪽이 승리하든 가장 큰 손해를 입는 것은 바티칸의 권력과 교황의 위엄이다. 한 세기 전만 해도 바티칸의 권력과 교황의 위엄에 의심을 하고 감히 대드는 자는 아무도 없었다. 그런데 교황의 권력 쇠퇴를 아주 은밀하게 반기는 자들이 이 시기에 생겨났다. 바로 유럽 각국 왕실의 왕이었다. 교황의 서임권과 파문 등에 숨죽여 1077년 카노사에서의 굴욕을 당했던 왕들이 500년 만에 이젠 못된 시어머니를 쫓아내는 못된 며느리가 된 것이다.

▌프랑스 문예부흥에 영향을 끼친
▌피렌체의 궁정 문화

16세기에는 유럽과 동양 양쪽에서 중앙집권체제의 기틀이 마련되었다. 그 옛날 프랑스 왕과 조선의 왕이 서로 교류한 일도 없었는데 공통의 정치적 가치관을 갖는 걸 보면 인간 본능과 욕망은 역사 속에서 그리 큰 시차를 가지지 않는 것 같다. 이후 17세기가 되면 유럽이나 동양에서 중앙집권체제가 안정화되는 시기를 맞이한다.

유럽에서는 교황에 맞서 나폴리왕국의 왕위계승권을 요구하는 프랑스의 왕 샤를 8세(1483~1498)에 의해 이탈리아 원정이 시작되었다. 1493년 3만 명에 달하는 군사를 이끌고 알프스를 넘어 1495년 르네상스의 도시 피렌체에 입성하는 데 성공했다. 당시 용병제도의 특징인 소규모 편성의 군사제도에 익숙해 수 세기 동안 대규모 병력을 한 번도 경험하지 못했던 이탈리아의 도시국가들로서는 샤를 8세의 대규모 병력의 위용에 놀라 싸워 보지도 못하고 성문을 열어주기 바빴다.

그의 이탈리아 원정은 교황의 시대가 끝났음을 유럽 사회에 알리는 계기가 되었다. 또한, 선진적인 이탈리아 르네상스 문화와 이탈리아 장인들을 초빙함으로써 이 시기 프랑스 문화는 이탈리아 르네상스 문화를 바탕으로 더욱 계승 발전되었다. 그래서 우리가 지금 피렌체 도시국가의 문예 부흥 운동을 이탈리아어인 '리나쉬멘토(Rinascimento)'라고 하지 않고 프랑스 말인 '르네상스(Renaissance)'라고 하는 것이다.

프랑스의 문화국가 표방은 과거 고대 그리스가 로마에 패망하지만, 문화적으로 재정복하는 경우와 닮아있다. 이처럼 역사는 되풀이되며 문화국가는 패망하지 않는다는 교훈을 우리에게 잘 알려준다. 프랑스 왕들의 이탈리아 반도 공략의 귀결은 르네상스 문화의 프랑스로의 이전이었고, 프랑스는 유럽 최고의 맹주를 자처하기 위해 문화국가를 선포했다.

정치적으로는 1589년 등극한 앙리 4세(1589~1610)가 1598년에 낭트 칙령을 공포함으로써 신교 세력인 위그노에게도 공직에 취업할 권리와 일정한 지역에서 신앙의 자유를 허락하는 국민 융합정책을 펼쳐 정치적 안정과 성공을 거두었다.

앙리 4세는 메디치 가문의 토스카나(피렌체) 대공의 질녀인 마리아 데 메디치와 혼인했는데, 이는 피렌체의 세련된 궁정 문화가 프랑스 궁정에 직접 유입되는 계기가 되었다. 1900년 10월 6일 피렌체의 정청인 베키오 궁에서 열린 앙리 4세와 마리아의 결혼식은 호화롭기 그지없었다고 한다. 결혼식 만찬에 선보인 음식은 그 규모와 위용이 대단해 첫 번째 음식 코스로 16개의 찬 음식, 두 번째 음식 코스로 18개의 뜨거운 음식 코스, 또 다른 10개의 뜨거운 음식 코스와 다양한 치즈 등의 디저트가 곁들여진 세상 모든 음식의 향연이었다.

만찬 후에는 과리니(Giovan Battista Guarini)의 가사에 에밀리오 카발리(Emilio de' Cavalieri)가 음악을 입힌 〈주피터와 미네르바〉(Giunone e Minerva)라는 음악극 상연이 있었다. 현재 악보는 소실되어 남아 있지 않지만, 이는 공식적으로 역사상 최초의 음악극으로 기록된 대단한 이벤트였다.

프랑스는 용병제에서 벗어나 상비군 제도로 대규모 병력을 양성한 이래로 유럽의 맹주가 되었고 그들의 군사력을 바탕으로 하는 새로운 유럽 질서의 재편을 위해 이탈리아를 공략했다. 하지만 이 결혼식 이후로 앙리 4세는 문화의 위용을 절실히 깨달았다. 아무리 프랑스의 왕이라지만 화려한 조명의 친퀘첸토홀의 위용과 태어나서 이름도 기억하기 힘들고 발음하기도 까다로운 처음 먹어보는 수십 가지의 진귀한 음식들의 끝없는 향연, 만찬 후 열린 태어나서 처음 보는 음악극은 상당한 문화충격이었다. 결혼식 이후 앙리 4세의 마음에 프랑스 문예부흥의 꿈이 돋아난 건 어찌 보면 지극히 인간적인 본능이라 할 수 있다. 지금 우리도 초호화 특급호텔을 처음 방문하면 그 화려함에 놀라고 호텔의 프랑스 식당의 고급 코스요리와 현란한 극장식 쇼를 보면 문화적 충격을 받을 것이다. 앙리 4세 또한 똑같은 문화적 충격을 고스란히 느꼈으리라.

이후 앙리 4세의 손자인 루이 14세는 왕권신수설을 바탕으로 지방의 귀족을 중앙으로 흡수해 파리에 불러들이고 매일 연회와 풍성한 대접을 베풀었다. 귀족들은 그 대가로 왕에게 절대적인 충성서약을 함으로써 강력한 중앙집권체제가 마련되었다. 루이 14세는 이를 바탕으로 더욱 더 강력한 왕권과 부강한 국가를 위해 중상주의 정책으로 경제적 번영을 꾀했다.

▍절대 권력을 위해
▍발레리노가 된 왕

태양 왕으로 불리는 루이 14세에게 있어 예술이란 전제군주체제를 떠받드는 아주 훌륭한 수단이자 그가 통치하는 프랑스 정치이념의 표상이었다. 1715년 9월 1일 프랑스의 왕 루이 14세가 세상을 떠났을 때 프랑스는 대외적으로 험난한 상황에 놓여 있었다. 그러나 젊은 시절 왕위에 올라 무려 72년에 달하는 좀처럼 깨지기 어려운 재위 기록을 자랑하는 동안 예술방면에서는 꽤 괜찮은 업적을 쌓았다. 그는 예술 부흥을 위한 이념을 끝까지 그리고 숭고하게 지켜냈다. 72년간 서양사에 절대 군주와 절대 권력이라는 아이콘을 창출해 위대한 프랑스를 재건국한 그는 예술에 대한 안목과 관심에서 누구에게도 뒤지지 않는 군주이자 예술가였다.

그는 특히 예술의 필수적 도구인 연출에 능했다. 신하와 귀족들은 그의 이런 예술가적 기질과 극도의 아름다운 자태로 무장한 모습에 두려움과 함께 존경하는 마음을 담아 숭배했으며, 그가 죽는 마지막 날까지 헌신적으로 섬겼다. 역사상 한 명의 군주가 예술의 힘으로 사람들로부터 극진한 찬사와 함께 두려움을 느끼게 한 예는 흔치 않다.

프랑스의 왕들은 프랑스 궁정에서 공연된 저속한 무용과는 달리 극히 다채로운 스텝과 몸짓, 몸매의 아름다운 조화를 보여주는 이탈리아 무용에 경탄하여 찬사를 아끼지 않았다. 그 가운데에서도 이탈리아 문화에 매혹된 프랑수아 1세는 무용가는 물론 화가거나 조각가, 그리고 음악가들을 이탈리아에서 많이 불러들여 이탈리아식으로 장식된 궁전의 홀에서 이탈리아풍의 화려한 연회를 베풀었다.

루이 14세에 의해 5년여에 걸쳐 프랑스를 혼란에 빠트린 프롱드의 난(1648~1653년 : 프랑스 귀족들이 왕권의 제한을 위해 일으킨 반란)이 진압된 후 귀족들은 앞으로 그들의 운명은 한 젊은 군주에게 달려있음을 한 편의 발레를 통해 확인받았다. 루이 14세가 직접 주연한 발레는 예전의 왕들에 비해 부드럽고 온화한 절대군주로서 귀족들을 용서하는 장면으로 연출되었다. 이후 그는 발레리노(ballerino)로서 절대적 아름다움의 용모와 자태를 뽐내며 정치적 영향력을 행사했다. 발레라는 예술적 매력을 충분히 발휘해 사람들을 자신의 편으로 끌어들였다. 그는 역대 다른 왕들과는 다르게 예술적 통치로 정치적 목적을 이루었다. 그가 어느 관료에 대해 공개적으로 불만을 표시하면 그것만으로도 가엾은 희생자는 상심과 두려움으로 마음을 앓다가 죽었다고 한다. 그가 미소를 지으면 죽음에서 벗어나 출세를 기대할 수 있었지만 반대로 그가 얼굴을 찌푸리면 죽음을 의미했기 때문이다. 그의 예술적 아우라가 얼마나 대단했는지 알 수 있는 대목이다.

루이 14세가 15살에 직접 출연해 '태양왕'이라는 애칭으로 불리게 된 발레 〈밤의 발레〉(Ballet de la Nuit)는 당시 궁정 예술가인 극작가 몰리에르와 음악가 륄리 등의 공동 안무로 1653년 프티 부르봉에서 초연되었다. 이 궁정 발레는 해 질 녘에 시작돼 장장 13시간 동안 공연되었으며, 루이 14세를 중심으로 세계가 움직인다는 프랑스판 '용비어천가' 식 내용을 담은 작품이었다.

발레를 정치적 도구로 애용하며 발레의 지위를 끌어올린 발레리노 루이 14세의 발레 사랑은 너무나 특별나 당시 프랑스 사회에서 루이 14세가 영토 넓히는 것만큼이나 발레의 위상을 넓힌 것으로 유명하다. 당시 황제의 급료를 받는 시종 중 가장 많은 급료를 받은 이는 발레역사상 최초의 무용교사이자 루이 14세의 발레 선생이었던 피에르 보샹(Pierre Beauchamps)이었다는 사실에서도 알 수 있다. 보샹은 오늘날까지도 지켜지고 있는 발레의 다섯 가지 기본 발동작을 정리한 사람이기도 하다.

루이 14세의 이러한 예술적 통치가 가능했던 점은 당시 스물세 살의 루이가 친정(親政)을 시작했을 때 프랑스의 군대는 봉건 군사제도를 타파한 상비군 제도를 유럽에서 가장 일찍 도입해 용병제가 아닌 모병제로서 그 병력의 엄청남으로 인해 무패를 자랑하게 되었고, 정치적 능력뿐만 아니라 권모술수에 능했던 리슐리외와 마자랭 같은 추기경들의 왕권 강화 정책들로 인해 관료들은 왕에게 진심으로 충성을 바치는 정치 문화의 토대가 여타의 유럽 국가보다 일찍 자리 잡았기 때문이었다.

루이 14세에 의해 펼쳐진 화려하고 우아한 바로크 궁정 예술은 이후 유럽 각국으로 그 영향력을 넓혔다. 루이 14세의 호화로운 연회에 초대를 받은 유럽의 왕들과 귀족들은 고향으로 돌아간 뒤 자기도 프랑스 왕을 본받겠다고 다짐했다. 이제 유럽은 피렌체 공화국에서 시작된 인본주의 문화인 르네상스의 물결은 프랑스의 베르사유를 거쳐 럭셔리의 대명사인 바로크라는 커다란 파도로 요동치게 되었다.

종교개혁과 종교전쟁 등의 이유로 교황과 바티칸 권력이 프랑스에서 힘을 발휘하지 못하는 새로운 환경에서 프롱드의 난을 진압하여 봉건 귀족들까지 무릎 꿇게 한 루이 14세는 이제 막 시작된 왕들의 전성시대의 첫 번째 주인공으로서 신이 허락한 왕권(왕권신수설)을 충분하고 멋지게 행사하고 싶은 마음이 절대적이었던 행복한 왕이었다.

2001년에 제라르 꼬르비오 감독이 연출하고 브누와 마지멜이 주연을 맡은 프랑스, 독일, 벨기에 합작 영화 〈왕의 춤〉은 프랑스 왕실의 바로크 문화와 발레 예술 그리고 음악을 한눈에 느낄 수 있는 작품이다. 영화는 발레를 즐기고 왕권 강화라는 의도로 직접 발레를 추었던 루이 14세의 모습을 보여주고 있다. 특히 태양신 아폴로 역할을 맡아 루이 14세에게 '태양왕'이라는 칭호를 선사한 작품 〈밤의 발레〉를 공연하는 장면이 압권이다. 루이 14세가 추는 발레의 화려한 연출은 당시 강력해진 왕권을 대변하기 위한 것이기도 했다. 또한, 프랑스 궁정 작곡가인 이탈리아 출신의 륄리와 왕실 극단의 극작가 몰리에르가 왕의 사랑을 받기 위해 치열한 쟁탈전을 벌이는 것은 바로크 시대를 살아간 예술가들의 삶의 모습을 있는 그대로 보여주고 있다.

지금 우리가 사는 시대에 루이 14세와 같은 지도자가 있다면 어떨까? 멋지고 우아한 동작으로 춤을 선보이는 대통령에게 국민은 아낌없는 지지를 보낼까? 기업의 경우라면 확실히 그런 CEO가 사원들에게 업무지시를 내린다면 더 효과적일 것 같다. 진정한 경외감을 불러일으키는 보스에게는 충성하는 부하가 따르기 마련이다. 경외감은 아름다움이 필요하다. 아름다움은 인간에게 늘 신비감을 선사하기 때문이다.

왕권 강화를 위한
왕의 기악곡

바로크 시대 음악의 기법적인 특징 중에서 가장 대표적인 것은 '통주저음' 또는 '지속 저음'이라 불리는 '바쏘콘티누오(bassocontinuo)'이다. 통주저음은 바로크 시대에 형성된 거의 모든 형식의 음악에 사용되었으며, 다음에 오는 고전파 시대에는 점점 소멸하였다. 그래서 바로크 시대를 '통주저음의 시대'로 파악하고 통주저음이 지배적으로 사용되

고 있던 시기를 바로크 시대라고 규정하는 사고방식도 설득력을 갖고
있다.

통주저음은 다음의 악보에서 보는 것처럼 빨간 원안의 베이스 음표
들이 일정한 패턴을 가지고 변화 없이 반복되고 위의 멜로디들이 차례
로 쌓아지는 기법이다.

Bassocontinuo - Pachelbel's Canon 악보

현재도 클래식이든 대중음악이든 모든 작곡가는 창작의 고통에서 벗
어나지 못한다. 당시 작곡가들이 겪은 창작의 고통은 지금보다 더욱 심
각했다. 베르사유 궁전에서 연일 계속되는 궁중 무도회 성격의 연회는
사실 귀족세력들의 정치에 관한 무관심을 유도하는 정치적 술수가 작
용한 측면이 강했다. 왕은 왕권 강화의 목적으로 지방 유력 귀족들을 파
리로 오게 해 영지에서의 지배권을 약화하고 파리생활이 무료하지 않
게 배려하는 차원에서 베르사유에서는 연일 무도회가 열렸다. 연일 열
리는 연회를 위해 음악의 수요는 폭발적이었지만 공급이 따라가질 못하
는 사태가 발생했다. 지금이야 음악 웹 사이트에서 곡을 내려받아 저녁
파티 동안 내내 음악을 틀 수 있는 세상이지만, 당시는 이제 막 교황청

의 칸타타 음악, 그러니까 종교적 성악곡만의 세상에서 해방된 시기였고 이제 막 기악음악이 꽃필 찰나였다.

궁정의 음악 수요에 따른 주문량의 폭증으로 작곡가들은 창작의 고통을 줄이기 위해 아이디어를 짜냈다. 그렇게 짜낸 아이디어가 바로 통주저음, 바쏘콘티누오 양식이었다. 통주저음 혹은 원어로 바쏘콘티누오 양식은 앞서 설명한 것처럼 음악 진행이 좋은 베이스 코드를 먼저 쌓아 놓고 베이스 화성 위에 멜로디를 쌓는 기법인데, 어제 연회와 오늘 연회의 베이스 코드는 똑같고 멜로디만 바꾸는 스타일로 작곡가들을 창작의 고통에서 해방하는 양식이었다. 작곡가들 입장에서 다 먹고 살려는 고육지책으로 탄생한 음악 양식이다. 이렇게 음악 양식도 다 먹고 살려다 보니 나온 게 대부분이지 듣는 사람을 힘들게 하려고 일부러 만든 건 없다. 클래식 음악이 어렵다고 불평하는 분들은 이런 점을 생각해보길 바란다.

바쏘콘티누오에 대항하는 선율을 카논(canon)이라 칭하였고 후에 이것이 멜로디가 된다. 어릴 적 피아노 음악학원에 다녀 본 사람은 누구나 '젓가락 행진곡'을 알고 있을 것이다. 피아노 왼쪽에 앉아 베이스를 담당하면 똑같은 진행의 단순한 화음의 패턴만을 반복해서 치고, 오른편에 앉아 멜로디를 맡은 사람은 똑같은 베이스 코드 위에서 계속되는 멜로디에 변화를 주며 연주한 경험이 있을 것이다. 오늘 연회도 내일 연회도 모레 연회도 베이스 진행 코드는 똑같을 것이며 달라지는 것은 멜로디 성격의 '카논' 부분이었다.

이런 이유로 왕실 기악곡 작곡가들은 자신을 도울 제자를 선발하면서 베이스 진행 하나를 주고 빨리 여러 개의 카논 선율을 많이 쌓을 수 있는 인재 위주로 선발했다고 한다.

이러한 곡의 진행은 지금으로 치면 표절이다. 왕의 기악곡은 위대한 표절로 시작되었다고 할 수 있다. 지금도 사람들이 가장 좋아하는 코드가 있는데, 바로 바로크 시대 작곡가 파헬벨의 '카논(canon)' 코드이다. 음악 역사상 최고의 아트코어가 바로 파헬벨의 카논이다.

요한 파헬벨(Johann Pachelbel)은 바흐 이전에 독일 오르간 음악의 전통을 이어간 인물로 당대 최고의 오르간 주자이자 작곡가로 많은 제자를 양성했다. 1637년 비엔나의 슈테판 대성당의 차석 오르간 주자로 활약했으며 아이제나흐 궁정 오르간 주자로 있을 때 바흐의 큰형을 가르쳤다. 그는 코랄 선율을 가지고 다양하게 변주시켜나가는 방법에 있어 바흐에게 많은 영향을 끼친 것으로 알려졌다. 그의 카논(Canon) 변주곡은 다양한 편곡이 행해진 대표적인 명곡으로 현대에 와서는 조지 윈스턴(George Winston)의 피아노곡으로 일반 대중에게 알려졌고, 요즘에는 록 기타리스트들의 기예를 뽐내는 동영상과 가야금 앙상블과 재즈 앙상블의 레퍼토리로 더욱 알려지게 되었다.

'세 대의 바이올린과 통주저음을 위한 카논과 지그 라 장조(독일어: Kanon und Gigue in D–Dur für drei Violinen und Basso Continuo)'는 요한 파헬벨의 작품 중 가장 널리 알려진 곡이다. 통주저음에서 28회나 반복되는 주제 위에 바이올린 성부들이 '카논'이라는 제목에 걸맞게 차례로 선율을 뒤따라가며 후반부로 갈수록 감정을 고조시키는데, 통주저음의 매력을 잘 이해할 수 있는 곡이다. 파헬벨의 카논은 베이스의 통주저음의 반복되는 화성을 기초로 하고 있다. 파헬벨 카논의 통주저음 진행 구성은 다음과 같다.

D — A — Bm — F#m — G — D — Em(또는 G) — A7 또는
I — V — vi — iii — IV — I — ii(또는 IV) — V7

이 코드 진행은 현대에 만들어지는 대중음악에도 널리 쓰이고 있다. 요즘에는 표절하게 되면 네티즌 수사대가 출동해 샅샅이 다 찾아내는 것으로 유명하다. 하지만 네티즌 수사대가 절대 찾을 수 없는 경우가 있는데 바로 대중음악이 클래식을 표절하면 완전범죄가 가능하다. 우리의 전통적 음악 감상 분야 또한 너무나 편파적이라 클래식 마니아는 절대 대중음악을 듣지 않고 대중음악 마니아 또한 클래식을 절대 듣지 않는 독특한 사회이기에 가능한 이야기다. 그렇다고 꼭 우리 사회만 그런 건 아니다. 외국도 마찬가지다. 파헬벨 카논의 통주저음을 차용한 곡들이 찾아보면 여럿 있다. 이렇게 인간이 늘 좋아하는 것들은 항상 역사 속에 숨어 있다.

기업경영도 마찬가지다. 르네상스적 혁신을 이룬 후 매너리즘을 극복하는 과정에서 집중해 찾아야 할 점은 회사의 고유한 핵심 사업을 누구나 좋아할 변치 않을 아름다움인 통주저음으로 준비해 놓아야 한다. 그것이 '절대권력'의 핵심사항인 것이다.

아름다움을 위해서
못할 게 없었던 바로크

바로크 시대의 아름다움에 대한 집착은 오페라에서 여실히 느낄 수 있다. 바로크 시기 이탈리아에서는 오페라 극장과 '카스트라토(castrato)'라는 새로운 성악 음악가들이 등장하기 시작했다.

1688년 교황 클레멘스 9세는 '여성은 가수로 일할 목적으로 음악공부를 할 수 없다'는 금지령을 발포했다. 교황이 이와 같은 금지령을 내린 근거는 "모든 교회 공동체의 집회에서 여자들은 침묵해야 한다."라는 성 바울의 언급이 성서에 기록되어 있다는 말도 안 되는 이유였다. 로마 교황이 지배권을 행사하는 이탈리아 지역에서는 오페라가 탄생한 베네치아의 오페라 무대에서도 여성이 노래하는 것이 금지되었다. 그 바람에 변성기 이전의 사내아이를 거세시켜 맑은 고음으로 노래하게 하는 카스트라토가 유행하기 시작했다. 카스트라토들은 처음엔 교회에서 배출되었지만 1637년 베네치아에 오페라 전용극장인 산 카시아노 극장이 개관하면서 대중음악 시장으로 미쳤고 대중들로부터 엄청난 부와 인기를 한몸에 받게 되었다.

바로크 시대 소나타의 발달은 르네상스 이후로 계속되었던 현악기(특히 바이올린) 개량으로 인한 결과물이었다. 그런데 이렇게 소나타의 발달이 두드러지면서 상대적으로 커진 음향에 비해 중세 이후 정착된 가성 스타일의 발성으로 노래하는 가수들의 소리는 악기의 소리를 이기지 못했다. 변성기 전의 사내아이를 거세한 것은 목소리의 크기를 키우려는 조치이기도 했다. 거세하면 호르몬 분비 이상으로 일종의 거인증에 걸린다고 한다. 결국 거세된 아이는 어린아이의 맑고 청아한 소리를 그대로 유지하면서 쉽게 고음에 도달하는 것은 물론이고 거인증으로 인해 신체 조직이 거대해져 개량된 악기의 음향을 이길 수 있을 정도로 목소리의 볼륨까지 커지는 일거양득의 효과가 있게 되었다.

이렇게 바로크 예술은 그 시대가 표방한 시대정신인 인위적이고 비자연적인 사상과 맞물려 아름다움을 위해서는 못할 것이 없게 되었으며, 그 결정체가 바로 거세 테너 카스트라토의 등장이었다. 그런데 카스트라토의 거세 성공률은 지극히 낮아 열에 한둘만 성공했다고 한다. 그럼에도 바로크 시대의 아버지들은 금전적 혜택과 사회적 지위를 인정받는 카스트라토를 시키기 위해 아들들을 거세했다고 한다. 인간이 얼마나 욕망의 지배를 받는 동물인지 새삼 느끼게 된다.

르네상스 시대부터 본격적으로 전개되는 화성 음악에서 모든 음역의 기준이 되는 성부(聲部)는 테너(tenor)였다. 그 바로 위에 놓인 성부는 콘트라테너(contratenor)로 불렸다. 여기서 현대의 '카운터테너(countertenor)'라는 단어가 파생되었다. 카운터테너란 '테너의 상대 음역 또는 반대 음역'이라는 의미다. 당시 높은 성부에서 가성(假聲, 팔세토(falsetto))을 사용하는 '남성 알토'의 목소리가 부자연스럽게 들린다는 비판적 시각에 의해 카스트라토라는 극약 처방이 생겨난 것이다.

카스트라토의 삶을 우리에게 잘 보여 주는 영화 〈파리넬리〉는 이탈리아와 프랑스, 벨기에 합작으로 1995년에 개봉한 영화다. 제라르 꼬르비오가 감독을 맡았고, 스테파노 디오니시가 주연을 맡았다. 어릴 적에 남성의 성기를 제거하여 소프라노의 목소리로 노래를 부르게 한 카스트라토들, 그중에서 인기 가수였던 파리넬리를 다룬 영화다. 비록 연출과 기교가 뛰어나서 유명하고 잘 나가는 가수지만 거세로 인해 사랑하는 여자를 사랑할 수 없다는 사실이 그를 슬프게 한다. 결국, 그가 속해 있던 극단의 경쟁자인 헨델의 노래에서 예술의 위대함을 느끼고 그의 노래의 악보를 훔쳐 부르며 슬픔을 달랜다는 이야기가 담겨 있다.

상업 음악의 시작, 오페라

오페라는 1637년 인류 최초의 상업용 극장인 산 카시아노(San Cassiano) 극장이 베니스에서 개관하면서 전성기를 맞게 되었다. 우리는 오페라를 순수음악으로 인식하는 경우가 많지만, 오페라는 음악 시장에서 최초의 상업용 레퍼토리였고 현재 유럽에서도 오페라는 상업적으로 공연되고 있다. 유럽의 오페라 극장에는 '흥행사'라는 독특한 직책이 아직도 남아 가수 캐스팅 권한이나 마케팅을 책임지고 있는데, 이것만 봐도 우리가 생각하는 오페라와는 상당한 거리가 있다.

서양 음악사에서 오페라를 위한 상업용 극장의 개관은 음악시장의 판도를 완전히 바꾸어 놓았다. 기존의 왕실이나 교회 그리고 귀족들의 저택에서 이루어지던 음악회는 음악시장을 신분적으로 나눈 기득권 세력의 전유물이었다. 하지만 상업용 극장의 개관으로 모든 계층에서 일정한 금액만 지급하면 극장에 입장하여 음악을 즐길 수 있게 되었다. 이것으로 음악 시장의 확대를 가져오는 계기가 마련되었다.

음악회 티켓의 종류는 크게 초대권과 입장권으로 나눌 수 있는데 오페라 공연 이전의 왕실이나 교회 그리고 귀족들의 저택에서 열리는 음악회는 지금의 파티 성격으로 초대받은 자만 입장이 가능한 경우라 음악회의 질적 우수성을 논하기보다는 초대를 받느냐 못 받았느냐가 그 음악회 수준의 평판을 좌우했다. 하지만 입장권을 받는 오페라 극장의 경우 청중들의 기대치가 상승해 새로운 형식의 음악을 선보여야 하는 고민이 시작되었다.

극장을 만든 베니스의 상인들은 르네상스에 시작된 피렌체 공화국의 특산품인 음악극 '오페라 인 뮤지카(Opera in musica)'에 주목했다. 이후 베니스는 상업용 극장의 레퍼토리로 피렌체의 음악극 '오페라 인 뮤지카'을 가져와 공연하게 되었고, 줄여서 오페라라 칭했다. 오페라는 상업용 극장에 제일 잘 어울리는 레퍼토리였다.

음악을 자주 접하지 못하던 일반 시민들에게 개방된 극장은 이전의 수준 높은 귀족적 음악보다는 여흥 거리와 볼거리를 제공해주는 오페라의 매력에 쉽게 빠져들었다. 오페라는 지금으로 치면 워렌 버핏 또는 빌 게이츠 같은 부호들이 만든 오락거리 성격이 강했다. 초기 오페라의 무대 연출은 돈 많은 베니스의 상인들의 후원으로 지금의 오페라 무대 연출 수준을 뛰어넘거나 동등한 수준의 것이었다.

이런 점에서 볼 때 우리나라의 영세한 오페라단의 무대연출을 보고 있자면 조금 슬퍼진다. 대중은 순수예술이라 어려울 것으로 생각해 극장을 찾지 않고 오페라 가수들 또한 순수예술이란 태도를 고수하며 대중적으로 호감을 얻을 수 있는 적극적인 표현과 연기, 외모에 신경 쓰기보다는 발성 요소만을 고집하고 있는 것이 현실이다. 더구나 영세한 오페라단은 무대연출과 의상 조명 등에서 자본력의 한계를 가질 수밖에 없는 사정을 보면 그저 아쉬울 따름이다. 오페라는 인류 역사에서 본격적인 상업음악의 시작이었다는 점을 우리나라의 대중들이나 오페라를 만드는 사람들이 생각해주었으면 좋겠다.

대중음악에서 가장 사랑받는 음악 양식은 '다 카포 아리아(da capo aria)'라는 양식이다. 오페라 극장에서 탄생하고 발달하면서 확립된 아리아의 형식인 다 카포 아리아는 A—B—A의 세도막 형식을 취한다. 초기 피렌체의 음악극에서는 시가 갖는 문학적 가치를 높이 평가해 가사를 낭송하는 낭창 양식으로 불렀다. 그러다가 베네치아의 오페라에 와서는 나폴리악파의 오페라 양식을 취해 발전된 형식을 보이는데 그 전형이 A–B–A의 세도막 형식을 따른 다 카포 아리아다. A–B–A의 세도막 형식은 새롭게 극장의 관객이 된 일반 시민들에게 A 도막의 반복을 통해 음악의 선율이 확실히 각인되는 효과가 있어 왔고, 음악이라는 것이 귀족만 듣는 어려운 게 아니라는 것을 깨닫게 해 오페라 극장의 객석은 공연마다 붐비게 되었다. 반복의 요소는 대중음악에서도 차용되어 비틀스 음악의 경우 거의 모든 작품이 다 카포 아리아 형식이다. 바흐의 종교 작품의 아리아도 이 형식을 따르고 있는 것이 많다.

이처럼 서양음악의 양식은 대개 상업성을 기반으로 돈이 잘 벌어들이는 것에 포커스를 맞추고 있다. 인간에게 반복적인 선율은 가장 대중적인 것으로 인식된다. 오페라 가창의 양식에서도 볼 수 있듯이 서양에서, 특히 서유럽에서 오페라는 매우 대중적이고 상업적인 장르이다. 그래서 오케스트라에 의한 교향곡 연주 시 매우 조용히 경청하는 태도와는 다르게 오페라 극장에서는 잘하는 가수에게 노래 중간에도 극장이 무너질 것 같이 발을 구르고 브라보라 외치며 열광하는 관객들로 인해 활기 넘치는 축구장 같은 분위기가 연출되곤 한다.

┃ 바로크식
┃ 콘체르토 그로쏘의 탄생

음악회를 뜻하는 말로 콘서트라는 말이 있다. 콘서트란 말은 이탈리아어 콘체르토에서 파생된 단어다. 지금의 콘체르토는 일반적으로 음악회나 독주 연주자와 오케스트라의 협연을 뜻하는 말이 되었다. 하지만 바로크 시대 콘체르토는 지금의 개념과는 달랐다. 음악에서 최초의 콘체르토 양식은 바로크 시대에 탄생하는데, 바로크 콘체르토 양식과 빛과 어둠의 극명한 대비의 아름다움을 선보인 이탈리아의 화가 카라바조(Michelangelo da Caravaggio)의 그림은 서로 목표하는 바가 무척 닮아있다.

콘체르토는 이탈리아어 콘체르타토(concertato)에서 파생된 말로서 서로 경쟁한다는 의미다. 카라바조가 그의 그림에서 화폭을 빛과 어둠으로 나눠 서로 경쟁시키듯 음악에서 콘체르토는 현악기를 두 개로 그룹

지어 무대 양편에 나눠 배치해 오른쪽과 왼쪽에서 들려오는 음향을 선보인다. 지금의 스테레오 음향 효과의 효시인 것이다. 왕의 기악 작곡가는 양 그룹 가운데 무대 중앙에 배치되는 건반악기 하프시코드에 앉아 통주저음(bassocontinuo)을 연주하며 일정한 템포로 왕의 오케스트라를 이끌고 객석 중앙에 착석한 왕에게 지금의 스테레오 음향의 묘미를 들려주었다. 정말 왕을 위해서는 못할 게 없었던 당시 음악가들의 처지가 애처롭다.

인간의 청각은 양쪽 귀의 맡은 역할이 서로 다르다. 좌측 귀는 소리의 양을 감지하는 데 역할이 크고 우측 귀는 소리의 질감을 감별하는 역할이 큰 관계로 인간이 한쪽 귀의 청력을 완전히 상실하면 제대로 된 음악 감상이 원활히 이루어지지 않는다. 이런 이유로 우리는 이어폰으로 스테레오 음향을 들으면 훨씬 더 공간감을 느끼고 음악을 현실감 있게 청취하게 되는 것이다. 당시의 사람들이 이런 효과를 알고 있었던 것을 보면 인간은 업그레이드할 수 없는 존재란 게 여실히 증명된다. 우리가 역사에서 교훈을 찾아야 하는 이유가 바로 여기에 있다.

스테레오 음향과 함께 음향학적 발전은 이 시기에 계속되었다. 특히 베네치아의 산마르코 대성당의 독특한 구조로 인해 지금의 서라운드 음향이 구현되었다. 산마르코 성당의 구조는 베네치아라는 도시가 갖는 지정학적 위치로 인해 서방 교회의 라틴형 십자가, 즉 아래쪽을 길게 늘어뜨린 구조가 아닌 동방 정교의 사방이 일정한 길이를 갖는 정 십자가 형태의 구조물이었다. 사방의 십자가 위에 작은 돔 네 개가 있고 십자가 중앙에는 큰 돔 하나가 있다. 산마르코 음악감독이었던 몬테베르디는 사방의 십자가 구역에 악기와 가수를 배치해 중앙 회중들에 사방에서 들려오는 음향을 구현해주었다. 이런 역사적 경험들이 오랫동안 전해져 내려와 지금 유럽의 디지털 기술인 스테레오와 서라운드 음향을 재구현한 것이다.

이처럼 인간이 무엇을 좋아했는지의 역사가 담긴 아날로그를 잘 알고 간직한 자만이 디지털 세계에 눈 뜨고 지배자가 되는 것이다.

▍바로크의 꽃
▍로코코

바로크의 장중하고 왕의 권위가 엿보이는 위엄 있고 엄숙한 스타일은 로코코에서 화려함과 고급스러운 실내장식으로 발전했다. 베르사유 궁전의 건축 기간은 바로크와 로코코 시대를 아우르는 기간을 갖기에 바로크와 로코코의 이미지 모두를 베르사유 궁전의 외벽과 내부 실내 장식에서 엿볼 수 있다.

바로크의 끝자락에서 화려하게 꽃 핀 럭셔리의 궁극점이 되는 로코코의 마지막은 혁명이었다. 바로크와 로코코가 우리에게 선사하는 또 다른 인공미는 패션양식에서도 찾아볼 수 있다. 바로 코르셋과 가발, 하이힐의 등장이다. 인간을 비자연적으로 옭매는 이런 패션 장치들이 여전히 인간에게 사랑받는 점이 재밌으면서도 한편으로는 아이러니하다. 지금도 다리와 발가락이 아무리 아파도 여성들은 하이힐 신는 걸 고집하고 소화불량에 걸리거나 인체가 뒤틀릴 정도의 고통도 마다치 않고 코르셋이 주는 유혹에 이끌려 허리를 졸라맨다.

바로크 시대 당시 남성들에게는 가발과 화장이 보편적인 필수 패션 아이템이었다. 결국, 바로크의 끝 로코코에서 인간이 추구하는 인공미의 진수를 맛볼 수 있다. 로코코는 인간의 끝없는 아름다움을 향한 욕망과 향락과 사치의 절정을 모두 보여준다. 결국, 로코코에 매료되었던 부르봉 왕실의 허영은 프랑스 대혁명이라는 당시까지만 해도 역사상 유래를 찾아볼 수 없었던 아래로부터의 민중 봉기라는 대사건과 마주할 수밖에 없는 운명이었다.

로코코의 향락에서 프랑스 혁명을 예견한 화가가 있다. 풍속화가 장 오노레 프라고나르(Jean-HonoréFragonard)는 주로 남녀의 육체관계에서 나타나는 은밀하고 숨겨진 에로티시즘을 전달하는 작품들을 그렸다. 그러다 보니 그의 그림에는 18세기 로코코 시대 프랑스 귀부인들의 이야깃거리인 남녀 간의 은밀한 사랑 이야기 등 당시의 세태를 그대로 반영되었다. 그의 그림들은 귀족 부인의 내실 벽 한쪽에 장식되었는데, 귀족 부인들은 프라고나르의 그림을 얼굴에 홍조를 띠고 바라보며 은밀한 사랑의 유희가 주는 쾌락을 유쾌하게 즐겼다. 특히 살롱문화가 막 시작될 무렵이라 집에 손님이 찾아오는 경우가 많았고, 그의 그림은 파리 사교계의 단골 메뉴였다. 로코코 시대의 화가들은 주로 이런 남녀 간의 연애를 소재로 다루는 장식용 그림을 주문받아 그렸다.

그의 그림 중 〈그네〉는 당시의 세태와 앞으로 펼쳐질 프랑스의 미래를 놀라운 통찰력으로 예견했다. 그네를 타고 있는 젊고 아름다운 귀족

부인이 아름다운 자태를 뽐내며
신발을 잡아보라고 던지는 유희
의 순간이다. 하지만 그녀가 던
진 신발에는 아무런 관심도 없이
그녀의 치마 속만을 응시하는 젊
은 정부의 시선이 매우 노골적이
다. 이런 사실을 모른 채 뒤쪽 숲
속의 어두운 그림자 사이에서 그
녀의 남편은 그네를 잡아당기는
수고를 마다치 않고 있다. 이 그
림은 당시 프라고나르를 후원하

장 오노레 프라고나르, 〈그네〉, 1767

던 귀족 부인들의 관능과 쾌락을 추구하며 외설 가득했던 로코코 시대
이야기를 우리에게 전한다. 세상이 어떻게 돌아가고 있는지도 모른 채
곧 단두대의 형장의 이슬로 사라질 귀족 부인 남편의 어두운 미래를 그
림자 가득한 숲 속에 배치한 것은 프라고나르가 다가올 혁명의 그림자
를 먼저 봤기 때문이었을까? 그런 생각하고 하고 그림을 보니 귀족 부
인의 남편이 애처롭고 쓸쓸해 보인다. 이처럼 예술가의 촉수는 '눈에 안
보이는 걸 늘 보이게 만드는 마법'을 가지고 있는 게 분명해 보인다.

프라고나르의 시대를 꿰뚫는 통찰력은 CEO가 가져야 할 자질 중 아
주 중요한 요소다. CEO의 통찰력이 기업의 미래를 좌지우지하기 때문
이다. 통찰력을 이해하기 위해 예술사조의 전개를 한 번 생각해보길 바
란다. 신으로부터의 독립을 꿈꾼 이성의 시대인 르네상스 다음에는 그

것에 대한 반역을 꿈꾼 매너리즘 감성의 시대가 찾아왔다. 그리고 그다음에는 더욱더 감성적이고 인공적인 바로크와 로코코 시대가 찾아왔다. 이렇게 예술을 선택하는 향유 계층의 기호는 이성과 감성을 반복하며 전개된다. 그렇다면 바로크와 로코코 다음에는 분명 다시 이성으로 돌아가기 마련이다.

기업이 만들어 내는 제품에 관한 소비자의 선택 역시 예술을 향유하는 계층의 선택과 비슷하게 전개된다. 기업의 태동 시기에 겪는 문제점들은 르네상스와 매너리즘 예술이 잘 대변하고 이후 기업들의 사업 영역의 확장이나 매출의 증가 등의 양적 확장과 기업의 외연 확대를 위한 노력의 본질은 바로크 예술이 잘 대변해준다. 자신이 처한 위치나 기업의 발전 단계의 위치가 감각적으로 느껴질 때 다음을 준비할 통찰력이 찾아오는 것이다. 예를 들어 제품에 관한 소비자의 반응이 감성적이고 인공적인 것을 좋아한다는 평가를 빅 데이터의 지표에서 분리해낸 현시점이 바로크적 소비 형태라 판단할 수 있는 능력은 CEO의 중요한 자질이다. 이런 자질을 통찰력이라 말하는 것이다. 통찰력은 예술적 감각 센소(senso)를 가질 때 더욱 풍부해질 것이다.

바로크가 우리에게 주는 교훈

지금까지 알아본 바로크(Imagine of Baroque)의 교훈을 정리하면 다음과 같다.

매너리즘을 극복하라

- 유행은 잊어라. 매너리즘 극복이 바로크를 낳았다.
- 인간은 장중함과 화려함 앞에 고개를 숙이고 무릎을 꿇는다.
- 매너리즘의 끝에서 인공적 아름다움을 보라.
- 럭셔리 마케팅의 바쏘콘티누오(Bassocontinuo)를 만들어 카논(canon)으로 포장하라.

가장 인위적인 것이 가장 권력적이다

- 카라바조(Caravaggio) 가공의 명암대비와 콘체르토는 우리의 눈과 귀를 만족하게 한다.
- 프레젠테이션은 다 카포 아리아의 형식으로 전개하라. 다 카포 아리아 형식인 A–B–A는 인간에게 집중력을 선사한다.
- 아름다움을 얻기 위해 목숨을 던진 카스트라토(castrato)의 인공적 아름다움을 기억해 멋진 것에 목숨을 걸어라.
- 프라고나르의 통찰력처럼 세상이 화려함 속에 정신 못 차릴 때 다음을 보고 준비하라.
- 럭셔리의 끝자락 로코코에서 이성은 깨어난다.

04 고전주의 시대의 **아트코어**

단순한 아름다움을 구현하는 클래식

무지한 집단적 광기와 무질서를 맛본 인간이 사랑한 아트코어가 바로 클래식(Classic)이다. 클래식의 키워드는 고대 그리스로의 회귀, 이성, 단순화, 형식미, 영원불변성이며, 바로크의 복잡하고 화려한 장식에서 벗어나 단순한 아름다움을 구현했다.

고전주의(古典主義)를 뜻하는 'Classicism'의 어원은 라틴어 클라시쿠스(classicus)로, 고대 로마 시민의 신분계급 중 최고계급을 의미했다. 이런 이유로 서양에서 '고전'이라는 개념은 로마 시대에 고대 그리스의 문화와 예술을 말할 때 자주 사용되고 등장한다.

고전을 뜻하는 클래식(Classic)은 서양사회에서 모범적 작품이 늘 지향하는 양식으로 문화와 예술 분야라는 넓은 영역에서 변하지 않는 질서에 기초한 예술적, 기술적 완벽을 꿈꾸는 최종 양식을 의미하며, 모든 시대에 새로운 질서가 필요할 때마다 등장하는 점이 매우 이채롭다 할 수 있다.

서양의 역사에서 고전주의란 용어가 발견되는 시기는 크게 세 시대다. 첫째로 B.C 5세기의 고대 그리스 시대에서 탄생했고, 두 번째로 15세기 르네상스 시대에 재탐구되었으며, 세 번째로 18세기 말부터 19세기 초에 걸친 시기에 다시 등장했다. 이 시대들의 공통적인 특징은 바로 이전 시대들이 너무 원시적이면서 촌스럽거나 아니면 과장되고 과격한 표현의 예술 양식, 또는 인본주의적 냄새가 부족하거나 사회 분위기가 전체적으로 불안하고 무질서로 가득해질 때 시대의 정화작용으로 고전주의, 즉 클래식이 재등장했다는 점이다. 특히 근대 서유럽의 역사에서 르네상스 이후로 사회체제의 변혁이 필요한 중요한 시기에 발생한 공통점이 있다.

이렇게 고전주의는 18세기부터 19세기 예술만을 지칭하는 좁은 의미의 예술 양식인 동시에 서양 사회에서 새로운 출발이라는 시점에서 늘 고대 그리스(및 로마)의 문화와 예술을 '부활·재생' 시켜 그 모범적 사례를 지키고 따른다는 것을 의미한다는 점에서 무척 중요하다.

이처럼 서구사회에서 고대 그리스와 로마의 문화와 정신은 죽지 않고 살아남아 서양인들에게 있어 '영원불변성'으로 기억되고 사랑받는다는 점은 그 의미가 남다르다고 할 수 있다. 왠지 모르게 서유럽의 문물이 체계가 있어 보이고 시스템이 갖추어져 보이는 경우가 많은 이유는 바로 이런 서양의 역사적 전통과 의식 그리고 서양인들 일상 속에 숨어 있는 그레코로만의 철학적, 예술적 가치관의 표상인 것이다.

▌무지와 편견으로부터
▌해방을 꿈꾼 인간

고전주의 시대는 프랑스 혁명 전후의 유럽사에서 인간의 본능을 우리에게 잘 말해준다. 고전주의 예술의 전반적인 특징으로는 1789년 프랑스 혁명 이후 전개되는 유럽 사회의 혼란과 폭력 그리고 광기와 공포에서 벗어나고자 갈망했던 인간들이 새로운 질서와 엄숙함에서 나오는 고요하고 이성적인 분위기를 들 수 있다.

고전주의 이전의 바로크 시대 절대왕정을 대표하는 루이 14세 치하에서 자유주의 사상은 철저히 외면받고 탄압의 대상이었다. 절대 왕권에서 소수의 자유주의자나 위그노(신교세력), 얀센주의자들은 특히 탄압의 대상이었다. 그리고 자유주의적 사상의 책들도 출판이 금지되었고, 대부분의 자유주의적 서적들은 네덜란드 지역에서 출판되어 비밀리에 유럽 각국으로 전파되기 시작했다.

루이 14세의 죽음 이후 자유주의 사상은 크게 발전하고 그 영향으로 18세기 정치와 종교에 매우 비판적이었던 계몽사상의 등장은 고전주의

| 인간은 안정적인 구조를 원한다 |
자크 다비드(Jacques-Louis David),* 〈호리타우스 형제의 맹세〉, 1784년 파리 루브르 박물관

시대로의 첫걸음이었다. 정치적인 측면에서 프랑스 혁명 이후 혁명의 불길이 자국에 영향을 끼치지는 않을지 노심초사하는 마음에서 이 시기 유럽 각국의 왕들은 자의 반 타의 반으로 계몽군주를 자처하며 이전의 절대군주의 모습에서 벗어나 이성적이고 합리적인 정치제도 위에서 국가를 다스리려는 경향을 보였다.

유럽 각국은 국가라는 틀 안에서 사회적 공감대를 실현해가는 모습을 보이지만 현실적으로 이 시대의 왕들 또한 절대군주의 모습에서 별반 나아진 게 없었다. 그들은 국가라는 위장막 안에 절대 권력을 숨겨놓

* 다비드는 엄격한 규칙 속에서 구현되는 정돈된 구도를 통해 이전 로코코 예술이 갖는 장식과 가벼운 이미지를 걷어 내고 18세기 서구 유럽에 고전적인 이미지를 다시 재등장시킨다.

고 있었다. 이처럼 인간의 권력욕은 끝이 없는 것이다. 국가라는 거대한 시스템 안에서 프랑스 혁명의 공포에서 벗어나 구시대의 사회질서가 계속 지탱해 나가기를 바라는 마음에서 계몽군주들은 더욱 강력해진 사정 기구를 동원해 민중들의 사회 비판적 태도를 늘 감시했다.

고전주의 시대의 등장은 앞서 말한 바와 같이 계몽주의 사상에 따른 각국의 정치, 사회가 바로크적 절대왕정에서 벗어나 새로운 국가의 규범으로 영국식 입헌 군주제를 옹호하며 새로운 국가관을 제시했다. 먼저 종교적인 측면에서 계몽주의 사상가들은 교회의 부정부패와 교조주의를 비판하고 이신론을 주장했다. 이신론은 신이 세계를 창조한 후 더는 자신의 창조물에 관여하지 않는다는 사상으로, 이 세상에는 신의 섭리나 은총이 작용하지 않고 인간의 도덕이나 시민적 책임감과 자연의 법칙인 자연 이성만이 존재한다는 논리였다.

두 번째로는 경제적 측면인데 이전 바로크 시대의 중상주의보다는 자유방임주의를 주장했다. 당시 등장한 중농주의자들과 보조를 맞추며 자연법 사상에 따라 경제적 자유주의를 주장한 것이다.

마지막으로 정치적 측면에서 계몽주의를 대표하는 사상가인 볼테르(Voltaire) 등은 현실적으로 민중을 계몽하는 것보다는 한 사람의 군주를 계몽시키는 게 훨씬 합리적이라는 논리로 출발해 위로부터의 개혁을 강조했다. 이런 그의 사상은 계몽주의 사상가들의 입헌군주제와 점진적 개혁이라는 정치적 선택에 큰 영향을 끼치게 되었다. 볼테르의 사상은 영국 망명 시절에 느낀 영국 경험주의 철학에 입각한 현실에 관한 인식 태도의 한 방편이라 할 수 있지만, 더 나아가서는 고대 그리스의 철학가들이 민중을 바라보는 태도와도 유사하며 간접적으로 영향을 받았다고 할 수 있겠다. 즉 추악한 가치를 추구하는 보편적 습성은 늘 민중에게 숨어있으며 그들을 일깨우고 올바른 길로 인도하는 것은 인텔리 계층의 특권이자 의무라는 생각이다.

하지만 당시의 또 다른 사상가 루소(Jean-Jacques Rousseau)는 이런 인텔리 사상에서 민중 쪽으로 자리를 옮겨 더욱 적극적으로 정치 개혁을 요구하면서 민주공화제와 급진적 혁명의 필요성을 강조했다. 루소의 이런 급진적 사상은 18세기 말의 프랑스 혁명에 직간접적인 영향을 끼쳤다. 프랑스 혁명 이후 루소를 신봉한 로베스피에르의 정치가 급진적일 수밖에 없는 원인을 제공했다고 할 수 있다.

인텔리 계층의 계몽주의 사상이 보급되는 장소가 살롱과 도서관, 프리메이슨 협회 등이었다는 점에서도 알 수 있듯이 18세기 계몽주의 사상에 의한 사회개혁은 귀족이나 부르주아를 중심으로 공유되고 개혁된다는 점에서 사회적 질서의 공감대의 부산물인 음악 역시 귀족적이고 부르주아적일 수밖에 없는 한계를 드러냈다. 하지만 서서히 사회 전반에 스며드는 계몽주의 사상은 자유주의적 가치관을 확립시키는 배경이 되었고, 음악가들 또한 서서히 귀족들의 그늘에서 벗어나려는 움직임을 나타냈다. 초기 고전주의 음악가인 하이든은 이전의 바로크 시대 음악가의 모습에서 벗어나지 못하지만, 말년에 하이든의 생애는 이전의 음악가들이 누릴 수 없었던 존경과 명성을 얻었다.

이후 모차르트의 생애를 살펴보면, 궁정음악가의 길을 접어야 했던 그는 어쩔 수 없이 프리랜서의 길을 선택하게 되고, 이후 고전주의와 낭

민주의의 가교 역할을 하는 베토벤은 성공한 프리랜서 음악가의 모습을 보여준다. 이처럼 음악계에서도 서서히 이 시대의 사회상을 대변하는 자유롭고 독립적인 음악가들의 모습이 태동했다.

▌ 국가(國家), 국기(國旗), ▌ 국가(國歌)의 탄생

바로크와 로코코를 잠들게 한 프랑스 혁명과 함께 등극한 나폴레옹은 유럽과 아프리카 원정에 나섰다. 그러나 워털루 전투에서 크게 패한 후 퇴위했다. 사후 처리를 위해 유럽 각국의 황제와 왕들은 오스트리아의 수도 빈에 모였다. 그들은 그들의 왕국에 프랑스 혁명의 광기와 무질서가 도래할까 걱정하던 마음을 내려놓고 반혁명 신성동맹인 빈체제를 결성했다. 일종의 정치적 결사체였다.

이제 예술은 피렌체, 파리를 지나 빈에 입성하게 되었다. 빈에 입성한 그들은 서로의 이웃 국가에 대해 진정한 그리스도교적 사랑을 베풀기로 맹세하고 항구적인 평화를 위해 문서로 보장하는, 지금의 EU연합체 사례와 같은 연합국가 체제의 모범을 보이고자 했다. 그런데 이것은 구시대의 잔존물인 왕권신수설에 기댄 것이었다. 전능한 신이 돌보라고 맡긴 사랑하는 국민을 자유, 박애, 평등이라는 이름 아래 저질러진 프랑스 혁명의 범죄와 공포로부터 보호하자는 그럴싸한 약속처럼 보였다. 그러나 이것은 다시 구체제인 제정국가로 돌아가 왕정체제를 견고히 하면서 프롤레타리아들의 혁명을 경계하고 탄압하기 위한 것에 불과했다.

그런 가운데 이 시대의 예술은 고전양식인 클래식을 새롭게 선보이게 되었다. 고전주의를 미술사에서는 신고전주의라 부른다. 미술사에서 15~16세기 르네상스를 고전이라고 부르는 까닭이다. 따라서 18세기에 새롭게 등장한 고전주의는 신고전주의가 되는 것이다. 이 새로운 고전주의는 직선, 엄격성, 단순성을 바탕으로 다시 한 번 르네상스 시기로의 귀향을 의미했다.

한편 이 시기에 이르러 왕실의 깃발이 내려가고 국기가 게양되기 시작했다. 국가(國家)의 탄생이었다. 국가는 어떻게 보면 가장 큰 형식미를 갖춘 조직이다. 시스템의 어원인 시스테마(sistema)의 시스(sis)는 '결정하다'라는 뜻이고 테마(tema)는 주제를 나타낸다. 국가가 할 일은 시스템, 즉 국민이 나아가야 할 바를 결정하는 것이다. 국기는 이러한 국가의 역할을 상징한다.

가장 먼저 정치적 안정을 구축한 영국은 입헌군주제를 채택하고 영국 왕실의 이름에서 벗어나 대영제국이라는 국명과 함께 국기를 사용했다. 1800년부터 사용한 영국의 국기는 '연합 기(Union Flag)'라고 불렀다. 과거 영국 선박과 해군에서 사용할 때 불리던 '유니언 잭(Union Jack)'으로도 널리 알려졌다. 두께가 서로 다른 흰색 테두리를 두른 적십자 두 개가 파란색 바탕에 교차해 그려진 모양이다. 연합 기는 연합 왕국 이전의 잉글랜드(England), 스코틀랜드(Scotland), 아일랜드 3국의 기를 조합해 만들어졌다. 3국의 기는 모두 각국의 수호성인을 기리는 십자기로 기독교에서 기원했으며 중세 십자군 원정 때부터 사용한 것으로 알려졌다.

국가(國歌)의 등장은 음악사에서 큰 변화를 예고했다. 서구 음악의 근간이 되는 중세시대의 그레고리오 성가나 르네상스의 모방기법 음악, 바로크 시대의 통주저음(bassocontinuo) 양식의 화려한 선율들은 대개 일반인들이 따라 부르거나 한 번 듣고 기억하기에 무리가 있었다. 하지만 국가가 등장하는 고전주의 음악, 그러니까 하이든, 모차르트, 베토벤의 음악들은 앞선 시대보다 따라 부르거나 선율을 기억하는 데 있어 무척 수월했다. 국가는 바로 이러한 고전주의 음악의 특징을 대변한다. 못 따라 부를 정도의 화려한 양식은 결코 국가가 될 수 없기 때문이다.

18세기 고전주의 국가관에 힘입어 유럽 국가들은 근대국가로서의 체제를 갖추었다. 19세기 후반 제국주의에서 국가주의가 대두하면서 국민의식이 높아지자 국가(國歌) 또한 명확한 개념을 지니게 되었다. 국가는 군주에 대하여 충성을 맹세하고 애국심을 높이기 위한 목적으로 제정되었다. 그러나 군주국가가 줄어든 오늘날에는 군주에 대한 예찬보다도 국민의 번영과 자유를 기원하는 내용으로 많이 바뀌었다. 특히 신흥국가의 경우는 민족의식을 고취하는 내용이 많다.

유럽 사회에서 국가를 제일 먼저 제정한 나라 역시 영국이다. 유럽에서 가장 먼저 정치적으로 안정을 구가했기 때문이다. 영국은 1689년 권리장전(權利章典, Bill of Rights)을 제정하고 국가제도를 규정한 대헌장(大憲章)·권리청원(權利請願)과 함께 영국의 헌정사상 가장 중요한 의미를 가지는 의회제정법을 인정한 국가다. 영국 의회가 명예혁명으로 윌리엄 3세를 추대하면서 권리선언(權利宣言)을 제출하여 승인을 받았고, 이 선언을 토대로 의회제정법이 공포되어 유럽 국가 중 가장 먼저 제정국가에서 벗어난 입헌국가로 출발했다.

영국의 국가는 1797년에 제정된 신성 로마 제국의 첫 번째 국가인 'Gott erhalte franz den kaiser(신이여 프란츠 황제 폐하를 지켜주소서)'의 영향을 받아 작곡되었다. 재밌는 점은 영국의 국가 'God save the Queen(신이여 여왕 폐하를 지켜주소서)'은 군주를 찬양하는 노래이기에 영국의 군주는 지금도 국가를 부를 때 함께 부르지 않고 침묵한다는 것이다. 왕실의 절대 권력은 이렇게 영원하다.

영국의 경우처럼 19세기 유럽은 국가(國家), 국기(國旗), 국가(國歌)를 제정하는 형식미를 가지고 근대적 개념의 국가로 출발하게 되었다.

▌정형화된 예술구도, ▌형식미의 등장

이 시대 회화예술에서 중요한 점은 다시 고대 그리스와 로마의 역사로 돌아가 그레코로만의 신화를 소재로 다루었다는 것이며, 색채보다는 소묘와 선을 중시하고 붓 자국이 전혀 없는 게 큰 특징이다. 이 시대 예술은 전반적으로 도덕성을 고양하고 영감을 주고자 했는데, 대표적 예술가로 자크 루이 다비드(Jacques Louis David)가 있다.

공화주의자이자 골수 혁명 당원이었던 화가 다비드는 공포정치로 유명한 프랑스 혁명의 지도자 로베스피에르와 협력해 정치적 예술작업을 도모한 화가다. 1794년에 로베스피에르가 처형당하자, 다비드 역시 체포되어 잠시 투옥되기도 했다. 이후 그는 계속해서 그림을 그렸고, 복잡한 인물 구성이 특징으로 유명한 〈사비니 여인들〉(1799)을 제작했다. 이후 다비드는 나폴레옹 보나파르트를 지지했고, 보나파르트의 정치 선전물인 〈알프스 산맥을 넘는 나폴레옹〉(1801)을 그렸다. 이런 그림들은 영웅적이고 감동적인 묘사, 고전주의적인 섬세한 구도와 함께 선전의 묘미를 잘 보여준다.

1780년부터 1820년까지의 무렵은 "영광은 그리스의 것이요, 위대함은 로마의 것이다"라는 작가 애드거 앨런 포의 시가 말하듯 서구 유럽인들이 고전적인 모범을 찾아 그레코로만이 재등장한 시기였다. 왜 그랬을까? 당시 서유럽인들은 1789년 프랑스에서 일어난 봉기에서 고대 이후 처음으로 전제군주가 기요틴에 머리가 잘라나가는 것을 보고 충격에 빠졌다. 새로운 희망의 불씨로 민중들을 행복의 나라로 데리고 갈 것 같았던 혁명정부의 공포정치는 인간의 광기와 야만의 마지막을 본 시민들에게 또 다른 좌절과 공포감을 안겨주었다. 그리고 그들은 본능적으로 무질서한 사회에서 탈출하고 싶은 마음에 사로잡히게 되었다.

훌륭한 예술가는 시대의 관찰자다. 혁명 이후 혁명정부는 급진파와 온건파로 나뉘게 되고 연일 서로를 향해 피를 부르는 복수전이 전개되었다. 이를 본 자크 다비드는 1799년 〈사비니 여인의 중재〉를 통해 시대가 가져야 정신을 고대 로마의 건국신화에서 찾아왔다. 로마의 시조로 알려진 로물루스와 레무스는 자신들의 아이를 낳고 기를 여자가 턱없이 부족함을 메우기 위해 축제를 열어 사비니란 부족을 초대한 뒤 사

자크 다비드 〈사비니 여인의 중재〉, 1799

비니의 여자들을 납치해 아이를 낳아 키우게 한다. 3년 후 복수를 위해 사비니 군대가 전쟁을 일으켜 로마를 공격한다. 이 장면을 담은 그림이 바로 자크 다비드의 〈사비니 여인의 중재〉라는 그림이다.

당시 혁명정부의 급진파와 온건파의 권력 투쟁에 염증을 느낀 자크 다비드는 자신의 그림에서 지금의 남편인 로마군과 전 남편인 사비니 군 사이를 두 팔 벌려 막고 있는 사비니 여인을 등장시켜 혁명정부의 급진파와 온건파의 '화해'와 '협력'을 요구하며 평화를 갈망하는 마음을 표현했다. 고전에서 자신이 전하고자 하는 메시지를 찾아와 던진 것이다. 그의 그림에 파리 시민들은 모두 열광했고 그의 메시지가 갖는 고전적 모범을 흠모하게 되었다.

급진주의자이자 로베스피에르의 친구였던 다비드는 루이 16세를 기요틴에 보내는 데 찬성표를 던지며 프랑스혁명정부를 열렬히 지지했다. 그는 "사람들에게 격렬한 감동을 주고 조국에 대한 영광과 헌신의 씨를 뿌리는 데 사용된다."라며 예술이 새로운 공화국을 선전하는 데 쓰여야 한다고 말하기도 했다. 로베스피에르가 처형당한 후 그도 감옥에 가지만 변화하는 정치 상황에 금방 적응해 나폴레옹의 수석 화가가 되어 '알프스를 넘는 나폴레옹'의 그림을 남겼다. 그는 제자들에게 붓 자국이 보이게 그려서는 안 된다고 강조하며 세밀하고 부드러우며 에나멜 같은 광택으로 정형적인 고전의 구도를 구현했다. 이처럼 객관적 사실을 구현하는 화풍에서는 정치적 구호와 선동이 매우 과학적으로 보여 신뢰감을 준다.

예를 들어 거리에 있는 간판을 손 글씨로 직접 써서 제작한 경우 작가의 붓 터치에서 우리는 작가의 호흡을 느끼게 된다. 반대로 공장에서 찍어낸 흔한 간판들에서는 작가의 호흡을 느낄 수 없다. 신문에 실리는 논평과 보도의 차이와도 비슷하다. 그러니까 다비드의 그림은 지금의 보도사진과도 같은 역할을 했다고 할 수 있다.

다비드가 새로 탄생한 프랑스 공화국의 선전담당 화가였던 것처럼 서양 예술의 속성 중 하나는 모든 세대에 걸쳐 정치적 도구이자 멋진 홍보수단으로 그 가치를 빛냈다는 점이다. 이런 예술의 정치 도구화를 생각해보면 서양예술을 너무 어렵게만 대할 필요는 없을 것 같다.

정치 포스터 성격의 여러 역작을 남긴 다비드의 〈마라의 죽음〉과 〈나폴레옹 1세의 대관식〉에서도 알 수 있듯이 그는 고전주의 가치관에 부합한 최소한의 미(美)로 역사적 사건들을 기록했다. 〈마라의 죽음〉에서는 살인사건 현장의 책상으로 쓰였던 나무상자와 피 묻은 수건을 기록해 후에 민중들에게 유물로 숭배받게 되는 계기를 제공했고, 마라의 얼굴은 미켈란젤로의 '피에타(Pieta)' 상의 예수 얼굴을 가지고와 성스럽게 묘사했다.

자크 다비드, 〈마라의 죽음〉, 1793

〈나폴레옹 1세의 대관식〉에서는 주인공 나폴레옹과 그의 부인 조제핀, 그리고 교황 비오 7세를 중심으로 사건을 기록하면서 이들을 제외한 뒤쪽의 군중들의 모습은 주인공들에게 내리쬐는 강한 빛으로 인해 흐리게 처리해 자칫 복잡해지고 무질서해질 수 있는 위험들을 최소화하면서 주인공들에게 시선을 고정시켰다. 이렇게 고전주의는 이전 바로크와 로코코가 갖는 장식적이고 복잡한 양식을 버리고 최소한의 미를 통해 예술을 구현하는 방향으로 나갔다.

특이하게도 이 시기 예술분야 중 음악은 미술보다 빠르게 고전주의 이상을 구현했는데, 그 이유는 하이든, 모차르트 같은 천재적 음악가들의 영향이 컸다. 음악 분야에서의 고전적인 아름다움은 이미 이들 천재 음악가들에 의해 로코코 시기부터 다음 세대인 고전주의의 유행이 될

자크 다비드, 〈나폴레옹 1세의 대관식〉, 1807

최소한의 미를 먼저 구현하기 시작했다. 그것이 바로 기악에서 독보적인 형식미를 자랑하는 소나타 형식의 완성이었다.

형식미의 완성, 소나타 형식

로코코의 감성을 잘 전해주는 하이든, 모차르트의 음악은 베토벤 대에 와서 더욱 정형화되었다. 소나타 형식은 고전주의가 표방하는 질서 있고 엄숙한 분위기의 이성적이고 이상적인 음악 전개 형식이다.

우리는 평소 "너무 형식적이야!"라는 말을 좋은 의미보다는 부정적 의미로 인식하곤 한다. 원래 '형식'이라는 말은 고전주의가 표방한 그레코로만의 이성적이고 이상적인 완벽함을 의미했지만, 후에 낭만주의 예술가들로부터 지탄받으며 그 의미가 퇴색되었다. 따라서 형식적이라는 것을 고전주의적 의미로 해석하면 '형식을 갖춘 모범적'이라는 말로 이해할 수 있을 것이다.

특히 국가라는 위장막에 숨은 계몽 전제군주들은 바로크 시대의 절대 권력을 기반으로 하는 무단통치에서 벗어나 형식을 강조했다. 예를 들자면 바로크 시대에 누군가가 "왕 나쁜 놈!"이라 외치면 마을 광장에서 바로 처형을 했다면, 고전주의 계몽군주를 자처하는 왕들은 "왕 나쁜 놈!"이라고 외친 자를 우선 법원에 출두시키고 변호사를 선임하여 변론하게 한다. 즉 재판이라는 형식을 갖춰 판사를 통해 국가원수 모독죄로 사형판결을 내리도록 하는 것이다. 그런데 바로크의 무단정치에서 이와 같은 지극히 형식적인 일들이 비일비재하기 시작하면서 형식미의 본질적 개념을 퇴색시켜 버렸다.

다시 고전주의 음악으로 돌아가 소나타 형식을 알아보면 다음과 같다.

1. 주제 제시
2. 주제 발전 또는 전개
3. 주제 재현
4. 코다(끝맺음)

소타나 형식은 이렇게 네 개의 단락으로 구성된다. 음악을 만드는 데

이러한 형식이 왜 꼭 필요한 것인지, 또한 음악을 감상하는 하는데 이런 형식을 꼭 알아야 하는지 의문인 분도 있을 것이다. 이것이 클래식 음악을 어렵게 느끼는 이유인지도 모르겠다. 하지만 많은 대중이 즐기는 스포츠를 생각해보자. 특히 야구처럼 룰이 많은 스포츠를 예로 들면 좋을 것 같다. 야구의 룰은 기본적이고 간단한 것만 따져도 88개의 공식 룰이 존재하고 계속해서 새로운 룰들이 생겨나고 있다. 물론 우리가 이 룰을 다 알아야만 야구 경기를 관람할 수 있는 것은 아니다. 하지만 룰을 알고 경기를 보면 경기를 더 잘 이해하게 되고 아는 만큼 더 재밌어진다.

이와 마찬가지로 음악을 감상할 때 소나타 형식미를 꼭 알아야만 감상이 가능한 것은 아니다. 하지만 알고 들으면 더 즐겁게 감상할 수 있다. 또한 야구도 자꾸 보면 룰이 보이듯 음악의 형식미 또한 고전주의 기악을 자꾸 감상하다 보면 자연스럽게 느껴지는 구조이다.

모든 음악 형식은 바로크 시대 다 카포 아리아 형식처럼 최상의 음악 감상 환경을 제공해 음악과 관객이 공감할 수 있도록 돕기 위해서 발전

하이든 – 세레나데

해왔다. 음악의 형식은 감상에 대한 집중력을 높이기 위한 것이지 결코 음악 감상을 어렵게 만들려고 의도적으로 만들어낸 것이 아니다.

소나타 형식에 있어 첫 번째 주제 제시는 명확해야 한다는 원칙이 있다. 이런 이유로 이 시대에 나타난 하이든, 모차르트, 베토벤의 초기 작품들은 완벽한 소나타 형식미를 자랑한다. 그렇기에 우리가 주제 선율을 한 번만 들어도 명확히 기억이 난다.

하이든 작곡의 〈세레나데〉라는 곡은 휴대폰 컬러링으로 자주 애용되는 음악이다. 주제가 매우 선명하게 제시되어 쉽게 따라 부를 수 있다.

모차르트 – 아이네 클라이네 나흐트 뮤직(Eine kleine Nacht Musik)

모차르트의 밤의 소야곡 〈아이네 클라이네 나흐트 뮤직크(Eine kleine Nacht Musik)〉 역시 주제 선율이 명확하게 들린다.

하이든의 세레나데처럼 주제 선율이 명확히 들어오는 고전주의 음악의 간결성은 바흐 작곡의 푸가 형식의 곡과는 전혀 다르다. 푸가 형식을 이루는 곡들은 선율들이 꼬아져 있어 듣고 한 번에 따라 부르기는 무척 어렵다.

푸가(Fuga) 양식이란 바로크 시대에 르네상스의 모방기법을 이어받아 형식의 정립을 이룬 양식으로, 푸가라는 말은 '도망가다'라는 뜻으로 처음 선율이 도망치면 두 번째 선율이 쫓아가고 두 번째 선율이 다시 도망치면 세 번째 선율이 쫓아가는 모방기법과 같은 양식이다. 푸가 양식은 여러 개의 선율이 횡적으로 꼬여 있어 일반인들이 이런 무한선율을 따라 하기란 무척 어렵다.

바흐 - 리틀 푸가(Little Fugue)(G minor, BWV 578)

이렇게 따라 하기 힘든 음악을 만든 이유는 무엇일까? 바로크 이전까지 시대의 주인공이었던 교황의 음악은 절대 따라 부를 수 없는 장식음에 의한 낭송 스타일이었다. 지금으로 치면 기교가 넘치는 R&B 음악과 같은 느낌이랄까? 바로크 시대 왕들도 자신들의 기악을 만들 때 곡을 들으면 왕의 권력의 장중하고 화려함을 곧바로 느껴지면서도 쉽게 따라 할 수 없게 작곡하라고 주문했다. 그리하여 탄생한 것이 화려한 카논 선율이었다. 바로크 시대 왕들도 교황의 그레고리안 성가처럼 신비함을 주문한 것이다. 못된 시어머니 밑에 못된 며느리이다.

이런 이유로 길이나 백화점 같은 공간에서 들려오는 클래식 음악이 주제선율을 잘 따라 하기 힘들다고 느껴진다면 90% 이상 바로크 시대 음악이라 생각해도 무방하다. 만약 이 사실을 단번에 깨달은 독자라면 이미 음악적 센소(senso)를 가지고 있는 것이다.

두 번째 주제 발전, 전개 단락은 주제가 변형되어 발전되었다는 사실을 명확하게 보여준다. 그리고 세 번째 주제 재현 단락은 처음에 들었던 주제가 다시 나오는 관계로 금방 선율의 동질성을 눈치챌 수 있다. 그리고 마지막 단락인 끝맺음인 코다 단락은 우리가 클래식 음악을 흉내 낼 때 늘 쓰는 "짜잔~!"이 곧 나올 것 같은 분위기로 음악이 이제 끝나가고 있다는 것을 쉽게 느낄 수 있다. 이처럼 소나타 형식은 음악의 전체적 구조가 눈에 확 들어오는 형식미를 갖고 있다.

이런 이유로 주변에서 들려오는 음악이 주제선율이 귀에 쏙 들어오면 90% 이상 고전주의 시대 음악이라 생각하면 된다. 고전주의 소나타 형식은 주제가 종적인 선율 전개로 이루어져 딱딱 끊어지기 때문에 따라 부르기 쉽다. 이제 클래식 음악이 이전과는 다르게 각각 다르게 시대적 특징으로 다가오는 것을 느낄 수 있을 것이다.

그럼 왜 소나타 형식의 단락은 네 단락으로 이루어져 우리에게 쉽게 인식될까? 인간에게 계절의 변화가 주는 사계절의 느낌은 너무 자연스러운 현상이듯 소나타 형식의 단락 또한 계절의 변화와 똑같기 때문이다. 먼저 주제 제시는 봄처럼 꽃이 피듯 영롱하게 시작된다. 이어 발전, 전개는 주제선율이 뜨거운 여름 태양 빛처럼 점점 뜨거워진다. 그리고 주제 재현은 우리가 봄과 가을 옷을 춘추복이라 부르듯이 봄과 가을이 같은 옷을 꺼내 입은 것처럼 일치한다. 마지막으로 만물이 겨울을 맞아 눈 속으로 사라지듯 코다도 모든 선율을 종결시키는 것이다.

이렇게 가장 아름다운 형식미는 조물주가 세상을 창조하며 이미 만들어 놓았다고 할 수 있다. 조물주를 모방하는 것이 최고의 창의성이며 인간은 그것을 쉽게 창조란 단어로 해석한다는 점을 기억하길 바란다.

오랫동안 울창한 바이에른 숲 속의 침엽수림에서 살아왔던 독일계 사람들은 빛이 잘 들지 않은 숲 속에서 살아서 그런지 청각이 상대적으로 좋은 것 같다. 좋은 음향기기는 독일을 위시해 대부분 북유럽의 브랜드란 걸 생각해보면 그렇다. mp3 기기가 만들어져 유행할 때 독일 지역에서만 CD에 비해 다소 떨어지는 음질의 부족함이 독일 소비자들에게 원성을 샀고, 이후 독일 지역에서는 다시 CD 음반이 제작되었다고 한다.

고전주의 음악가들 역시 거의 독일과 오스트리아 출신의 독일계인 걸 생각해 보면 고전주의가 우리에게 전하는 교훈들이 생각난다. 형식 안에서 주제를 결정하고 발전시키고 재현하며 코다로 종결하는 것은 시스템(sistema)에서 테마를 잘 분리해 결정짓는 고대 그리스의 빛나는 금빛 이성을 잘 실천한 결과다. 기계공학 분야에서 전 세계 특허의 반 이상을 갖고 있는 독일의 저력이 여기서 나오는 건 아닌지 우리는 진지하게 고민하고 생각해 봐야 한다. 단순한 구조의 대중음악은 결국 클래식 음악의 형식미를 시간적으로만 단축한 것이다.

형식미의 본질이 클래식 음악에 고스란히 남겨져 있으며, 이 본질을 볼 수 있고 이해한 자만이 단순한 구조의 '시스템(시스테마sistema)'을 구현할 수 있다. 또한 시스템 음악이라 할 수 있는 교향곡을 사랑하는 독일 국민의 특징은 잔고장이 없어야 하는 기계공학 분야에서 독일이 선두를 달리게 한 결과를 가져왔다.

▌형식미의 현대적 해석
▌미니멀리즘

미니멀리즘(minimalism)은 단순함과 간결함을 추구하는 예술과 문화적인 흐름을 뜻한다. 제2차 세계대전을 전후하여 시각 예술 분야에서 출현하여 음악, 건축, 패션, 철학 등 여러 영역으로 확대되어 다양한 모습으로 나타나고 있다. 영어에서 '최소한도의, 최소의, 극미(極美)'라는 뜻의 미니멀(minimal)과 '주의'라는 뜻의 −이즘(−ism)을 결합한 미니멀리즘이라는 용어는 1960년대부터 쓰이기 시작했다.

미니멀리즘은 기본적으로 예술적인 기교나 각색을 최소화하고 사물의 근본, 즉 본질만을 표현했을 때 현실과 작품과의 괴리가 최소화되어 진정한 리얼리티가 달성된다는 믿음에 근거하고 있다.

회화와 조각 등 시각 예술 분야에서는 대상의 본질만을 남기고 불필요한 요소들을 제거하는 경향으로 나타났으며, 그 결과 최소한의 색상을 사용해 기하학적인 뼈대만을 표현하는 단순한 형태의 미술작품이 주를 이루었다. 미술이론가이기도 한 도널드 주드(Donald Judd)의 작품이 대표적이다. 음악에서의 미니멀리즘은 1960년대 인기를 끌었던 필립 글래스(Philip Glass)의 단조롭고 반복적인 합주곡처럼 기본적으로 안정적인 박자에 반복과 조화를 강조하는 모습으로 나타났다. 건축 디자인 분야에서도 소재와 구조를 단순화하면서도 효율성을 추구하는 방향으로 나타났으며, 루드비히 미스 반 데어 로에(Ludwig Mies van der Rohe), 리차드 풀러(Richard Buckminster Fuller) 등이 대표적인 인물이다.

미니멀리즘은 패션에도 지대한 영향을 미쳤다. 장식적인 디자인을 가능하면 제거한 심플한 디자인이나 직선적인 실루엣의 선정적인 옷, 또는 최소한의 옷으로 훌륭한 옷차림을 연출하는 방법 등이 모두 미니멀리즘의 영향을 보여주고 있다. 자동차에서 자동차가 갖는 본질만을 표현한 미니멀리즘의 표상은 포뮬러 1(Formula 1) 레이스 카다. 미니멀리즘의 총아 애플사의 제품들에서도 알 수 있듯이 현대의 모든 공산품 대부분은 미니멀리즘의 속성과 특성이 갖는 최소한의 또는 최적의 미로 표현된다고 할 수 있다.

이외에도 미니멀리즘은 생존에 필요한 최소한의 소유만을 주장하는 금욕주의 철학, 복잡한 의식을 없애고 신앙의 근본으로 돌아가려는 종교적인 흐름 등 많은 영역에 영향을 미치고 있다.

고전주의의 아름다움은 르네상스가 갖는 혁신을 이룬 자가 바로크의 아름다움을 위해 카스트라토들의 목숨조차도 아까워하지 않는 자세로 초지일관하여 만들어진다. 요즘 유행하는 말로 '만 시간의 투자와 시간'을 보낸 자에게만 허락되는 것이다. 그리고 미니멀리즘은 고전주의의 아름다움을 현대적 재해석이라는 점을 기억해야 한다. 본질의 이해 없이 '최소의', '최적의' 완벽한 형식미를 갖춘 진정한 미니멀리즘은 탄생할 수 없다.

우리가 원하는 궁극의 스펙은 고전주의의 아름다움인 형식미다. 르네상스적 혁신으로 자신의 장점을 발견하고 바로크가 주는 교훈을 통해 '만 시간의 법칙'이 말해주는 긴 시간 동안 묵묵히 실재적이고 현실적으로 자신의 일들을 실행하고 정진해야 한다. 그래야 최소한의 요소로 최적의 환경을 만들 수 있는 센소(senso)를 가질 수 있다.

고전주의가 우리에게 주는 교훈

지금까지 알아본 고전주의(Imagine of Classic)의 교훈을 정리하면 다음과 같다.

인간은 안정적인 구조와 형식미를 사랑한다
- 단순함을 추구하되 단조로우면 안 된다(Go simple, but not too simple).
- 인간은 단순하지만 단조로움은 싫어한다.
- 조화, 비례, 질서의 조화가 우리에게 가져다주는 것은 심플한 아름다움이다.
- 소나타 형식의 네 단락은 사계절처럼 인간에게 최적의 구조로 인식된다.
- 모차르트와 베토벤 소나타 형식의 구조는 인간을 늘 만족시킨다.

'만 시간의 법칙'의 의미를 되새겨라
- 바로크의 럭셔리 뒤에는 심플한 클래식이 찾아온다.
- 신고전주의(Neo Classicism)는 새로운 르네상스를 의미한다.
- 르네상스적 혁신을 이루고 매너리즘을 잘 극복해 바로크의 장대하고 화려함을 경험한 자에게 도착하는 선물이 클래식, 고전주의다.
- 르네상스가 주는 혁신을 이룬 이후에 찾아오는 바로크 예술은 장대하고 화려한 장식미를 갖기 위해 카스트라토 가수들이 아름다움을 위해 목숨까지 거는 자세로 외로운 싸움을 벌인 결과다. 이는 '만 시간의 법칙'과도 통한다. '만 시간의 법칙'을 통해 바로크적 아름다움을 획득할 때 인간은 비로소 심플한 구조와 형식의 아름다움인 고전주의의 형식미에 눈을 뜰 수 있다.

05 낭만주의 시대의 아트코어

결코 낭만적이지 않았던 낭만주의 시대

낭만주의의 키워드는 아이러니, 환상, 자연, 이국적, 개인적 감정의 소중함 등을 들 수 있다. 원래 '로망'이란 말은 '기이', '경이', '환상' 등의 의미로 사용되다가 18세기 말을 전환점으로 하여 비로소 고전주의에 대립한 개념으로 '낭만주의(romanticism)'라는 특정의 문예사조로 등장하게 되었다. 정치는 여전히 불안한 시대였지만 산업화가 가져다준 물질적 풍요 덕분에 합리적이고 이성적인 고전의 이상에서 벗어나 개인적 감정을 소중히 하고 우선시하는 사회 분위기가 만들어졌다.

| 인간은 환상을 꿈꾼다 |

제리코(Théodore Géricault, 1791~1824), 〈메두사 호의 뗏목〉* 1818~19 파리 루브르 박물관

우리가 생각하기에 낭만이란 말처럼 우리의 감성을 한 번에 유혹하는 단어도 흔하지 않을 것이다. 낭만이란 단어는 각자의 개인적 취향에 따라 열정, 사랑, 광기, 매혹, 달콤함, 추억, 등등의 수많은 단어를 파생시키는 힘을 가지고 있다.

인간의 삶에 낭만이 없다면, 얼마나 무미건조한 삶일지를 생각해보면 인생 그 자체의 무게, 즉 행복하거나 불행하거나 어떠한 상황에서도 우리는 지난 삶을 낭만적이라 생각하게 된다. 또한, 앞으로 다가올 삶도 낭만일 거라는 기대와 희망을 품는 게 인간의 본성이라 할 수 있다.

---

* 기존의 엄격하고 지적인 아카데미즘을 거부하고 정열적이면서 거대한 자연과 인간 사이에 벌어지는 당대의 사건들의 소재를 자신만의 감정에 충실해 드라마틱하게 이미지를 그려나간다.

19세기의 인간상은 이런 낭만적인 기대가 없으면 스스로 견디기 힘든 시대였다. 그 이전의 시대와 비교할 때 특별히 많은 고통의 시대라 할 수는 없지만 18세기 후반부터 서서히 시작된 시민계급의 탄생과 발전은 상대적으로 시대적 고통을 더욱 느끼게 하였다. 사회적 약자들은 인간성의 자유와 존엄의 가치에 눈을 뜨며 휘몰아치는 사회적 불이익과 민족적 차별 그리고 지독한 빈곤을 헤치고 나와 온몸으로 거대한 전통의 가치관에서 벗어나고 싶어 했다. 이들의 긴 한숨은 기득권을 유지하려는 지배층과 갈등을 일으켰고 서로 간 폭력적 충돌도 불사했다. 따라서 낭만주의 시대는 아이러니하게도 결코 아름다운 시대일 수도 없고 낭만적이지도 않은 시대였다.

▌이미지로 비교해 보는
▌고전주의와 낭만주의

앵그르(Jean Auguste Dominique Ingres)와 들라크루아(Eugène Delacroix)의 그림을 비교하면 두 시대가 각각 표방하는 이상을 알 수 있는데, 초절정의 기교와 무대 매너로 당시 음악계의 스타였던 파가니니를 각각 자신들만의 표현방식으로 그린 작품을 통해 알아보자.

먼저 고전주의 예술가 앵그르의 1819년 작품 〈파가니니〉를 보자. 바이올린에 재능이 있었던 앵그르는 개인적으로 파가니니와 친분을 유지하고 있었다. 음악계의 스타인 파가니니의 외모를 뚜렷하고 선명하면

앵그로, 〈파가니니〉 1819

들라크루아, 〈파가니니〉, 1832

서도 안정적인 구도로 그려내 고전주의의 절제와 질서를 바탕으로 객관적이고 형식적인 아름다움으로 구현했다. 작품 속 파가니니의 풍모는 매우 이성적인 바이올리니스트의 모습으로 구현되며 고전주의 예술의 표상이라 할 수 있겠다.

다음은 낭만주의 예술가 들라크루아의 1832년 작품 〈파가니니〉다. 들라크루아는 앵그로의 소묘가 주는 사실적이고 객관적인 기법에서 벗어나 색채가 주는 풍부함과 강렬함을 적극적으로 사용하고 있다. 앵그로의 소묘가 주는 안정적 구도와는 다르게 들라크루아의 〈파가니니〉는 매우 유동적인 동작의 자세로 다소 불안하고 암울하게 표현되어 있으며 음악이 끝날 때까지 연주자의 자세 또한 움직임이 끝나지 않을 것처럼 묘사되고 있다. 들라크루아는 매우 주관적으로 파가니니의 음악가적 내면을 화폭에 담은 것이다.

이처럼 낭만주의는 이전 고전주의와는 다르게 인간 내면에 집중해 감성, 직관, 상상력을 다채로운 색채를 제한 없이 이용해 화가 자신의 감정을 주관적으로 쏟아냈다. 낭만주의 예술가들은 이국적인 세계와 자연의 광대함, 그리고 전설 등을 주요 소재로 다루며 현실세계에 비순응적 태도로 맞서 싸운 전사이자 예술가들이었다.

█ 자연을 경외하게 되는
█ 인간

독일의 낭만주의 화가 카스파르 다비드 프리드리히(Caspar David Friedrich)는 "예술가는 자신의 앞에 보이는 것뿐 아니라 자신의 내부에 있는 것까지도 그릴 줄 알아야 한다."고 말했다. 낭만주의 예술가들은 자신 내면의 감정과 감성을 총동원해 극한의 세계를 경험하려는 경향을 가졌다. 그들은 무절제하고 충동적이고 어느 때보다 강렬하게 살아갔다. 키츠, 바이런, 셸리, 슈베르트, 쇼팽 같은 낭만주의 예술가들 모두 젊은 나이에 생을 마감했다.

고전주의는 산업혁명의 영향으로 종말을 맞게 되었다. 산업혁명은 18세기 중반부터 19세기 초반까지 영국에서 시작된 기술의 혁신과 이로 인해 유럽 사회에서 사회, 경제 등의 분야 전반에 걸쳐 일어난 큰 변혁을 일컫는다. 영국에서 시작되는 산업혁명은 후에 전 세계로 확산되어 세계를 크게 바꾸어 놓았다. 산업혁명이라는 용어는 아놀드 토인비가 《Lectures on the Industrial Revolution of the Eighteenth Century in England》에서 처음으로 사용했다.

낭만주의는 프랑스어인 '로망(Roman)'에서 유래되는데, 소설이라는 뜻이다. 이때의 소설들의 주된 주제는 중세시대 귀부인들과 음유시인들의 사랑 이야기가 대부분이었다. 한때 암흑기라 불리던 중세시대를 가상의 소설 공간에서 아름답게 꾸며낸 이야기들은 이성적이고 합리적인 사상에 염증이 나 있던 사회에 곧 신선한 소재로 다가왔다.

낭만주의 시대에는 중산층, 다시 말해 교양 있는 시민들이 사회 주도세력이 되었다. 산업화로 새로운 지배계층이 된 중산층의 교양수업은 방대한 독서량과 음악회 감상, 미술 전시회 관람으로 이어졌다. 예술의 주된 후원 세력은 이제 귀족에서 중산층으로 이관되고 예술가들은 중산층의 후원으로 독자적인 예술관을 설계할 수 있게 되었다. 정치는 여전히 불안한 시대였지만 산업화가 가져다준 물질적 풍요 속에서 합리적이고 이성적인 고전주의의 이상에서 벗어나 개인적 감정을 소중히 하고 우선시하는 사회 분위기가 만들어진 것이다.

이러한 이성과 합리에 반항적 경향은 이전의 권위적 가치와 종종 마찰을 빚기도 하지만, 낭만적 가치는 이 시대의 대세로 자리 잡았다. 이 시대의 가치 중 특색 있는 것은 자연에 대한 새로운 시각이다. 산업화는 도시의 물질적 부와 풍요를 가져다주었지만, 갑자기 들어선 거대한 공장들과 굴뚝의 연기, 도시 빈민(貧民)자들 숙소 등의 모습은 인류가 이제껏 경험해 보지 못한 낯선 풍경이었다. 이전의 인위적이고 인공적이었던 왕실 건축과 궁정생활은 어느 정도 사람들의 눈에 이미 익숙해져 있었지만, 산업혁명이 가져온 기능적이고 실용적인 공장 건물들과 굴뚝에서 뿜어 나오는 시커먼 매연은 궁정의 그것들보다 훨씬 눈에 거슬리는 것이었다.

이제 사람들은 그전과 다를 게 없는 시골 풍경을 더욱 목가적이고 감성적인 시각으로 대하게 되었다. 자연에서 살다 추방된 느낌으로 이전의 자연을 그리워하며, 자연을 더욱더 아름답게 바라본 것이다. 음악에서도 이러한 경향이 나타난다. 1850년에 만들어진 슈만의 교향곡 〈라인〉은 그의 고향인 독일 라인라이트 지방의 아름다운 풍경을 그리워하며 만들어진 곡이다. 이전의 음악에서도 자연에서 음악적 소재를 가지고 오는 경우는 흔했지만, 낭만주의 시대는 자연의 풍경 자체가 소재가 아닌 주제가 되었다. 자연의 풍경을 서사시처럼 칭송하며 작품으로 구현해나간다는 점에서 낭만주의 예술의 자연에 대한 접근은 이전의 그것과는 사뭇 다른 느낌으로 자연을 해석하고 접근했다고 할 수 있다.

고전주의 예술가들은 조화로운 예술적 효과를 찾기 위해 자연의 요소를 도입했다면, 낭만주의 예술가들은 형식적으로 가공되기 전의 틀, 그 자체의 자연을 느낀 대로 표현했다. 낭만주의 예술가들은 인간이 이성적이고 합리적으로 자연을 지배한다기보다는 자연에 지배당한다는 생각이었다. 낭만주의 예술가들은 자신의 감정, 나아가 개인주의 일반에 가치를 부여했고 이러한 경향은 사회의 구석구석으로 퍼져나갔다. 낭만적인 반항적 경향은 전혀 낭만적이지 못한 기성의 권위와 체제 앞에서 종종 마찰을 빚는 요인이 되었다.

19세기 초 유럽의 산업화로 인해 가스등이 발명되었다. 낭만주의 이전 바로크와 로코코 그리고 르네상스 시대에 커다란 홀을 비추던 화려한 샹들리에에 꽂혀있던 촛불은 이제 거리로 나와 시민을 위한 가로등으로 대체되었다. 바로 유럽 산업화의 결과물이었다. 가스등은 커다란 산업화의 진보를 상징하는 듯 보이지만 당시 가스등의 불안정한 깜박임은 낭만주의 시대의 분위기를 대변했다. 그 분위기는 산업화로 부유해진 유럽 사회의 양면성을 잘 말해준다. 누군가는 자본가가 되었고, 자본가가 되지 못한 상당수는 노동자가 되었다.

기존의 귀족 계층도 마찬가지였다. 대토지를 기반으로 하는 구체제에 머물러있던 귀족들은 몰락했고, 재빠르게 세상의 조류에 잘 올라타 공장을 건설한 귀족들은 그 명명을 이어나갈 수 있었다. 여기에 상업 자본가들, 즉 부르주아들은 곳곳에서 신식 공장들을 건설해 옛 시대의 종말을 고하고, 거대자본을 창출해 거대 마켓인 증권거래소라는 낯선 건물이 들어서기까지 한다. 증권거래소는 낭만주의 시대 자본가나 일반 시민들에게 땀 흘리지 않고 엄청난 재산을 안겨주는 황금알을 낳는 거위가 되었다.

특히 영국에서는 자본가들의 시장 지배력이 놀라울 정도로 빨라져 바로 전 세대에 대토지에서 일하던 소작농들을 광산과 공장으로 모두 빨아들였다. 당시 일부 지식인들은 이런 반자연적인 사회적 현상을 비판하며 다가올 혼돈과 파멸을 경계했지만, 아무도 이런 일부 지식인들의 충고를 따르려고 하지 않았다. 산업화가 가져다준 새로운 기계문명과 대량생산 체제에 놀라고 자본이라는 재미를 맛본 당시 영국 사회에서 산업화를 거스를 재간은 어느 곳에서도 발견되지 않았다. 새로운 산업화 시대로의 거침없는 행보가 그렇게 이어져 나갔다.

이렇게 영국에서 시작된 산업혁명 시대를 살아간 당시의 유럽인들이 느꼈을 정서를 잘 대변해주는 작품 하나가 있다. 바로 영국의 풍경화가 조셉 말러드 윌리엄 터너(Joseph Mallord William Turner)의 〈전함 테메레르호〉라는 작품이다.

그의 화폭에 전함 한 척과 전함을 예인하는 작은 증기선 하나가 불타오르는 석양을 뒤로하고 템스강 위에 떠 있는 모습이 그려져 있다. 화폭에 담긴 전함은 1805년 트라팔가 해전에서 프랑스 함대를 격파해 영국을 지켜주었던 영국 해군의 테메레르호다. 테메레르호는 풍력을 이용하던 범선으로 이제 그 시대적 사명과 수명을 다하고 해체를 위해 템스

조셉 말러드 윌리엄 터너, 〈전함 테메레르호〉, 1838

강에 있는 조선소로 예인되고 있는 모습이다.

터너는 테르메르호를 끌어당기고 있는 당시의 증기 예인선을 등장시키며 그가 일생 동안 느꼈던 산업화가 영국 사회에 끼친 엄청난 변화를 화폭에서 증언하고 있다. 터너의 작품 속 테메레르호는 '테메레르'라는 말에서도 느껴지듯이 한때 5대양을 호령하던 영국 해군의 넬슨 제독의 기함이다. 테메레르호가 나타나면 적군의 병사들이 벌벌 떨며(temeraire) 도망치기 급급했던 전함이었다.

작품을 잘 살펴보면 석양빛에 검붉게 물든 템스강 위로 테메레르호는 유령선처럼 보이는 회색빛 범선으로 표현되고 그 앞으로 연기를 내뿜는 검은 연통을 단 조그만 증기선이 테메레르호를 묵묵히 끌며 나아가고 있다. 선박 해체를 위해 조선소로 끌려가고 있는 넬슨 기함의 마지막 순간을 터너는 예리한 통찰력으로 캐치해 그려낸 것이다. 넬슨의 범선 뒤로 펼쳐지는 장대한 일몰은 과거 넬슨의 범선이 가졌던 강력한 힘과 수많은 전투에서의 명성을 상징하고 있으며, 옅은 흰색을 띠며 잘 보이지 않은 낡은 범선 앞쪽으로는 색채감이 훨씬 증가한 증기선이 자리 잡고 있는 모습에서 당시 유럽 사회의 과거와 현재가 잘 대비되며 우리에게 시대상을 보여준다.

당시 기계 문명의 총아인 증기기관을 장착한 작은 증기선에 끌려가며 산업혁명 이전 시대의 영광과 향수를 간직한 범선의 처지가 갖는 상실의 분위기는 너무나 애처롭다. 그림의 구도를 살펴보면 넬슨의 범선이 위치한 왼편의 색감은 옅고, 이제 막 태동한 기계 문명을 대변하는 오른편의 색감과 붓질은 매우 역동적이다. 이 그림에 애착이 컸던 윌리엄 터너는 다음과 같이 기술했다고 한다.

"돈을 주거나 혹은 부탁을 한다 해도 내가 사랑하는 이 그림을 다시 빌려주지 않을 것이다."

하지만 결국 우리는 영국의 내셔널 갤러리에 소장된 그의 작품을 만나볼 수 있으니 다행이다.

2014년 영국, 프랑스, 독일 합작으로 제작된 마이크 리 감독의 영화 〈미스터 터너〉는 윌리엄 터너의 화가로서의 삶을 다룬 영화로, 배우 폴 제슨이 터너 역을 맡았다. 터너는 기존의 화풍에서 벗어나 파격적인 그림을 그렸지만, 사람들의 조롱을 샀다. 하지만 결국 그는 〈전함 테메레르호〉를 통해 빛에 의한 풍경의 새로운 모습을 그렸고, 그의 그림은 새로이 다가올 인상주의의 시초가 되었다. 그를 이해하지 못하는 왕립미술원은 그의 작품을 없애고자 하지만 태풍을 그림으로 표현하기 위해 배에 자신의 몸을 묶고 태풍을 직접 보고 올 정도로 열정이 있었던 터너의 모습이 영화에 담겨있다.

그의 그림에 대하여 미술비평가 존 러스킨이 남긴 다음의 말은 예술적 비평을 넘어 산업혁명과 낭만주의 시대의 사회상을 사실적으로 정확하게, 그리고 잔인하게 우리에게 잘 설명해 준다.

"인간의 고통을 표현한 그림이 아니면서도 이처럼 애처로운 느낌을 주는 작품은 일찍이 본 적이 없다."

당시 서구 사회에서조차 기술 문명의 빠른 발달과 전개 과정에서 정신을 못 차리고 방황하던 모습을 러스킨의 비평이 잘 대변한다고 하겠다. 세상은 변한다고 하지만 우습게도 21세기를 살아가는 우리도 러스

킨의 비평처럼 산업혁명 시대의 사회적 분위기를 고스란히 안고 살아가고 있다.

지금의 시대는 19세기 산업혁명의 시대보다 더욱더 빠르게 기술적 진보가 이루어지는 시기이기에 산업혁명 시대보다 더욱 심각하게 격세지감을 느끼며 살아가고 있다. 지금의 빠른 기술적 진보는 현대인들이 정신분열에 가까운 스트레스를 안고 살아가야 하는 숙명의 근원 중 하나이다.

세계적으로 봐도 코닥, 노키아, 소니 같은 글로벌 대기업들이 과거의 영광을 뒤로하고 하루아침에 몰락하는 것을 우리는 지켜보고 있으며, 국내에서도 팬택, 싸이월드 등의 기업들이 우리의 기억 속에서 점점 희미해져 가고 있는 것에서 윌리엄 터너의 '전함 테메레르호'의 애처로움은 현재도 계속 진행 중임을 알 수 있다.

낭만주의 시대 예술가들은 이런 기계 문명에 의해 새롭게 재편된 사회 구조와 물질적 성장에서 소외 받은 인간들을 위해 기술적 진보에 따른 세계를 이질적 세계로 규정하고 정의했다. 그러면서 자연스럽게 타인이나 사회와 맺어야 하는 필연적인 관계를 잊은 채 지금 이 세상이 아니라면 그 어디라도 좋으니 그곳으로 가고 싶다는 관점에서 인간의 정신적 고통의 치유를 위해 새로운 환상의 세계를 예술로 제공했다.

이런 낭만주의 예술이 갖는 탈사회화는 앙드레 지드(A. Gide) 같은 20세기 소설가조차도 다음과 같은 견해를 밝히는 것에서도 알 수 있다.

"낭만주의는 그 표현의 호사스러움으로 인하여 실제로 작품에서 그리고 있는 세계보다는 훨씬 감동적으로 평가받는 경향이 있다. 그리하여 우리의 낭만주의 작가들은 언제나 말이 앞서는 정서와 사고가 넘쳐흐른다."

한편 산업혁명은 오늘날의 Made in Europe에 어떤 영향을 끼쳤을까? 산업혁명 직후의 디자인은 순수미술(純粹美術, fine art)에서 획득한 미술적 요소를 산업에 응용하는 픽토리얼 디자인(pictorial design)으로 이해하였으나, 19세기부터는 기계·기술의 발달에 따른 대량생산과 기능주의 철학에 입각한 새로운 개념의 디자인으로서 이해되기 시작했다.

인간이 의미 있는 것을 실체화하려고 일부러 노력해온 결과가 인간의 생활이고 문명의 세계이며, 따라서 생활의 실체, 문명의 실체가 곧 디자인의 세계인 것이다. 19세기에서 20세기 초에 이르는 동안 디자인의 역사는 이념의 시대였으며, 디자인의 주된 논의는 미적인 것(미의 절대성)과 기능적인 것(미의 공리성)에 대한 것이었다. 이 두 가지의 가치규범은 오늘날까지도 디자인의 중심 과제다.

19세기에 이르러 디자인은 산업 기술에 예술을 더하여 새로운 예술을 추구하는 것이었기 때문에 현대의 디자인은 곧 산업디자인(industrial design)을 의미하는 것이다. 과학 기술과 예술의 접목으로 현대 사회는 디자인과 인간이 영위하는 생활환경과의 관계가 대단히 긴밀하고 복잡해졌다.

나를 소중하게 여겨주는
낭만주의적 달콤함

부르주아 산업자본가들의 경제 논리인 양적 공리주의는 영국의 경제를 외향적으로 크게 성장시키는 데 큰 몫을 했다. 양적 공리주의란 영국 경제가 성장하면 성장할수록 영국 국민의 삶의 질 또한 성장할 것이라는 논리였다. 그들의 논리는 달콤한 말로 포장되었다. 그러나 세상은 전혀 달콤하지 않았다.

양적 공리주의는 쾌락의 다양한 계산법에 의하여 최대다수 최대행복을 행위의 옳은 기준으로 삼는 원리다. 한 명이라도 상대 그룹보다 많으면 그것이 정의고 행복이란 매우 양적이고 편협한 개념이다.

다음과 같은 질문을 통해 양적 공리주의의 허상을 알 수 있다.

[질문] 당신은 구성원 1이다. A, B, C정책 대안에 따라 당신의 미래 연평균 소득은 다음과 같이 달라질 것이다. 구성원 1인 당신의 선택은?

정책 대안 별 구성원들의 연평균소득

	A안	B안	C안
구성원 1	30억 원	6억 원	1억 원
구성원 2	3억 원	3억 원	6,000만 원
구성원 3	0원	1,000만 원	3,000만 원

이런 질문을 받았을 때 구성원 1이라 생각하는 사람들은 대개 A 정책

안을 지지한다. 필자가 수업에서 학생들에게 이러한 질문을 하면 95% 의 학생들이 A 정책안에 대한 지지 의사를 밝혔다. 하지만 이 질문의 허점은 사실 모두가 구성원 1이 될 수 없다는 점이다.

낭만주의 시대에도 자신들이 모두 구성원 1이라는 생각으로 산업자본가의 양적 공리주의를 신봉하고 묵묵히 따랐지만 아쉽게도 정책 A안을 선택한 대부분의 사람은 사실 구성원 3이라는 사실을 인지하지 못했던 것이다. 정책 A안을 열렬히 지지했지만 자신들에게 돌아오는 것은 겨우 입에 풀칠 할 정도의 적은 급료뿐이었다.

우리 학생들이 공부하고 있는 학교도 마찬가지다. 선행학습을 정책 A안이라고 한다면 담임선생님께서 선행학습의 효과가 가져올 학업성취도 상승의 달콤한 미래를 이야기하시며 반 전체를 독려할 것이다. 그러면 학생들 또한 선행학습을 무비판적으로 묵묵히 따라 시도해볼 것이다. 하지만 자연의 이치는 모두가 부자가 될 수 없듯이 우등생 또한 공부를 못하는 학생이 있어야 가능한 이야기다. 하지만 많은 사람이 아직도 정책 A안을 선택하는 우를 범하고 있다.

낭만주의 시대에 많은 사람들이 도시 빈민으로 전락했다. 산업화의 혜택을 받지 못한 도시 노동자, 일거리 없는 무명의 예술가 등 산업화에서 소외된 모두 이는 없는 돈이지만 쪼개고 쪼개 술집으로 달려갔다. 현재도 우리의 청소년 상당수가 학업을 포기한 채 PC방으로 달려가고 있다. 게임상의 높은 세계 랭킹 유지와 풍부한 게임 아이템을 통해 자신의 초라한 성적표에 대한 좌절감을 치료하고 있는지 모르겠다.

이런 이유로 낭만주의 음악 분야에서는 특히 산업화가 가져다준 부에서 소외당한 영혼들을 치유하는 성격의 음악이 많이 만들어졌다. 바로 반음계의 등장이다. 반음계란 이전 고전주의의 확고한 각 조성에 의한 7음계에서 벗어나 피아노 건반 흑건과 백건 모두를 하나하나 소중히 다룬다는 개념이라 생각하면 된다.

쇼팽의 'Nocturne in Violin' 같은 음악이 대표적이다. 피아노의 흑건과 백건 하나하나가 소중히 아주 소중히 듣는 이의 가슴에 내려앉아 이식되는 느낌을 준다. 여러모로 스트레스가 많은 현대인의 아픈 마음의 상처를 낭만주의 반음계 기법이 치유해주는 듯하다. 이렇게 이전의 고전주의가 갖는 명확성과 간결성에서 벗어나 낭만주의 예술은 인간의 내면을 표현하고 그려냈다.

로레알이라는 화장품 회사의 광고 중 전 세계 소비자를 한 번에 사로잡은 카피가 있다. 바로 "난 소중하니까요."이다. 이렇게 인간은 자신을 소중히 대해 주는 대상에 쉽게 유혹을 느낀다. 이것이 낭만주의 사상의 핵심이다. 결국, 낭만주의 사상의 영향으로 동유럽의 약소국들은 이 시기 민족주의 운동에 매진하게 되고 오스트리아 제국으로부터 독립을 꿈꾸게 되었다.

이런 점을 기업경영 측면에서 비추어 볼 때, 우리의 제품들이 브랜드로 인정받기 위해서는 고객의 발굴과 유치, 유지 및 관리에서 소비자를 소중히 대하는 경영철학이 필요하다는 것을 알 수 있다. 소비자를 소중히 대할 때 그들은 제품을 사랑해 주는 애호가로 거듭난다는 점을 명심해야 한다.

기계 문명이 탄생시킨 악기 피아노

"피아노는 나무와 금속, 진동하는 공기로 미묘한 우주의 진리를 전달
 할 수 있다."
 – 과학자 케네스 밀러

　우린 피아노라는 악기를 지칭할 때 단순히 피아노라 말하지만 서구
유럽에선 '피아노포르테(pianoforte)'라 부른다. 피아노포르테는 'Piano=
여리게', 'Forte= 강하게'에서 파생된 합성어다. 피아노를 이렇게 부르
게 된 것은 피아노의 전신인 클라비코드와 하프시코드가 작동하는 방
법이 피아노와는 다르게 건반을 누르면 현 위의 집게장치가 현을 뜯는
구조라 건반을 여리게 누르든 강하게 누르든 항상 일정한 볼륨의 소리
만을 냈던 이유에서이다. 이전 건반악기와 피아노의 작동원리가 서로
달라 차별성을 갖는 용어이다.

　피아노는 건반을 누르면 해머가 현을 탄현 하며 건반 누름의 강도에
따라 '여리게'와 '강하게' 모두를 구현했다. 산업혁명의 여파로 1843년
경부터 피아노의 프레임이 공장에서 주조 과정을 거쳐 철제로 제작되기
시작하면서 진정한 의미의 피아노 시대가 열리고 악기의 제왕으로 일컬
어지게 되었다.

　베토벤은 충분한 강력함과 미묘한 효과를 발휘 못 하는 그의 피아노
의 불완전함을 늘 한탄하며 다음과 같은 말을 남겼다.

"나는 훌륭한 영국제(Broadwood & Sons 1728) 피아노를 갖고 있지만, 그것으로도 생각한 효과는 낼 수 없다."

1862년에 16t으로 정해졌던 현의 압력이 현대 피아노에서는 30t으로 늘어나 역동적인 음역, 소스테누토(음을 지속시키는 기법) 등 프리데릭 쇼팽과 베토벤, 프란츠 리스트도 몰랐던 다양한 음을 갖추게 되었다. 피아노는 독주 악기 중에서 가장 넓은 7옥타브가 넘는 88개의 음의 표현 영역을 지니고 있다. 피아노가 지금의 장력과 풍부한 울림을 가질 수 있었던 것은 산업혁명이 선사한 혜택이었다. 피아노는 이제 부르주아들의 교양 수업에서 빼놓을 수 없는 악기가 되었다.

▌부르주아 고객을 위한
▌맞춤 서비스

유럽을 휩쓴 일련의 계몽주의 사상, 프랑스대혁명, 그리고 산업혁명의 여파로 새로운 계급이 출현하게 되었다. 바로 부르주아이다. 새롭게 부상한 상공업을 바탕으로 재산을 축적한 이들은 이제 귀족 계급과 견줄 수 있는 경제적 우위를 바탕으로 정치 참여에도 적극적으로 나섰다.

기존의 귀족 저택이나 왕정에서 열리던 예술 공연들은 새롭게 만들어지는 유럽 각 도시의 공공 연주장을 통해 부르주아의 후원으로 열리는 경우가 많아졌고, 음악계는 새로운 활력으로 성장하게 되었다.

재밌는 것은 부르주아들의 여흥 거리를 담당하게 된 음악계의 반응이다. 새로운 클래식음악회 소비자가 된 부르주아들은 지금의 우리처럼 음악의 작품번호의 방대함과 공연 도중 박수 타이밍 같은 것에 민감해 하고 어려워했다. 새로운 고객을 놓칠 수 없었던 작곡가들은 이 시기에 작품번호보다는 제목을 달아 발표하기 시작했고 하나의 풍조가 되었다. 이처럼 제목이 있는 음악을 표제음악이라 일컫는다. 그리고 박수 타이밍에 관한 불편을 없애기 위해 악장이 단 하나인 곡들이 쏟아졌다. 교향곡의 악장을 없앤 사례가 이 시기에 탄생한 교향시다. 낭만주의 작곡가들의 이런 수고가 없었다면 지금 우리가 TV에서 아이돌의 무대를 볼 때 '작품번호 몇 번 몇 악장' 식으로 노래를 소개받았을지도 모른다.

클래식 음악은 낭만주의 시기부터 늘 대중과 함께 해왔다. 낭만주의 시대 부르주아들의 클래식 음악회 나들이는 지금의 우리처럼 항상 눈요깃거리가 필요했다고 한다. 이에 화답이라도 하듯 이 시기에 일명 '명인 연주'라 일컫는 비르투오소(virtuoso) 연주가들이 등장했다.

이탈리아어 비르투오소의 비르투(virtu)는 덕망을 뜻하는데, 명인이 되기 위해 평소 엄청난 연습량을 자랑한 연주자들의 노력을 빗대어 표현한 것이다. 비르투오소는 이후 음악계에서 연주 실력의 대단함이 보고 듣는 이로 하여금 혀를 내두르게 하는 초절정의 기교를 뜻하게 되었다.

비르투오소 연주자들에 의해 오케스트라는 철저히 반주 성격을 갖게 되며 솔리스트 연주자들에게 무대의 주도권이 넘어가면서 낭만주의 솔로 콘체르토가 탄생했다. 이후 콘체르토란 용어의 영어식 표기인 콘서트가 탄생하며 지금의 콘서트 형식이 자리 잡게 되었다. 지금 우리가 대중가수들의 공연에 콘서트라는 용어를 쓰게 된 것도 낭만주의의 부산물이라 할 수 있다.

낭만주의 비르투오소 분야를 온전히 자신의 역량으로 개척한 이는 제노바 출신의 니콜로 파가니니(Nicolo Paganini)였다. 그는 당시 매서운 매의 눈처럼 통찰력을 가지고 부르주아들의 음악적 취향을 간파했다. 예전 귀족계층들이 즐겨 듣던 순수한 음악보다는 부르주아의 싸구려 취향을 이용해 가십을 만들어내며 지금의 마케팅 시대를 연 이도 니콜로 파가니니였다. 그는 타고난 음악성과 뛰어나다 못해 섬뜩할 정도의 바이올린을 다루는 테크닉을 앞세워 듣는 이의 마음과 영혼을 단숨에 흡입하는 카리스마를 풍기며 스스로 악마의 바이올리니스트라 입소문을 냈다. 니콜로 파가니니의 입소문 마케팅은 마케팅의 시초라 할 수 있을 만큼 엄청난 파급력으로 전 유럽을 흥분의 도가니로 몰아넣었다.

장 베로(Jean George Beraud)가 그린 그림은 음악회를 찾은 부르주아의 모습을 잘 포착하고 있다. 비싼 가격의 발코니 특별석에 앉아 음악엔 전혀 관심 없는 부르주아가 시선을 고정한 여인은 방금 무슨 일이 있었던지 화장을 고치고 있다. 그들의 이런 모습을 일반석에 앉은 부르주아는 망원경으로 훔쳐보며 흥미로운 가십(gossip)거리만을 찾고 있다. 파가니니는 이런 부르주아들의 싸구려 취향을 읽어내 훌륭한 가십거리를 스스로 만들어 전파한 것이다.

파가니니의 마케팅은 요즘 용어로 하면 버즈 마케팅(Buzz Marketing)이라고 할 수 있다. 'buzz'란 원래 벌이나 기계 등이 윙윙대는 소리를 뜻한다. 고객이 특정 제품이나 서비스에 열광하는 반응을 나타내는 용어로도 사용된다. 그의 버즈 마케팅은 너무나 성공적이었다. 이제 파가니니의 콘서트를 찾은 이라면 누구라도 그가 악마의 아들이 분명하다고 수군거리며 파가니니의 광기어린 연주를 주변에 전파했다. 똑똑한 버즈 마케팅의 효과로 파가니니의 전설 같은 에피소드들은 전 유럽으로 빠르게 퍼져 나가기 시작했다.

장 베로, 〈바리에테 극장의 특별석〉, 1883

　1828년에서 1834년 사이에 파가니니의 비르투오소 연주활동은 그 절정에 이르러 빈, 베를린, 바르샤바, 파리, 런던 할 것 없이 전 유럽이 파가니니에 대한 광기 이상의 예찬과 명성을 가져다주었다. 그의 유럽 순회 연주를 지켜본 슈만, 리스트, 쇼팽 등 당대의 낭만주의 예술가들에게 파가니니는 음악적 영감의 아버지라 할 수 있다.

　낭만주의 예술가들의 예술적이면서도 카리스마 가득한 대중적 기질의 절정을 선보인 파가니니의 연주회는 당시 낭만주의 연주자들에게 시기와 선망의 대상임과 동시에 그들의 영감을 한껏 부풀려 놓는 데 크게 이바지했다. 특히 그의 마르고 수척한 외모와 긴 머리, 그리고 가느다랗고 유난히 긴 손가락 등의 독특한 모습은 악마의 모습으로 비쳤고 뛰어난 기교로 바이올린을 연주하는 모습을 지켜본 청중들은 믿기 힘든 그의 연주 실력은 분명 악마와 손을 잡아서 그렇다면서 파가니니의 버즈 마케팅에 속절없이 지갑을 열었다. 2013년에 제작된 영화 〈파가니니 : 악마의 바이올리니스트〉에서는 이러한 그의 생애와 함께 콘서트의 광기를 느낄 수 있는 명장면이 담겨 있다.

한편 파가니니가 1840년 니스에서 후두암으로 사망한 후 그의 버즈 마케팅은 죽은 그를 끊임없이 괴롭히는 단초가 되었다. 생전의 악마가 연상되던 광기어린 연주회의 영향으로 교회 측은 그를 이단이라 규정하고 신성한 땅에 안장하기를 거부했다. 그 때문에 그의 유골은 1845년에 파르마의 사설 묘지로 옮겨졌고, 1876년에 파르마 공동묘지로 다시 이장되는 등 버즈 마케팅에 의한 그의 화려했던 과거의 인기는 혹독한 대가를 치렀다. 그에 관한 소문은 사후에도 좀처럼 수그러들지 않고 전설이 되었다.

음악사에서 파가니니의 등장은 당대 낭만주의 작곡가들에게 엄청난 쇼크였다. 바이올리니스트나 피아니스트에게 끼친 영향은 실로 대단해서 포스트 파가니니 세대의 비르투오소 연주자이자 작곡가였던 리스트와 쇼팽은 파가니니의 바이올린 곡을 피아노곡으로 편곡해 건반악기의 기교 확장에 반영시켰다. 음악계 사상 최초의 진정한 편곡의 시대가 열린 것이다.

음악에서 편곡의 등장이 주는 의미는 낭만주의가 추구했던 사상과 일치한다고 할 수 있다. 원작자의 곡을 그대로 정형화해 연주하는 것이 아닌 자신의 감성과 생각으로 새롭게 표현한다는 점에서 낭만주의의 주관적 경향을 잘 설명해준다.

비르투오소 피아니스트였던 리스트의 초절 기교 연습 곡들은 파가니니의 카프리치오에서 직접적으로 영감을 얻어 리스트 자신만의 느낌으로 새롭게 만들어진 것이었다. 리스트는 파가니니의 연주 스타일에도 영향을 받아 그의 연주회 또한 초절정의 기교와 함께 강한 카리스마를 바탕으로 청중들을 압도해 젊은 여성들 사이에 라이징 스타로 자리매김했다. 이후 리스트는 폭발적인 대중들의 인기에 힘입어 많은 여인들과 숱한 스캔들에 휩싸이다 말년에는 젊은 시절의 과오를 회개하는 차원에서 수도자의 길을 택했다.

파가니니의 삶을 멋지게 각색해 낭만주의 소설의 전형적인 캐릭터로 비추게 만드는 것처럼 낭만(로망(Roman) =소설)주의 시대는 말 그대로 한 편의 소설처럼 산업화된 세상에서 탈출을 꿈꾸며 자연과 이국적인 것들에 관심을 가졌다. 산업화된 도시생활과 끝없는 노동의 고통에 염증을 느낀 낭만주의 예술가들은 새로운 환상의 세계가 필요했고, 공장 굴뚝이 없었던 중세 시대로 돌아가 기사도 정신과 귀족 부인과의 사랑을 각색해 낭만주의 소설로 산업화에 따른 인간 내면의 고통을 치유하고자 했다.

이제 자신만의 자아로 무장한 낭만주의 예술가들은 끝이 안 보이는 극한의 내면세계로 무절제한 폭주를 시작한다. 끝없는 인간 내면의 세계를 탐험하고자 했던 그들이 내뱉을 만한 말은 "너! 어디까지 가봤니?"이다. 낭만주의 예술가들이 꿈꾼 환상의 세계를 향한 염원이 담긴 말이 아닐까?

고전주의 시대와 같은 이성의 시대가 나은 필요악인 '구조조정'을 현대의 기업에 적용하면 집단해고 사태를 불러올 수 있다. 그리고 구조조정에서 살아남은 자들에게 필요한 처방은 낭만주의 예술이 내려주고 있다. 해고된 사내 구성원이었던 사람이나 살아남은 사람에게는 '소중함'이라는 약이 필요하다. 예를 들어 CEO 자신이 직접 참담한 마음을 친필로 써 보내는 해고 통지서의 진정성은 오랫동안 기억될 것이다. 해고된 구성원 역시 소비자라는 것을 인식하고 그들을 소중히 생각해주는 마음이 걸어 다니는 악플러 양산을 막아준다. 파가니니의 입소문 마케팅을 기억하라. 해고된 구성원이나 소비자를 진정으로 소중히 대해야 하는 이유를 낭만주의가 잘 말해주고 있다. 우리는 모두 소중한 존재다.

낭만주의가 우리에게 주는 교훈

지금까지 알아본 낭만주의(Imagine of Roman)의 교훈을 정리하면 다음과 같다.

감성시대 감성소비자에게 낭만을 선물하라

- 인간은 환난 속에서도 환상을 꿈꾼다.
- 당신을 클라식쿠스(classicus, 지배자)로 만드는 힘은 누군가에게 사랑받을 때 비로소 시작된다.
- 낭만을 꿈꾸며 소비자를 소중히 사랑하라.
- 낭만주의 반음계 음악은 한 음 한 음을 소중히 생각하는 마음이다.
- 당신의 소비자는 아마추어(무언가를 사랑하는 자)이다.

자연에서 영감을 얻어라

- 기계 문명과 도시 발달 세대의 아이러니는 자연이 더욱 사랑받는다는 점이다.
- 가상의 아름다움은 늘 자연을 주제로 환상 가득하게 이식하면 된다.
- 비르투오소 연주자들처럼 기업의 핵심 기술은 누구도 따라 할 수 없는 경지에 올라야 한다.
- 파가니니의 입소문 마케팅을 기억하라.

06 인상주의 시대의
아트코어

▌한순간의 아름다움을
▌기억하고 싶었던 인간

산업 혁명은 18세기 말 영국에서 시작되어 세계 근대화의 촉매가 되었지만 그 변화의 속도는 과장된 점이 있었다. 유럽 대륙에서조차 그 충격은 1850년까지만 해도 유럽의 몇몇 지역에 국한돼 있었다. 산업 혁명의 거대한 파도가 유럽 각국에 제대로 밀어닥친 것은 1875년 이후였다. 유럽 이외 지역의 산업화는 미국을 제외하면 훨씬 늦게 일어났다. 1895년 독일에서조차 인구의 3분의 1이 아직도 농부였으며, 동유럽과 남유럽의 대부분 지역은 실질적으로 산업과 무관한 지역으로 남아 있었다.

"머지않은 장래에 철도로 인해 어떤 업종들은 멸종될 것이고 다른 몇
몇은 그 면모가 일신될 텐데, 특히 파리 근교를 누비는 교통 편과 관
련된 업종이 그러할 것이다. 그러므로 조만간 여기 이 정경은 그것을
구성하는 인물들과 사물들로 인해 고고학적 작업의 가치를 부여받게
될 것이다." ─ 발자크의 소설 〈인생의 첫 출발〉 중에서

프랑스의 소설가 발자크(Honore de Balzac)가 그의 소설에서 지금의 모
든 것들이 앞으로는 고고학적 작업의 가치를 부여받게 될 것이라고 한
예언을 실현이라도 하듯 모네(Claude Monet)는 1894년경에 이전 예술에
서 볼 수 없는 독특한 연작 시리즈를 남겼다. 그의 연작 시리즈들은 다
른 일광과 다른 계절에서 같은 대상을 그렸을 때 태양의 위치에 따라 색
채가 어떻게 변화하는지에 대한 주제에만 매달렸다. 빛과 날씨에 따른
형태와 색채의 변화를 화폭에 담아낸 것이다. 모네가 남긴 건초더미, 포
플러, 수련, 루앙 대성당 시리즈는 태양광선과 날씨의 조건이 변화함에
따른 피사체의 형태와 색채의 변화를 담은 연작물이다.
　동틀 무렵부터 땅거미가 질 때까지 순간의 대기 효과를 기록한 30개
가 넘는 루앙 대성당 연작에서 이 거대한 고딕 건물은 대기 속에서 시간
에 따라 달라지는 색색의 빛으로 형상화되고 있다. 한낮의 루앙 대성당
은 눈부신 햇빛 노출 속에서 흰빛으로만 구현되고 있으며, 해질 무렵의
루앙 대성당은 성당의 외벽 구조물 중 돌출 부위는 엷은 노란빛으로, 오

모네 – 루앙 대성당 시리즈

목한 부위는 불꽃같은 오렌지색으로, 그림자들은 보색인 푸른색으로 구
현되어 있다.

왜 모네는 시간의 변화에 따른 빛의 노출에 매료되어 연작 시리즈를
기획했을까? 인상주의 예술은 어떻게 한순간에 매료되고 몰두했는지를
알아보자.

빛을 그린
화가들

인상주의의 키워드는 순간의 소중함, 예술의 과학화, 예술의 이미지
화다. 즉 말할 수 없는 건 보여주자는 것이 인상주의 예술의 핵심이라

고 할 수 있다.

세기말의 유럽 사회는 더욱 빨라진 기술문명의 빛과 같은 빠른 진보를 맞이했고, 인간의 욕망은 순간의 아름다움을 붙잡아두고 싶어 했다. 서유럽의 20세기는 이전 낭만주의가 갖는 기계문명의 탄생보다 더욱 빠른 기술문명의 진보를 인간 사회에 보여주는 것으로 시작했다. 이 시기부터 인류는 다양한 기술문명의 이기들을 맛보게 되는데 다이너마이트를 시작으로, 자동차, 지하철, 항공기 등 문명의 이기들과 차례로 대면했다.

새로운 문명의 이기의 출현은 인류 역사상 가장 큰 사건들이었으며, 기술 혁명적 혁신의 총아인 기계들은 무서운 양면의 칼끝으로 인간 사회와 대면했다. 이제 세상은 너무나 빠르게 기계와 기술 그리고 새롭게 발견되고 발명되는 과학적 지식과 부산물을 바탕으로 변화되면서 인류의 내일이 어떻게 전개될지 아무도 상상할 수 없는 불안한 나락으로 떨어지고 있었다.

인상주의 말기에는 기계와 기술 문명의 발전은 급기야 1914년에 벌어지는 인류 최초의 세계대전인 1차 세계대전에서 다이너마이트, 신경가스, 기관총, 탱크 등의 대량살상무기들이 성공적인 데뷔 전을 치르며 인류에게 기록적인 대량학살이라는 광기와 공포를 선사했다.

이 전쟁으로 인해 3천2백만여 명의 사상자를 기록하고 9백30만여 명이 전사했으며, 2천3백여 명이 부상을 당하는 등 지구 탄생 이후 벌어진 전쟁 중에서 인류가 여태껏 경험하지 못 했던 가장 큰 대량학살로 기록되었다. 가히 빛의 속도로 빠르게 전개되는 유럽 사회에서 이 시기의 예술과 예술가들은 순간의 빛을 화폭에 투영해 붙잡아두러 애썼던 것이다.

▌총체적 혁신의
▌예술 인상주의

인상주의(Impressionism) 예술 작품은 대개 미술 감상 초심자에게 매우 매력적으로 다가온다. 왜냐하면 지금 우리가 살아가고 있는 시점에서 시간적으로 가장 가까운 예술이라 낯설지 않게 공감대를 형성할 수 있기 때문이다.

서양 예술사에서 르네상스 이후 총체적인 혁신은 인상주의 예술로 평가받는다. 1860년 초 프랑스에서 발생해 1886년을 기점으로 순수한 의미의 인상주의는 끝이 나지만, 이후 모든 미술의 방향을 결정하게 되는 중요한 미술 사조가 바로 인상주의다. 인상주의는 르네상스 시대의 산물인 원근법, 균형 잡힌 구도, 이상화된 인물, 명암 대조법 등을 거부함으로써 미술 전통에 혁신을 가져왔다. 그 대신 인상주의자들은 색채와 빛을 통해 찰나의 시각적 감각을 표현하려고 했다.

인상주의자들의 주요 관심은 '인상', 즉 짧은 순간에 화가가 시각적으로 처음 지각한 사물을 표현하는 것이다. 그들은 햇빛 속을 걷다 보면 사람의 얼굴이 녹색으로 보인다는 레오나르도 다빈치의 관찰에 근거하는 경험론 사상을 바탕으로 인상주의 이론을 수립해 나갔다. 또한 색채

| **인간은 한순간의 인상에 매료된다** |

마네(Édouard Manet), 〈풀밭 위의 점심〉*, 1863년 파리 오르세 미술관

가 사물의 본원적이고 지속적인 성질이 아니라 사물의 표면에 영향을 미치는 여러 요소들, 즉 날씨나 빛의 반사작용에 의해 끊임없이 변화하는 것임을 발견했다.

이러한 빛의 순간적인 성질을 표현하고자 인상주의자들은 짧은 붓 터치와 물결이 이는 듯한 화필을 구사했다. 불규칙한 점묘의 모자이크로 이루어진 밝게 채색된 색면은 심장박동이나 물 위를 비추는 빛의 반짝임 같이 진동하는 에너지를 가지고 있다. 인상주의 그림의 원색으로 된 점들을 가까이서 보면 무엇을 그렸는지 알아보기 힘들어 당시의 비평가

---

* 마네는 기존 그리스 여신 같은 여신상들의 이미지 탈피한 인물로 여성의 누드를 그리고 동시대 남성을 통해 우화적인 세계가 아닌 현실의 세계에서 환상의 이미지를 인상 깊게 구현했다.

모네, 〈인상 : 해돋이〉, 1872

들은 "권총으로 물감을 터뜨린 것 같다"라고 비꼬았다고 한다.

그러나 약간 거리를 두고 보면 푸른색과 노란색의 점들이 융합해 녹색으로 보이는 시각적 효과가 있는데, 그러한 색조는 팔레트에서 색을 섞은 것보다 더욱 강렬한 느낌을 준다. 심지어 그림자마저도 회색이나 검은색(인상주의자들은 이런 색조를 가장 싫어했다)이 아닌 다른 색조로 그려져 있다.

1872년 드가, 시슬리, 피사로, 모리조, 르누아르, 모네 등은 그들의 첫 번째 그룹전을 열었는데, 그중에는 〈인상 : 해돋이〉도 포함되어 있었다. 이 그림으로 인해 그들은 '인상주의자'라는 명칭을 얻었는데 비평가들은 이 용어를 '미완성' 작품이라는 의미에서 경멸적인 용어로 사용

▲보티첼리, 〈비너스의 탄생〉, 1485
▶모네, 〈양산을 쓴 여인〉, 1886

했다. '인상'이라는 용어는 오래 전부터 어떤 사물을 대면했을 때 느끼는 직관적인 반응, 혹은 빠른 스케치 같은 화법을 의미하는 용어로 쓰였다. 그러나 모네는 새벽 강의 잔물결과 배를 표현한 색채의 얼룩과 줄무늬로 이 작품을 완성하고 있다.

모네 작품의 작업 의도는 자연주의적이면서 경험에 의한 피사체 노출의 변화에 초점을 맞추는 것이다. 이처럼 인상주의 예술의 가장 큰 특징은 태양광선의 노출 과다에 따라 피사체의 윤곽선을 거부한다는 점이다. 이전 르네상스의 대표 화가 보티첼리가 그린 〈비너스의 탄생〉 속 비너스 얼굴 윤곽선과 모네의 〈양산을 쓴 여인〉의 얼굴 윤곽선을 비교해 감상하면 둘의 큰 차이가 보이는데, 모네의 그림에선 선명한 윤곽선이라곤 찾아볼 수 없다.

하지만 멀리 떨어져 이 그림을 보면 없던 윤곽선과 이목구비가 또렷이 우리 눈에 들어오는 마법을 경험하게 된다. 이점이 광학 이론에 관한 과학적인 실증이라 할 수 있다. 인상주의는 사상적으로 경험론과 밀접한 관계를 가졌다고 볼 수 있다. 경험론을 한마디로 요약하자면 '우리의 모든 지식은 경험에서 얻어진다.'는 것이다.

경험주의자들은 경험 이외에 다른 어떤 선험적 원리나 본질을 가정하지 않는다. 이러한 태도 면에서 볼 때 인상주의자들은 경험론자라 말할 수 있다. 인상주의자들의 화법의 배후에는 화가의 임무는 자연을 모방하는 것이라는 사실주의 사상이 숨어 있는 것이다.

이들은 전통적으로 내려온 윤곽석의 사용법이 실제로는 근거 없는 공상에 불과하고 오히려 색채들을 투명하게 화폭에 옮기는 것이야말로 참된 자연을 묘사할 수 있다고 생각했다. 선이나 형태는 추상적인 기하학적 존재로서 실제의 살아있는 자연에서는 결코 발견되지 않는다고 생각했다.

지금도 해상도 좋은 DSLR 카메라로 사진을 찍은 후 컴퓨터 모니터에서 사진을 최대 확대하거나 마이크로소프트에서 제공하는 바탕화면

사진들을 최대 확대하면 픽셀들만 눈에 보인다. 피사체의 형체를 알아볼 수 없는 인상주의 예술가들의 그림이 모니터에 구현된 것이라 할 수 있다.

마이크로소프트가 제공하는 Window PC 사진 샘플

이처럼 당시의 광학기술에 의해 인식되고 구현된 색채 분할과 빛의 산란에 의한 피사체의 불명확성은 쇠라(Georges Seurat)가 에펠탑을 점으로 표현한(점묘법) 그림을 보면 더욱 이해가 쉽다.

왼쪽 실제 에펠탑의 모습, 오른쪽 쇠라가 점묘법으로 그린 에펠탑

결국 초기 인상주의가 표방한 경험론 없이는 신인상주의의 과학적이고 의도적인 색채분할의 광학 이론을 설명할 수 없다. 그런데 여기서 의문이 든다. 초기 인상주의자들은 과학의 도움 없이 사람의 눈으로 빛의 노출에 따라 시시각각 달라지는 피사체들의 작은 픽셀들이 눈에 들어왔을까? 그들도 분명 우리와 같은 시력을 가진 자들일 텐데 말이다. 그 의문에 대한 답을 찾아보자.

카메라, 화가의 눈이 되다

다음 그림은 한 사내가 빠르게 변화되어 가고 있는 창밖의 파리 시내 정경을 물끄러미 보고 있는 모습이다. 바로 귀스타브 카유보트 (Gustave Caillebotte)의 〈창가에 서있는 남자〉라는 작품이다.

최초의 인상파 후원자이자 화가였던 카유보트의 이 그림은 도시 생활에서 느낄 수 있는 내면의 심리 상태를 적절하게 드러내고 있다. 특히 사진술을 연상시키는 현대적

귀스타브 카유보트, 〈창가에 서있는 남자〉, 1875

인 그림의 구도로 정평이 난 인상파 화가로서 사진술이 보여준 구도를 화폭에 옮긴 인물이다. 즉 카유보트의 그림처럼 당시 카메라의 발명은 인간이 볼 수 없는 빛의 노출에 의한 피사체의 질량감이나 눈으로는 설정하기 힘든 구도를 카메라의 기술적 기법으로 확인한 것이다. 다음은 카유보트의 〈파리의 비 오는 거리〉라는 그림으로 카메라 렌즈의 구도라는 것을 쉽게 눈치챌 수 있다.

왼쪽 카메라로 찍은 파리의 거리, 오른쪽 귀스타브 카유보트가 그린 그림

이처럼 카유보트는 카메라로 사진을 찍듯 파리 시민의 소소한 일상의 순간을 남겼다. 이 대목에서 갑자기 우리의 주거지 재개발 이슈가 생각난다. 카유보트가 남긴 100년 전 파리의 모습은 지금의 파리와 다를 게 없다. 우리나라는 어떠한가. 근대화 이후 계속되고 있는 부동산 불패신화의 지속적인 연장을 위한 재개발의 취미를 이제는 중단해야할 때가 된 것 같다. 몇 년 전 평창과 동계올림픽 유치를 경쟁한 도시인

오스트리아 잘츠부르크 시민들이 자연환경 파괴를 이유로 평창에 동계
올림픽을 넘기자고 시위를 했던 걸 보면 자신의 환경을 지켜내는 그들
의 가치관이 부러워진다.

　외국인 친구 중에도 자신의 집 앞에서 1800년대 후반 증조부 때부터
찍어 보존해온 수십 장의 가족사진을 보여준 친구가 있었는데, 사진은
흑백에서 컬러로 변했을 뿐 집의 정경은 시간이 흘러도 그대로라 무척
인상 깊었던 적이 있었다. 하루아침에 간판이 바뀌고 집이 헐리는 우리
네 정경에서는 찾을 수 없는 그들만의 인상적 세계가 무척 부러웠다.

▌달빛을 음표로
▌형상화한 드뷔시

　"음악이 사람들을 사색적으로 만들 필요는 없다. 음악은 그저 들리는
　것만으로도 충분하다." – 클로드 드뷔시

　드뷔시(Claude Achille Debussy)는 1862년 8월 22일 제르망 앙 레에서
태어났다. 11세에 파리 음악원에 입학하여, 1884년에 칸타타 〈방탕한
아들〉로 로마대상을 획득하고 3년간 로마에 유학하는 영예를 누렸다.
그러나 그가 로마에서 파리의 심사위원회로 보낸 〈봄〉은 심사위원 간
에 분분한 의론을 불러일으켰으며, 또한 〈선택 받은 소녀〉로는 악계의
이단자 취급을 당하고 말았다. 그가 파리에 돌아간 뒤 몇 해 동안은 어

느 음악가나 겪게 마련인 고독한 생활이 계속되었지만, 1894년 〈목신의 오후에의 전주곡〉을 발표하고부터는 일약 음악계의 중심인물이 되었다. 이후 그는 많은 걸작을 만들어 프랑스뿐만 아니라, 세계의 음악계에 향기 높은 꽃다발을 보내주었다. 1918년 3월 25일 당시 파리는 독일군의 장거리포에 의해 포격을 당하고 있었는데, 이때 근대 프랑스 음악에 거대한 발자취를 남긴 드뷔시는 파리의 집에서 영면했다.

인상주의 미술에 멋지게 응답이라도 하듯 음악계에서 사물의 외면을 음표로 보여줌에 있어 드뷔시가 이룩한 업적은 서양 음악의 흐름의 방향을 완전히 새롭게 바꾼 혁신이었다. 그의 음표들은 물 흐르듯 거침없이 흘러가며 이전에 보지 못한 화성과 선율이 조화를 이루며 피사체의 노출들을 섬세한 음표로 배치해 영롱한 음색으로 되살린다. 하지만 그의 진정한 인상주의 수법의 작풍을 바라보는 기존 음악계는 그의 생각을 위험한 발상으로 받아들였다.

드뷔시의 〈달빛〉을 들어 보면 음표가 빛들로 변화해 영롱히 빛을 내고 있는 모습을 귀가 아닌 눈으로 보고 있는 듯한 느낌이 든다. 오선지 위에 음표를 붓으로 그린 모습이다. 드뷔시의 다른 작품 〈아라베스크〉를 들어 보면 이제 그 빛들이 하나하나 도망치듯 앞으로 나아가며 사라진다. 빛이 명멸하는 순간을 카메라로 찍듯이 음표들이 나타났다가 이내 사라진다.

그렇게 드뷔시로 인해 세상은 모더니즘의 문을 열어갔다.

영화음악은
가장 인상적인 음악

이미지는 외계의 자극에 의해 의식에 나타나는 대상의 직관적인 표상을 뜻하며, 인상주의적 음악은 영화의 발달과 함께 자연스럽게 화면의 이미지를 구체화하는 요소로 이어졌다. 클래식 음악을 정기적으로 감상하지 않는 일반인들도 영화를 볼 때 가장 많이 듣는 음악이 바로 클래식 음악이다. 효과음과 대중가요 삽입곡을 제외하면 거의 대부분 클래식 음악이다. 이러한 점에서 클래식 음악의 중요한 요소를 발견할 수 있다.

클래식 음악은 Made in Europe의 특성답게 피사체를 시각적으로 가장 잘 설명해주고 보조하는 역할과 기능에서 매우 탁월하다. 클래식 음악이 갖는 조성에 따라 영화 화면의 이미지는 더욱 구체화된다. 영화 음악에서 가장 많이 쓰이는 사조는 낭만주의와 인상주의 음악이라 할 수 있다. 낭만주의가 갖는 감정 과다와 인상주의가 갖는 순간적인 표상들이 영화의 장면들에서 더욱 빛을 발휘하기 때문이다.

음악학자 파우어(P. Lichtenthal,1780~1853)가 조성이 주는 느낌을 요약한 사례는 다음과 같다. 동영상 사이트에서 각 조로 검색해 대표적인 음악을 들어보면 조성의 느낌을 비교할 수 있다. 선율의 조성을 여러분 머릿속에 각인하는 것만으로도 훌륭한 센소가 형성될 것이다.

G장조 : 순수함, 확실함, 결정적임, 순결의 표현, 강력한 결의, 남성
적인 진지함, 심오한 종교적 감정

D장조 : 충만한 음, 좋은 울림, 유쾌한 소리

e단조 : 슬픔, 잠 못 이루는, 쓸쓸함

F장조 : 평화, 기쁨, 빛, 미련, 종교적 감상

f단조 : 비참함, 우울함

F#장조 : 매우 분명한, 찬란함

G♭장조 : 부드러움, 풍부함

특히 엔니오 모리코네(Ennio Morricone)의 음악은 영화음악이 가져야 할 모든 요소를 내포하고 있어 영화음악의 진수를 선보인다. 〈미션(The Missio)〉(1986)을 통해 1986년 영국 아카데미에서 음악상을 수상한 엔니오 모리코네라는 많은 작품에서 잔잔한 멜로디와 가슴 벅찬 감동을 자아낸 인물이다.

1928년 로마 출신으로 트럼펫을 전공한 그는, 이후 할리우드로 진출하면서 할리우드가 정석처럼 여기고 있던 전통적인 작곡 방식을 과감히 버리고 휘파람 소리를 비롯한 차임(Chime), 하모니카 등 새로운 악기들의 차용을 통해 서부영화음악을 만들어냈다.

대표적으로 〈석양의 무법자(The Good, the Bad and the Ugly)〉(1964)의 휘파람 연주가 바로 그것인데, 수십 년이 지나서도 다양한 영화에서 패러디가 될 만큼 인상적인 멜로디를 구사하는 곡이다. 엔니오 모리꼬네는 한 번도 피아노 앞에서 영화음악을 작곡한 적이 없다고 밝히고 있다. 피아노 앞에서 작곡하다 보면 정형적인 음악이 나오게 되기 때문이다. 그는 영화의 장면을 보면서 영화의 프레임에 맞춰 초당 간격을 고려하

인상주의가 우리에게 주는 교훈

지금까지 알아본 인상주의(Imagine of Impressionism)의 교훈을 정리하면 다음과 같다.

이미지의 시대는 예술로 확신시켜라
- 인간은 한 순간의 인상에 매료된다.
- 모든 예술은 인상적이었다 말을 들었다.
- 말할 수 없는 것엔 침묵하고 이미지로 보여줘라.

기업의 위상은 총체적 예술로 드러내야 한다
- 인상적인 기업은 시장에서 초월적 지배 권력을 갖는다.
- 인상주의 예술이 주는 순간의 아름다움을 기억해 상대에게 자신이나 기업을 인상 깊게 만들어라.
- 모든 아트코어가 경험적으로 또는 직관적으로 이미지로 떠오른다면 당신의 센소(senso)는 한층 나아진 것이다.

07 정체성과 혁신을 이끄는 아트코어

멋진 감각인 센소(senso) 형성을 돕기 위해 다룬 5가지 아트코어는 각 단계별 최소한의 요약본이라 할 수 있다. 앞으로 예술사를 바라봄에 있어 학문적으로 접근하거나 사전적 지식 획득을 위해 접근하는 방식에서 벗어나 좀 더 편안한 마음으로 접근할 수 있는 방향 설정만을 돕기 위해 정리한 것이다.

서양의 예술사는 극단적으로 말해서 다 먹고살기 위해, 또는 먹고살다가 자연스럽게 발현된 인간 본능의 결과물이다. 따라서 각자의 전문 분야와 예술사를 융합해 새로운 아이디어를 만들어낼 수 있는 통찰력은 이제 여러분의 몫이다.

지금까지 정리한 내용을 보면 예술이란 것이 그리 모호하고 어려운 개념은 아니란 것을 알게 되었을 것이다. 자신의 미래를 위해 진정한 센소 형성을 원한다면 르네상스가 우리에게 전하는 교훈인 내향적 성향의 아름다움으로 세상의 관찰자가 되어 각 단계를 깊이 있게 관조해야 한다. 그렇게 스스로 자신만의 센소를 넓혀 나가길 바란다. 역사에서 교훈을 얻는 자는 세상의 지배자로 등극한다는 것을 잊지 말자.

서양 유럽의 경제와 역사에서 고부가가치 산업 구조로의 전환, 그리고 그 형성과정에서 '칼로카가티아'라는 미적 가치관과 철학이 15세기 이후 각 시대의 예술 상품에 항상 내재되어 왔다. 즉 제품의 본질적 기능적 요소와 함께 아름다움은 항상 예술의 이름으로 역사 속에서 인정받고 살아남았다. 그리고 그들 고유의 예술성은 지금까지 명품시장의 근간을 이루고 있다.

헤겔(G.W.F Hegel)은 "인간이 역사에서 얻은 유일한 교훈은 인간은 한 번도 역사에서 교훈을 얻은 적이 없다."라고 했다. 헤겔의 말은 인간의 보편적 속성을 잘 말해준다. 15세기에서 20세기 이전까지 예술의 역사는 현대예술의 모호성이 아닌 구체적으로 인간이 무엇을 좋아하는지에 관한 이야기를 하고 있다.

상품은 가격보다 그 가치를 인정받아야 명품이 되며, 이런 가치 인정 측면에서 우리가 늘 외면했던 중요한 요소는 예술이었다. 하지만 우리는 예술이라는 개념을 생각할 때 현대를 살아가는 시간적, 공간적 제약으로 인해 현대예술의 개념만을 예술의 개념으로 인식하는 우를 종종 범하고 있다. 이런 결과로 현대예술이 갖는 모호한 개념적 사고에서 비롯된 다양성과 상대적 개념으로 인해 예술은 늘 비정형적, 비정량적 개념으로만 인식되고 도외시되었다.

예술은 인간이 그것을 좋아했고 선택했고 앞으로도 선택받을 것이다. 인간은 늘 좋아하는 것을 선택하고 그 결정은 이성적 측면과 함께 감성적 요소가 더욱 발현된다. 이러한 사실을 깨닫고 이성적으로만 상품을 기획하고 개발하고 출원하는 것을 뛰어 넘어야 명품이 만들어지고 받아들여지는 시장과 환경을 갖게 된다.

예술적 감성이 무엇보다도 필요하다. 하지만 한국의 상품시장에서 예술은 논의의 대상에 들어가질 못하고 있다. 우리는 상품성과 예술성은 늘 별개의 요소로만 인식되기 쉬운 문화를 가지고 있었다. 하지만 서유럽 산업 문화의 근간은 늘 예술을 광의적 개념으로 포괄하고 있으며, 우리와는 다르게 예술과 문화에 관한 인식과 개개인의 예술 향유가 일상화, 보편화되어 있다는 점을 새롭게 인식할 필요가 있다. 빠르게 우리를 추격해오는 중국과 아시아의 여러 나라의 노동집약적 산업구조로 인해 이제 가격경쟁력으로만은 그들의 추격을 따돌리기가 점점 어려워지고 있는 실정이다. 따라서 우리에게는 새로운 돌파구가 필요하다. 그것이 바로 예술을 통한 명품화 전략이다. 이제는 정말 우리도 예술이 밥 먹여준다는 배부른 소리에 귀를 기울여야 한다.

이이처럼 아트코어를 아는 자만이 새롭게 다가올 미래 환경에서 살아남을 수 있는 통찰력을 갖는다는 것을 인식해야 할 시점이다. 더는 단가 대비 성능이나 납품가 후려치기로 떠오르는 중국의 대국굴기(大國崛起)에 대항하기에는 부족하기 짝이 없다.

아트코어에서 아트가 갖는 예술성만을 생각해 기존의 편협한 가치관 안에서 예술과 실상은 거리가 멀다 생각하는 것은 매우 시대착오적 생각이란 것을 다시 한 번 강조해 드리고 싶다.

아트코어로 보는
우리의 현재

아트코어로 우리 사회를 진단해 보면, 정치는 정치권력의 화려한 전성기였던 바로크적 정치체제를 선호하고 있다. 모든 정치권력은 본능적으로 절대 권력을 손에 넣고 싶어 하는 게 자연스러운 인간의 본능이다. 안타깝게도 현재의 우리 정치 수준은 절대 권력이 가져다주는 권력의 향락에 취하고 싶어 하는 모양새다. 경제 현실은 어떤가? 19세기 영국의 산업자본가들이 취한 양적 공리주의를 앞세우며 영국 경제가 양적으로 성장하면 성장할수록 개개인의 삶 역시 성장할 것이라는 이미 실패한 프로파간다를 재탕하며 국민을 계몽하려는 것처럼 오인할 수 있다.

하지만 21세기 새로운 소비자들의 취향은 벤담의 말을 충실히 이행이라도 하듯 고통과 쾌락 중에서 쾌락을 선택하며 힐링의 시대를 넘어 작은 사치를 지향하는 소비 형태로 나아가고 있다. 저금리 저성장의 시대임에도 불구하고 기존의 국가 주도형 개발경제 체재가 지향한 고금리 고성장이 주는 고위험의 대가를 아무도 용감히 치르려하지 않고 있다.

한 번뿐인 자신의 삶을 조금이라도 윤택하게 가꾸어 나가기 위해 결혼이라는 전통적 굴레에서도 이미 벗어나기 시작했으며, 작은 사치 즉 개인적 쾌락을 작게나마 충실히 이행하려는 행태를 보인다. 이런 행태는 집은 없어도 차는 좋은 것을 사고 밥은 못 먹어도 비싼 브랜드 커피를 선호하는 것으로 나타난다. 아무리 힘든 경제적 여건이라도 돈을 쪼개고 쪼개 해외여행을 하고, 그것을 통해 자신의 블로그를 화려하게 장식할 득템을 꿈꾼다. 해외 직구라는 새로운 소비 형태로 국내의 소비 패턴에서 벗어나 해외로부터 싸고 질 좋은 소량의 질적 쾌락을 이식받고 싶어 한다.

이를 아트코어로 진단해보면, 로코코의 쾌락성과 낭만주의의 아이덴티티인 개인의 소중함 속에서 힐링 받고 싶어 하는 본능적 선택으로 볼 수 있다. 개인은 로코코와 낭만주의를 아우르는 형태로 작은 사치를 꿈꾸며 자신의 소중함을 위해 행동하는 소비자의 형태를 보이지만 정치와 경제는 바로크가 갖는 위엄과 권위를 법질서라는 개념으로 탈바꿈하고 있다. CEO의 독단은 신으로부터 위임이라도 받은 것처럼 여전히 유효하며, 사원은 이런 CEO의 충실한 신하로서 값싼 임금으로 봉사해야 한다는 구시대적 발상에 묻혀있다. 이런 상황 속에서 글로벌한 시장 경제에서 한 치도 앞으로 못 나가고 정체되고만 있는 것이 우리의 현실이다.

그 정체의 속도는 더욱 빠르게 가속화되어 가는 분위기다. 이런 분위기 속에서 인간의 믿을 수 없는 판단력에 근거해 아트코어를 활용하는 문화예술이 경영과 함께해 기업문화의 기반을 이루어야 하며, 이를 통한 고부가가치형 산업 구조로의 전환이 매우 시급한 실정임을 더 늦기 전에 우리 사회 구성원 모두가 깨달았으면 한다.

로코코의 마지막은 프랑스 시민혁명을 낳았다. 21세기에 OECD 회원국에서 시민혁명이 쉽게 일어나기란 현실적으로 역부족이다. 하지만 정치가 절대 권력을 가지고 비판과 견제 세력을 잃으면 로코코가 찾아오며, 곧이어 로코코가 가져올 모럴헤저드는 경제를 하루아침에 붕괴시킬 수 있다는 점을 간과해서는 안 된다.

끝없이 성장할 줄 알았던 대영제국과 영국 경제의 양적 공리주의에 입각한 경제철학은 이제 그 소임을 다하고 쇠퇴의 길로 접어들어 이제 중국에 자신들의 빛나던 위상을 넘겨주고 말았다는 사실을 기억하기 바란다. 세상 모든 일은 인간의 본능에 의해 전개되고 인간 사회의 치열한 게임에서 승리한 인간들은 인간의 본능을 꿰뚫어 다수의 인간에게 선택받은 자다. 승리한 그들은 자신들의 본능을 이성적으로 포장하고 합리화해 정의라 말하며 새로운 자신들의 패러다임에서 세계가 움직여주기를 늘 학수고대한다는 점 또한 잊지 말아야 할 것이다.

제2의 성장 동력을 발견하지 못한 채 끝없이 망망대해에서 표류 중인 대한민국 경제호에게 아트코어에 대한 고찰이 작게라도 산재하고 있는 암초를 피해 새로운 항구를 발견하는 등댓불이 되길 열망해 본다. 21세기 새로운 권력은 아름다움(BEAUTY)이라는 점을 상기해 인간이 'WHAT'을 선택했는지를 아트코어를 통해 확인해보길 바란다.

Part 4

일등 기업들의
아트코어

01 아트코어어와 기업 경영

서양 예술사조의 전개는 인간의 감각적 변화의 흐름을 잘 보여준다. 또한 각 시대별 변화의 키포인트(Key Point)는 인간 본연의 본능이 선택한 아름다움에 관한 역사라고 할 수 있다. 이를 정리하면 다음과 같다.

1) 르네상스 예술 : 혁신[Innovation] (지속 가능한 성장)

   1-2) 매너리즘 : 혼란과 격동

2) 바로크 예술 : 최상[Luxury] 귀족적 욕구(권위적이고 장대하며 화려하고 고급스러운 아름다움)

3) 고전주의 예술 : 최적[System] 시스템 확립(구조적이고 완벽한 형식미의 아름다움)

4) 낭만주의 예술 : 가치[Worth] 억압된 욕구를 분출하여 직관적이
고 감성적이고 상상력이 동원된 것들을 추구(중세와 바로크시대의 영감
을 바탕으로)

5) 인상주의 예술 : 각인[Imprinted] 즉각적이고 직관적인 순간을 묘
사(소비자의 본능적 소비형태 창출)

▌아트코어와
▌기업 가치철학의 접목

르네상스는 고대 그리스로의 회귀, 즉 외부가 아닌 내부에서 강점을
발견하는 일에서 시작되었다. 이것은 혁신의 어원 중 '연장하다'라는 개
념과 일치한다. 이러한 르네상스의 특징은 기업이 창업 아이템 및 상품
을 발굴하고 제품 개발의 여건을 조성할 때 필요한 요소다. 성공적인 상
품 개발을 위해서는 인간 중심의 사회를 모색하며 인간의 성질을 이해
하는 것이 중요하며, 이를 기업이나 상품의 잠재력 능력을 찾는 데 적용
해야 한다. 특히 르네상스적 요소는 상품을 개발할 때 기술과 디자인 혁
신 분야에 적용하여 기업의 지속 가능한 성장을 끌어낼 수 있다.

바로크의 귀족적 욕구, 즉 권위적이고 고급스러운 아름다움의 전개
방식은 인공미, 곡선미, 왜곡되고 풍부한 감성표현으로 상징된다. 이
러한 요소는 기업이나 상품의 외연을 확대할 때 필요하다. 왕의 권위와
화려한 궁정예술의 장엄함을 위해 많은 물자가 투입되었던 것처럼 기

기업과 상품 그리고 아트코어의 공통점

예술적 속성	아트코어의 특징 및 명품 속성과의 관계
르네상스	상품 아이템 및 상품 발굴 및 제품개발 여건 조성 • 인간중심의 사회를 모색하며 인간의 성질을 이해하는 것이 중요. • 기업이나 상품의 잠재적 능력을 찾고 적용 • 르네상스는 고대 그리스로의 회귀. 즉, 외부가 아닌 내부에서 강점을 발견하는 일에서 시작. 이것이 혁신의 어원 중 '연장하다'라는 개념과 일치. • 상품 개발 시 르네상스적 요소로 기술과 디자인 혁신 분야에서 적용.
바로크	귀족적 욕구 (권위적이고 고급스러운 아름다움)의 전개방식. • 인공미, 곡선미, 왜곡되고 풍부한 감성표현 • 기업이나 상품의 외연 확대 • 왕의 권위와 화려한 궁정예술의 장엄함을 양적 물적 투자로 구축하는 움직임
고전주의	고전주의의 가치관인 시스템 미학을 통해 최고의 성능과 효율, 품질 • 고전주의적 시스템 확립 (구조적 아름다움) • 기업이나 상품의 형식미 완성 = 단순한 구조의 실현 및 기업의 효율화 (구조 조정)
낭만주의	소량 생산을 추구 (소비자를 소중히 생각한다.) • 억압된 욕구분출, 직관적, 감성적, 상상력이 동원된 것을 추구 • 특히, 사내 문화에서 사원을 중요시하는 낭만적인 요소가 주요. • 기업이나 상품 가치의 고유화 (감성 소비자 양성)
인상주의	직관적 표현이 가득한 로고와 함께 한번 보면 잊지 못하게 강한 인상을 남긴다. • 즉각적 직관적인 순간을 묘사 • 사상적으로 경험론과 밀접한 관계 • 기업이나 상품이 갖는 위상의 초월적 지위 확립

업 역시 양적, 물적 투자로 확실한 입지를 구축해야 한다.

또한 기업은 고전주의의 가치관인 시스템 미학을 통해 최고의 성능과 효율, 품질을 획득할 수 있다. 고전주의적 시스템 확립은 구조적 아름다움을 위한 것이다. 기업이나 상품의 형식미를 완성하기 위해서는 단순한 구조의 실현과 기업의 효율화가 필요하며, 이는 필연적으로 기업의 구조 조정이라는 필요악을 불러오기도 한다.

억압된 욕구분출, 직관적, 감성적, 상상력이 동원된 것을 추구하는 낭만주의의 특징은 소비자를 소중히 생각하는 생산 방식과 마케팅에서 찾아볼 수 있다. 특히 소량 생산을 통해 그 상품을 구입한 소비자들이 자신을 특별한 사람으로 여기도록 하는 것이 주요 전략이다. 사내 문화에서 사원을 중요시하는 낭만적인 요소 역시 필요하다. 기업이나 상품 가치의 고유화를 통해 감성 소비자를 양성할 수 있다.

직관적 표현이 가득한 로고와 함께 한번 보면 잊지 못하게 강한 인상을 남기는 것은 즉각적이고 직관적인 순간을 묘사를 특징으로 하는 인상주의가 우리에게 준 가르침이다. 사상적으로 경험론과 밀접한 관계가 있는 인상주의는 기업이나 상품이 갖는 위상의 초월적 지위 확립에 적용된다. 소비자의 본능적인 소비형태를 창출해 '애플빠'와 같은 소비자 집단을 양산하기도 한다.

명품의 예술적 속성

명품 산업의 본거지 유럽에서 명품의 예술적 속성을 발견할 수 있다. 명품을 포함한 일류 기업들의 분포지역은 이상하게도 대부분 서구 유럽 지역을 근간으로 한다. 서구 유럽 지역의 공통적 사회 전통은 그들 고유의 전통적 예술문화가 인류사에서 보편적으로 훌륭하다는 견해로 인정받고 있는 점, 즉 명품이라 평가받고 있다는 점을 상기할 필요가 있다.

세계적인 명품 상품이나 초일류기업은 명품을 기획하고 만들어내는 구성원들이 우리와는 다르게 DNA 속에 자신들만의 고유한 문화 예술에 관한 기호와 시간이 빚어낸 정통 문화에 관한 감각과 자부심 그리고 아름다움을 중시하는 전통이 있다는 것을 우리는 묵과하고 있다. 그들에게 전통문화와 예술에 관한 가치관은 강요된 학습의 성과라기보다는 일상을 살아가면서 느끼는 자연스러운 발로로 자연 습득된 것이다.

통상 우리가 해외 명품을 대할 때 고급스러운 디자인으로 경외감 있게 대하지만, 일상이 아름다운 최고의 예술품들로 장식된 곳에서

2014 세계 명품 브랜드 파워 톱 10

순위	브랜드 명	브랜드 가치 (단위 : 달러)	지난해 대비 증감률
1	루이비통	258억 7300만	145%
2	에르메스	218억 4400만	14%
3	구찌	161억 3100만	27%
4	프라다	99억 8500만	6%
5	롤렉스	90억 8300만	14%
6	까르띠에	89억 4100만	40%
7	샤넬	78억 1000만	10%
8	버버리	59억 4000만	42%
9	코치	31억 2900만	−4%
10	펜디	30억 2300만	−17%

사는 서구 유럽인에게는 자연스러운 디자인일 수 있다는 점을 인식해야 한다.

예술과 문화가 성숙한 곳에서 만들어지는 제품은 그 역할과 기능이 우리 삶에서 미비한 제품일지라도 예술의 기운으로 만들어진다는 것을 다시 한 번 생각해 봐야 한다. 이런 인식의 재고는 이제 한국 사회와 경제 분야에서 서서히 그 가치가 드러나고 있다.

앞 페이지 표는 세계적 명품 브랜드를 소개하고 있다. 우리나라의 제품은 여기에서 찾아볼 수 없다. 프랑스와 이탈리아의 패션업계 역시 한때 일본 섬유메이커에 쫓겨 굉장히 고생했다. 많은 회사가 문을 닫았지만, 살아남은 회사는 명품 제품으로서 지금은 일본 제품보다 2배, 5배 비싼 브랜드 제품을 시장에 내놓고 있다. 스위스 시계산업도 마찬가지다. 1980년대 일본 세이코, 시티즌 등에 역전당해 큰 타격을 입었지만, 지금은 일본 시계의 10배 가격에도 팔리는 시계를 만든다. 높은 가격으로도 경쟁에서 이길 수 있다는 것은 소비자가 그 가치를 인정한다는 의미다. 가격으로만 승부해 오던 한국 기업에는 명품 시장 개척과 전환은 완전히 새로운 경험이다.

한국은 앞으로 중국 동남아에서 만드는 제품의 5배, 10배 이상 가격에도 팔릴 만한 제품을 만들어 내지 못하면 살아남을 곳이 없다. 한국 기업의 도전과제다. 그러나 재벌그룹 회사들은 도전을 잘 하지 않는다. 무에서 유를 창조해 세계에 판 경험이 거의 없기 때문이다. 새로운 경험의 시작은 고부가가치 산업으로의 전환이며, 이에 한국 상품의 명품화를 위한 새로운 사고와 전략이 필요한 대 전환 시기가 도래한 것이다.

명품과 아트코어의 공통점은 많은 사람의 선택을 받는다는 점이다. 그런 의미에서 세계적인 일등 명품 기업의 경영에는 어떤 아트코어적 특성이 살아있는지 살펴보도록 하겠다.

02 시대의 요구를 반영한 패션, 루이비통

2015년 밀워드 브라운은 '글로벌 브랜드 100' 리스트를 발표했다. 구글, 애플 등의 여러 유명 기업들이 명단에 이름을 올린 가운데, 럭셔리 패션 분야에서 1등을 차지한 기업 바로 가방 등의 패션용품 제작으로 유명한 루이비통이다.

루이비통은 1854년에 파리에서 창립되었으며, 럭셔리 트렁크와 가죽제품들, 기성복, 신발, 시계, 보석, 액세서리, 선글라스 등 최고급 상품을 판매하고 있다. 루이비통은 한국에서도 명품으로 유명한 기업이며, 명품이면서도 가격이 비싸므로 상류층의 소유물로 알려져 있다. 하지만 가격이 비싼 만큼 품질도 최상급이기 때문에 루이비통의 브랜드 가치는 소비자들의 높은 신뢰를 바탕으로 하고 있다.

루이비통사의 창업자 루이 비통은 1821년에 태어났고, 13세에 집을 떠나 여행을 시작했다. 1837년에 파리에 도착한 루이 비통은 점차 장인으로서 명성을 얻게 되었고, 1854년에는 그의 공방을 차리게 되었다. 그는 공방의 외부 표식에 "가장 깨지기 쉬운 것을 안전하게 담습니다. 가방의 패션에 특화하면서."

루이 비통(Louis Vuitton, 1821~1892)

라고 적어 놓았다. 이러한 루이 비통의 가방에 대한 정의는 다음과 같이 해석할 수 있다.

"무릇 가방은 잘 담을 수 있어야 하고(아가토스), 예뻐야 한다(칼로스)."

이런 생각이 있었기에 루이 비통은 남들이 생각하지 못한 가방의 모양을 디자인하게 되고, 여기에 루이비통 특유의 장식을 넣게 된 것이다. 한편, 아가토스는 좌뇌로, 칼로스는 우뇌로 이루는 것이다. 그런데 루이 비통은 이 두 가지를 모두 갖추고 있었다. 그렇다면 그는 어떻게 두 가지를 모두 갖추고 파리에서 가장 성공한 장인 중 하나가 될 수 있었을까? 그것은 간단하다. 어릴 적에 여행을 떠나면서 프랑스의 미와 장인들의 정신 등 온갖 것들을 체득했기 때문이다. 오랜 시간을 여행하면서 체득한 '센소'가 그에게 귀중한 자산이 되었다.

안전성과
패션의 결합

루이 비통은 당시 사람들에게 필요하고 유용한 가방은 과연 무엇인지 연구했다. 루이비통이 처음 설립된 1854년 당시는 귀부인들이 긴 드레스를 선호하던 시절이었다. 더구나 증기 기관차와 증기선에 의해 여행 인구가 증가하던 때였다. 귀부인들이 드레스를 가방에 넣고 여행을 하려면 일단 가방의 용량도 적당해야 했고, 들고 다니기 편리하며 비가 올 경우 방수 기능도 겸해야 했다. 더구나 장기간의 여행을 위해서는 가방 위에 가방을 쌓아둘 필요가 있었는데, 기존의 가방으로는 쌓아두기가 쉽지 않았다. 이에 루이 비통은 트렁크 형태의 가방인 'Grey Trianon Canvas'를 개발했다.

이 가방의 등장으로 장거리 여행을 가는 동안 드레스를 구김 없이 운반할 수 있게 되었다. 이것은 사실상 가방의 혁신이었다. 그러다 보니 프랑스 황후를 비롯해 저명한 고객들이 루이 비통의 가방을 이용하기 시작했다. 하지만 또 다른 문제가 있었다. 여행용 트렁크는 귀중품이 들어 있다 보니 강도들의 표적이 되었다. 이에 따라 루이 비통은 또다시 소비자를 위해 혁신을 단행했다. 텀블러 자물쇠를 가방에 장착한 것이다.

루이 비통의 아들인 조르주 비통은 가방의 안전성을 보여주기 위해 미국의 유명 마술사 해리 후디니에게 가방에서 탈출해 볼 것을 제안하기도 했다. 하지만 후디니가 이를 받아들이지 않으면서 루이비통의 가

방에 대한 자신감은 소비자들의 신뢰로
이어졌다.

텀블러 자물쇠를 장식한 가방

　초창기 루이비통의 디자인은 단순한
디자인이 많았다. 하지만 단순한 디자인
은 표절범들의 표적이 되기 마련이었고,
루이비통 가방의 모조품들이 양산되는
결과를 낳았다. 이에 따라 조르주 비통은
1896년에 LV와 꽃, 별이 계속적으로 반복되게 하는 패턴이 선보였다.
이는 모조품 업자들이 모조품에 하나하나 꽃과 별을 그려 넣기 힘들게
하기 위한 조치인 동시에 루이비통 디자인에 화려한 이미지를 덧입히는
효과를 거두었다.

▌소수를 위한
▌특별함

　저명한 인사들이 루이비통 가방을 구매하고 있었고, 이와 시너지 효
과를 일으킨 장식 디자인은 루이비통 가방이 다른 가방과는 다르다는
이미지를 주기에 충분했다. 더구나 루이비통 가방은 할인 판매를 하지
않는다. 물건이 잘 팔리지 않아 재고가 쌓이고 현금 흐름에 문제가 생기
면 일반적인 기업주는 할인 판매를 해서라도 재고를 줄이려 하기 마련
이다. 하지만 할인 판매는 제품의 수준을 떨어뜨리는 결과를 가져올 수

있다. 소비자는 제품의 가격을 통해 그 제품의 수준을 가늠한다. 소비자의 기대 수준도 대체로 제품의 가격에 비례하는 편이다. 이런 상황에서 할인 판매를 한다면 그 제품의 수준을 깎아내릴 수 있다는 것을 감수해야 할 것이다. 아틀리에의 트렁크 장인들이 심혈을 기울여 만드는 제품을 할인 판매를 한다면 루이비통의 권위에 오히려 흠집을 내는 일일 것이다. 따라서 사은품을 주거나 세트 판매를 하는 것도 일절 없다.

또한, 루이비통은 굳이 자신들의 제품을 TV 광고로 내보내지 않는다. 그런 광고는 수준이 떨어지기 때문이다. 오히려 이들은 매장을 런칭할 때 런칭 이벤트를 화려하게 하거나 시즌별 컬렉션 행사를 통해 루이비통의 아름다움과 유명 인사들이 루이비통을 쓰는 모습을 보여줌으로써 광고 효과를 누린다. 이렇듯 기업의 수준은 기업이 만드는 것이다.

백조의 호수 공연을 본 적이 있는가? 백조의 역할을 맡은 발레리나의 동작은 매우 고고하다. 그런데 잘 보면 발레리나의 발은 쉴 새 없이 움직이는 것을 볼 수 있다. 백조는 물 위에서의 모습만 보면 고고해 보인다. 하지만 물 밑에 숨겨진 발은 쉴 새 없이 움직이고 있다. 나아가려는 방향을 정하면 발을 빠르게 움직이며 그 방향으로 전진하는 것이다. 루이비통의 마케팅은 고고함이 묻어져 나온다. 하지만 이 고고한 마케팅에 걸맞은 품질을 유지하기 위해 보이지 않는 곳에서 움직이는 장인들의 땀과 노력이 있다.

루이비통의 제품은 다른 회사의 제품처럼 아무 공장에서 마구잡이로 찍어내는 제품이 아니라 드라마 〈시크릿 가든〉에 나온 대사대로 '장인이 한 땀 한 땀' 수작업한 작업물이 담겨 있다. 그렇다고 기계를 전혀 쓰지 않는 것은 아니다. 레이저 재단기나 재봉틀도 사용한다. 하지만 재봉틀의 스위치를 정확히 밟았다 떼었다 하면서 2mm 간격의 바늘땀을 유지하는 것은 사람의 기술이 필요한 부분이다. 심지어 특수 가죽 재봉은 4,000명의 직원 중에 단 4명만이 할 수가 있다. 초고가의 제품을 단 한 번의 실수로 망치는 것을 막기 위해서다. 이렇듯 최고급의 제품만을 만들려고 하다 보니, '스피디' 가방을 만드는 데에도 열 사람이 종일 매달려야 가방 하나가 나온다. 공장의 기계보다 더 정확한 업무를 심혈을 기울여서 하는 것이다.

핸드백 안에 물건을 넣은 채 나흘 동안 낙하 실험을 하는가 하면, 무차별적으로 자외선에 노출해서 변색이 있는지도 보고, 지퍼를 5,000번 여닫는 테스트까지 하는 것이 루이비통의 장인정신이다. 현재 루이비통 사에는 루이 비통의 5대손인 패트릭 루이 비통이 근무하고 있다. 그도 제조 부문의 책임자가 되기 전에는 공방에서 루이비통의 모든 제품을 만들 수 있을 때까지 수련했다고 한다.

우리나라에서는 최근 한창 '허니버터칩'이라는 과자 열풍이 분 적이 있다. 그런데 이 열풍이 일어난 원인 중의 하나는 공급 문제에서 비롯된 것이었다. 수요는 많은데, 공급할 수 있는 공장이 부족하여 품귀 현상이 일어났다. 이 품귀 현상이 심했을 때는 인터넷 물건 판매 사이트에 칩 하나하나를 조그맣게 비닐 포장해서 개당 500원에 파는 사람까지 있었다. 루이비통 역시 공급량을 조절한다. 어떠한 물건이 많이 팔려서 원하는 사람이 많아지면 그 물건의 판매를 종료한다. 또한, 적게 만든 한정판을 아예 짧은 한정 기간 판매하기도 한다. 이 가방을 가진 사람은 남들이 가지지 못한 것을 가졌다는 특별함을 느끼게 되는 것이다.

심지어 루이비통에는 'Mon Monogram'이라는 특별 주문 생산 서비스까지 있을 정도이다. 유명인사에게는 루이비통이 직접 특별 주문 생산을 해주겠다고 다가가기도 하는데, 대표적인 사례가 피겨 스케이트 선수인 김연아의 루이비통 스케이트 가방이다. 김연아 같은 프로 선수는 스케이트를 함부로 들고 다닐 수 없다. 혹여나 스케이트에 손상이 가해지면 대회에 차질이 빚어질 수도 있기 때문이다. 루이비통은 그런 김연아에게 역으로 그녀의 스케이트 트렁크 디자인과 제작을 제안했다. 품질에 자신감이 있었기 때문에 제품을 사용하는 사람에게도 적극적으로 다가갈 수 있었다. 김연아와 협업하여 아니에르 공방에서 제작된 트렁크는 2013년 자선 경매에서 3,400만 원을 기록하기도 했다. 루이비통은 '갖기 힘든 특별한 것을 가진 특별한 사람'이라는 낭만적인 인식을 소비자에게 제공해 주었다.

루이비통의 존재를 각인시키다

처음의 루이비통 로고는 보이지도 않는 작은 상표를 가방에 붙인 것에 불과했다. 가방에 조그맣게 붙은 상표가 루이비통 것인지 다른 회사가 그냥 꿰매 놓은 것인지 알기 어려웠다. 하지만 현재의 로고를 채택하면서 루이비통은 타사와 차별되는 기업이 되며 루이비통이라는 기업이 확실하게 존재한다는 인상을 심어주었다.

루이비통은 영국 그라피티 아티스트 Eine와 협업하여 빛을 이용한 디자인을 내놓기도 했다. 햇빛을 프리즘에 비치면 그 빛은 무지개처럼 여러 색의 빛으로 나뉜다. 마찬가지로 Eine은 루이비통의 제품을 여러 빛깔로 나누어

강한 인상을 남기는 화보

표현하여 이런 제품도 루이비통에 존재할 수 있음을 보여주었다. 또한 루이비통은 순간순간의 강한 인상을 남기는 화보를 많이 촬영한다. 이러한 것은 소비자들의 뇌리에 루이비통 제품을 새기는 역할을 한다.

루이비통이 럭셔리 패션 브랜드 1위가 된 것은 결코 우연이 아니다. "가장 선한 것이 가장 아름다운 것이다"라는 정신이 루이비통에 담겨 있다. 품질을 우선시하면서, 결코 품질에만 매달린 것이 아니다. 사람을 먼저 생각하는 혁신, 권위적인 도도함, 기계보다도 정밀한 장인들, 한정판과 맞춤 생산, 그리고 강렬한 인상을 남기는 로고와 패션 사진, 이 모든 것이 뭉쳐서 만들어낸 것이다. 여기에 르네상스와 바로크, 고전주의, 낭만주의, 인상주의적 요소가 모두 담겨져 있음을 독자들이 인지하여 주었으면 한다.

루이비통의 아트코어

- 예술과 실용성을 함께 추구(르네상스)
- 남다른 수준의 고고한 마케팅(바로크)
- 품질 유지하기 위한 장인들의 땀과 노력(고전주의)
- 특별한 사람들을 위한 한정판 생산(낭만주의)
- 로고와 화보를 활용한 각인 효과(인상주의)

03 고객에게 감성을 전하는, 애플

1980년대에 매킨토시로 명성을 날린 기업이 있었다. 하지만 어느새 이 기업은 여러 사업 분야에 손을 대면서 소리 없이 침몰하기 시작했다. 매킨토시는 옛말이 되었고, 컴퓨터는 마이크로소프트의 윈도우즈 95, 98이 히트를 하면서 윈도우즈가 설치된 PC가 증가하고 있었다. 그러던 어느 날, 애플에서 해고당했던 전 CEO 스티브 잡스가 다시 돌아왔다. 침몰하는 애플의 주주들은 그를 다시 CEO로 선택한 것이다. 그는 아이팟, 아이폰 등 회심의 역작을 연달아 선보이며 IT 업계에 혁명을 일으켰다.

"Stay hungry, Stay foolish(계속 굶주리고 계속 미련하라)."라는 말이 있다. 이 말은 스티브 잡스가 "계속 갈망하는 것에 굶주리고, 계속 시도하는 것에 미련하라."라는 의미로 한 것이다. 그는 자신이 가고자 하는 방향에 계속 굶주리고 계속 미련하게 새로운 것을 시도했다. 그가 계속 새로운 것을 바라볼 수 있었기에 혁신적인 제품을 만들어낼 수 있었다.

"디자인은 그저 보이는 것과 느껴지는 것이 아니다. 디자인은 '그것이 어떻게 작동되는가'인 것이다." 이 말 역시 스티브 잡스가 한 말이다. 스티브 잡스는 애플 제품의 보이는 것과 느껴지는 것에 신경 썼다(칼로스). 하지만 여기에서 끝나지 않고, 그 제품의 작동까지를 디자인으로 보았기 때문에 기능까지 멋진 제품이 나왔던 것이다(아가토스). 이것은 항상 새로운 방향을 센소로 바라보고 있던 그였기 때문에 가능한 일이었다.

▌혁신의 상징 애플, ▌IT 전자기기를 접수하다

피처폰이 휴대폰의 표준으로 쓰이고 있을 시절, PDA 제조사의 엔지니어들은 PDA를 휴대폰으로 사용할 수 있는 방법을 연구하기 시작했다. 그 결과 나온 것이 PDA폰이었고, 이로 인해 피처폰, PDA, PDA폰(스마트폰) 제조사가 서로 뒤엉켜 경쟁하는 사태가 벌어졌다. 2000년대에 나온 삼성, 노키아, 블랙베리 PDA폰들은 PDA에 폰을 섞은 형태이거나 폰에 PDA 기능을 집어넣은 듯한 모양을 하고 있었다. 그러나 애플의 스티브 잡스는 이러한 PDA폰 시장에 새로운 혁명을 일으켰다.

아이폰(iPhone) 1은 위의 폰들과 동시대인 2007년에 나왔지만, 전혀 다른 모습을 하고 있었다. PDA와 폰을 합친 형태이긴 했지만 PDA보다 더욱 직관적인 인터페이스를 하고 있었다. 더구나 전면 버튼을 하나만 만들어 놓은 것 역시 PDA폰을 처음 접하는 사람들이 사용하기 쉽게 되어 있는 구조였다. 이는 기존의 피처폰에서 PDA폰을 사용하고자 고민하고 있던 사람들을 생각한 혁신이었다.

또 하나의 혁신은 아이팟(iPod)이다. mp3 플레이어를 만드는 기업이 mp3 음원 판매에까지 나선 것이다. 타사의 mp3 플레이어를 사용하는 소비자는 제품을 사고 나서 따로 mp3 음원을 찾아서 다운로드 받아야 하는 불편이 있었다. 하지만 애플은 mp3 플레이어를 판매하면서 mp3 음원을 쉽게 구할 수 있는 공간을 제공해 사용자들이 편리하게 제품을 사용할 수 있게 했다.

2008년도에는 애플 앱 스토어를 개장해 아이폰도 아이팟처럼 사용자가 콘텐츠를 받을 수 있는 공간을 직접 만들었다. 애플 앱 스토어는 아이폰 유저가 애플리케이션을 만들어 업로드하고 다운로드할 수 있게 하면서도 애플리케이션에 대한 보안 검사를 확실하게 하여 안전성과 범용성 두 가지를 동시에 잡을 수 있었다. 애플은 사용자들의 관점에서 어떻게 해야 더 편리하게 제품을 사용할 수 있을까를 항상 생각하기 때문에 계속해서 많은 사랑을 받고 있다.

본래 애플은 1985년에 스티브 잡스를 해고한 후, 사업을 늘려나갔다. 문제는 능력에 비해 사업을 너무 늘려버려서 회사가 주저앉게 되었다는 것이었다. 이때에는 매킨토시까지 사람들에게 점점 잊히던 때였다. 애플은 다시 스티브 잡스를 복귀시켰고, 스티브 잡스는 사업의 개수를 줄이고 본인이 생산하던 NeXT를 매킨토시의 이름에 합쳐 본체 모니터 일체형 데스크탑 PC인 아이맥(iMac)으로 계승시켰다. 그리고 mp3 플레이어 아이팟을 개발하여 아이리버를 공격하고, 아이폰을 개발하여 PDA폰 시장에 일대 변혁을 일으켰다. 이어 아이패드(iPad)까지 개발하여 새로 만들어지고 있던 태블릿 PC 시장까지 뒤집어 버렸다.

아이맥에서는 OS로 자체 개발한 OS X를 사용하고 있다. IBM 계열에서 OS로 Windows를 많이 사용하는 것과 대조적이다. 그리고 아이폰, 아이팟 터치, 아이패드는 OS로 자체개발한 IOS를 사용한다. IOS는 OS X와 그 기반이 같다. IOS는 애플에서 개발한 위 휴대기기들에 공통으로 탑재되어 있어서 서로 간에 파일 주고받기를 하거나 앱 호환이 편리하다. 더구나 OS X도 IOS와 기반이 같으므로 아이맥을 통해 아이폰을 원격으로 조작할 수 있을 정도다.

애플은 사실상 휴대폰, mp3 플레이어, 태블릿 PC, 데스크탑 PC까지 하나로 묶어버린 셈이다. 이렇게 큰 연합체를 만들고 다른 경쟁사들의 산발적인 기기들을 하나하나 누르기 시작했다.

▌단순한 디자인과
▌최적화가 경쟁력

아이폰의 전면 버튼은 하나이다. 경쟁사 삼성에서 만드는 갤럭시 폰의 버튼이 세 개인 것에 비하면 대조적이다. 애초에 애플은 단순화에 큰

애플은 처음 설립 당시부터 단순함을 중요하게 여겼다.

의미를 두고 있다. 애플의 사무실에는 "Simplify. Simplify. Simplify." 라는 글이 적혀 있다고 한다. 해석하자면 "단순화. 단순화. 단순화."이 다. 두 번째 단어부터는 취소 선까지 사용하여 단순화를 얼마나 중요하게 여기고 있는지를 보여준다. 사실 애플이 처음 설립 당시부터 단순함을 중요하게 여겼다. 1977년에 애플이 처음으로 만든 마케팅 소책자에는 "단순함은 궁극적인 정교함이다."라는 선언이 담겨있기도 했다.

조나단 아이브(Jonathan Ive)는 애플의 CDO(최고 디자인 책임자)이다. CEO에서 E만 디자인의 D로 바꾼 것이다. 그는 '최소주의자'로 유명하다. 꼭 필요한 것만 남기고 나머지는 과감하게 뺀다는 사고를 하고 있기 때문이다. 애플의 "Simplify"에는 조나단 아이브도 한 몫하고 있다.

또한, 아이폰은 최적화가 잘 되어 있는 편이다. 아이폰은 비슷한 시기에 나온 삼성의 갤럭시 폰보다는 하드웨어의 사양이 떨어지는 편이다. 예를 들면 2014년에 나온 아이폰 6가 2012년에 나온 갤럭시 S3에서 이미 쓰였던 1GB RAM을 아직까지 사용하고 있는 식이다. 하지만 이 부족한 사양을 뛰어난 최적화로 뛰어넘는다. 그 이유는 뛰어난 부품을 바로바로 합치고 구글의 OS인 안드로이드를 올려서 파는 다른 제품들과 달리 기존의 부품에 자신들의 OS인 IOS를 탑재하고 여러 앱이 잘 돌아가는지를 확인한다. 그 때문에 개발 기간이 길어지기는 하지만 덕분에 최적화된 제품을 공급할 수 있었다. 2012년에 나온 A사의 B제품의 경우에는 아이폰 6에 탑재된 것과 같은 용량인 1GB RAM이 쓰였다. 하지만 기본앱이 많이 설치되어 있고, 최적화도 잘 되어 있지 않은 터라 RAM 용량이 부족해지기 십상이었다. 결국은 루팅(아이폰에서의 탈옥과 같은 개념)을 해서 기본 앱을 거의 다 지웠다는 필자 지인의 증언이 있었을 정도다. 최적화가 얼마나 힘든지를 알 수 있게 해주는 대목이다. 아이폰은 최적화가 잘 되어 있었기 때문에 제품의 사양이 좋지 않은 편이어도 빠르게 작동하여 소비자의 불편을 최소화했다.

█ 고객에게
█ 감성으로 다가가기

아이폰은 사각형 모양의 핸드폰 모서리 부분을 둥글게 깎아 놓았다. 둥그스름한 곡선은 직각으로 되어 있는 제품보다 부드러운 느낌을 주기 마련이다. 애플은 소비자들에게 부드러운 감성을 전하기 위해 이 디자인을 고수하려고 노력했다.

이러한 부드러운 감성을 전하기 위해 애플은 광고에도 무던한 애를 쓴다. 애플의 광고는 제품의 사양이나 제품의 모양을 강조하는 광고가 아닌 스토리가 담긴 광고를 한다. 애플은 이러한 감성을 살려서 애플스토어를 통해 소비자들에게 직접적으로 다가가기도 한다. 애플스토어에서는 디자인에 감성을 살리고 고객들이 제품을 시험적으로 사용해보거나 제품에 대해 문의할 수 있게 해놓았다. 고객들에게 감성을 전할 수 있는 열린 창구를 만든 것이다.

여기서 끝이 아니다. 애플스토어에 사용한 지 1년이 채 되지 않아 문제가 생긴 아이폰을 들고 찾아가면 무상으로 제품을 교체(리퍼)해 준다. 타사라면 수리를 하거나 수리할 수 없을 정도일 경우에만 교환을 해주는 것과 비교하면 대조적이다. 소비자에게 머리가 아닌 감성으로 다가가기 때문에 가능한 일이다.

애플의 로고는 뉴턴의 사과에서 시작되었다. 뉴턴이 만유인력의 법칙을 깨닫게 해준 바로 그 사과다. 이 사과 로고는 점차 단순화되기 시

애플 로고 변천사

1976년
오리지널 로고

1976~1998년

1998~2010년

2010년~

작했다. 뉴턴과 나무가 사라졌지만 알록달록한 색상의 사과가 나왔다. 스티브 잡스가 애플사에 다시 들어간 후 이 사과는 새끼맣게 바뀌었고, 2010년부터는 미래형 이미지에 맞게 금속으로 만든 사과처럼 바뀌었다.

애플사의 한 입 베어 먹은 모양 탓에 여러 가지 루머와 이야기가 많았고, 이는 애플에 대한 사람들의 상상력을 자극했다. 로고가 백설 공주의 독 사과를 연상케 한다는 얘기까지 있었으니 말이다. 이는 사용자들의 애플 로고 아트로 이어졌다.

애플은 2015 밀워드 브라운 통계에서 브랜드 가치 1위에 올랐다. 스티브 잡스는 애플을 살리기 위해 특유의 센소로 아트코어를 적용했다. 인상주의는 르네상스와 바로크, 고전주의, 낭만주의 모두를 경험했을 때에 찾아온다. 스티브 잡스는 선한 동기로 혁신을 일으키고, 애플의 제품들의 연합체를 결성했으며, 디자인을 단순하게 하고, 고객들에게 감성으로 다가갔다. 그 결과로 애플의 브랜드 가치는 세계 1위로 올라서게 된 것이다. 애플은 이제 기업 브랜드 그 자체가 고객들에게 인상(Impression)으로 남았다.

애플의 창립자이자 애플의 최고 경영자인 스티브 잡스는 2011년에 작고했다. 이제 스티브 잡스는 없다. 하지만 스티브 잡스는 애플의 문화에 하나가 되어 살아가고 있다. 스티브 잡스의 센소와 칼로카가티아가 애플 기업에 이어져 있는 것이다. 비록 스티브 잡스의 후임자인 팀 쿡이 스티브 잡스보다 낮은 점수의 평가를 받고 있다고는 하나, 애플에 녹아든 5단계 아트 코어는 브랜드 가치 평가에서 구글을 이기게 만든 비결이었다.

이제 애플은 선택의 기로에 서 있다. 이 아트코어를 더욱 심화 적용하여 브랜드 가치를 더욱 드높일 것인가, 아니면 소송전에 참여하여 특허 지키기에 급급할 것인가. 앞으로의 선택이 애플을 좌우할 것이다.

애플의 아트코어

- 혁신의 상징이 된 애플(르네상스)
- 여러 IT 전자기기를 모두 접수(바로크)
- 단순한 디자인으로 최적화된 시스템(고전주의)
- 감성으로 다가가는 소비자 마케팅(낭만주의)
- 강렬한 인상을 남기는 애플 로고(인상주의)

04 빅데이터와 센소로 뭉친 기업, **구글**

2014년 밀워드 브라운 브랜드 가치 통계 세계 1위, 2015년 세계 2위, 이러한 브랜드 가치를 가진 기업이 바로 구글이다. 비록 애플에 밀려서 2015년에는 2위를 차지했지만, 구글은 아직 1위 탈환의 가능성을 놓친 것은 아니다. 구글이 다루는 정보는 매우 방대하다. 오죽하면 구글의 이름(google)이 구골(10의 100승)만큼의 정보를 모아서 체계화하자는 의미에서 유래했다는 설이 있을 정도이다. 구글에는 이러한 빅데이터와 아트코어가 있다. 이 때문에 브랜드 가치 1위 탈환의 가능성이 있는 것이다.

구글이 발표한 10가지 진실 중에는 이런 말이 있다. "정장을 입지 않아도 업무를 훌륭히 수행할 수 있습니다." 정장을 입고 정형화된 틀에

미국 캘리포니아주 실리콘밸리 내 마운틴뷰에 자리한 구글 본사

서 업무 수행하는 것을 거부하는 것이다. 이는 다음의 글에서 그 이유가 드러난다.

"독창적인 방식으로 일과 삶에 다가가며 다양한 분야의 경험을 갖춘 열정적이고 활기에 찬 직원들을 매우 소중하게 생각하고 있습니다. 사내 분위기가 여유로워 보이지만 일단 새로운 아이디어가 카페, 팀 회의 체육관에서 제시되면 빠른 속도로 교환, 테스트 되고 실행에 옮겨집니다."

구글은 독창적인 분위기를 중시한다. 하지만 그렇다고 일을 어설프게 처리하는 것도 아니다. 구글의 근로 환경을 보면 근로자들의 창의성을 키워주는 디자인을 하고 있다. 다양한 색상으로 근로자들의 긴장감을 풀어주고 센소를 높여주며, 이와 더불어 아름다움을 나타내는 것은 덤이다.

새로운 검색,
독창적인 서비스

검색 서비스에 사용되는 검색엔진은 모든 사이트를 질서없이 돌아다니며 자료를 모으지 않는다. 마구 돌아다니며 모으게 되면 검색 속도가 눈에 띄게 느려지기 때문이다. 이 때문에 검색 서비스를 하는 업체들은 색인화 작업을 하곤 한다. 색인화는 페이지들을 분류하여 검색할 때 빠르게 하도록 하는 것이다.

2001년 당시까지만 해도 각 업체는 검색을 위해 글자로 색인화를 해두었던 때이다. 한국에서는 인터넷 회선을 56kbps짜리 전화선 모뎀에서 1Mbps ADSL로 바꾸고 있었을 시기였다. 이 시기에 구글은 혁신적인 검색 서비스를 시작한다. 이미지를 색인화하기 시작한 것이다.

이미지를 분류하기 시작했다는 것은 검색의 대상을 글자 단위에서 이미지 단위까지 확장했다는 의미이기도 하다. 2001년 여름에 이미 2억 5,000만 이미지를 색인화하는 데 성공한 구글은 크기, 색상, 유형, 시간, 라이선스 별 검색 기능까지 추가하여 지금까지도 사용자 친화적인 이미지 검색으로 이름을 날리고 있다.

또한 구글은 타사의 서비스와 차별하기 위해 자사의 서비스에 맞는 웹브라우저를 새로이 개발했다. 사실 기존에도 자사에 맞는 웹브라우저 비슷한 프로그램을 개발하는 업체들이 있었다. 이러한 프로그램들은 특정 회사의 사이트를 보여주고 서비스를 제공하는 데에 맞게 되어 있어서 범용 웹브라우저로 쓰기에는 무거운 편이었다. 이로 인해 한국에서는 Windows 98에 기본 포함되어 있던 인터넷 익스플로러 (Internet Explorer, IE)가 범용 웹브라우저로 많이 쓰였다. IE가 웹브라우 저의 정상에 올라 매너리즘에 빠져 있던 2008년, 구글은 야심 차게 크 롬(Chrome)이라는 웹브라우저를 개발했다. 구글 크롬은 단순하면서도 최적화가 잘 되어 있는 웹브라우저였다. 단순하므로 프로그램이 가벼 워 당시의 IE보다 속도가 월등히 빨랐기 때문에 범용 웹브라우저로 쓰 기에 유용했다.

더구나 범용성만 뛰어난 것이 아니라 크롬은 구글의 사이트들에 최 적화되어 있다. 크롬에서는 크롬에 등록된 구글 아이디로 지메일을 빠 르게 확인할 수 있고, 유튜브의 배속재생 등의 부가기능도 사용할 수 있 다. 자사의 사이트에 맞으면서도 범용으로 쓸 수 있는 웹브라우저를 개 발한 구글의 혁신은 빠른 검색을 원하는 사용자들의 수요와 맞아떨어 지면서 크롬의 시장 점유율을 세계 2위 수준까지 끌어올렸고, 구글의 세계 시장에서의 입지를 더욱 탄탄하게 다져주었다.

조지 오웰의 소설 〈1984〉에는 전 국민의 정보를 줄줄이 꿰고 있는 권력자가 나온다. 그의 이름은 '빅 브라더'이다. 그는 정보력으로 국민을 휘어잡는다. Google은 '빅 브라더' 같은 독재 권력자는 아니지만, 정보 력 하나는 빅 브라더 부럽지 않은 규모를 가지고 있다.

구글은 오프라인의 정보를 온라인으로 갖고 온다. 책이면 책, 문서면 문서, 이것들을 온라인에서 볼 수 있는 정보로 탈바꿈시키고 통합하여 데이터베이스화시킨다. 심지어는 지구상의 갖가지 모습을 '구글 어스' 라는 이름으로 데이터베이스화시키고 있을 정도다. 구글 검색에서 기업들의 비밀스러운 정보까지 검색될 정도로 검색 능력이 뛰어난 이유는 타사가 따라올 수 없는 데이터 관리 능력을 갖추고 있기 때문이다.

수많은 데이터를 통합시키고 구조화하고 분류하고 있으므로 구글의 데이터 서버는 100만 개가 넘는다. 더구나 이렇게 모은 다루기에는 너무 큰 데이터, 즉 빅 데이터를 구글은 돈을 받고 팔기보다는 수많은 사람에게 무료로 공개하고 있다. 그러다보니 구글에서는 하루에 2,400만 기가바이트의 데이터를 처리하고 있다고 한다. 이렇게 구글의 사용자들은 자신들이 얻을 수 있는 정보를 구글을 통해 최대한 찾을 수 있게 되었고, 구글 검색을 선호하게 되다. 구글 검색은 전 세계 검색 시장 점유율의 약 70%에 달하게 되었다.

구글이 점점 커지고 있을 2003년에 미국방언협회(American Dialect Society)는 이미 구글의 영향력을 인정하여 'google'을 '검색하다'라는 뜻의 동사로 공식 인정했다. 그 외에도 google에 ing가 붙은 동명사 구글링은 검색이라는 의미로 쓰이게 되었다. 또한 구글의 영향력에 대해 소설가 더글러스 커플랜드는 〈타임〉(2006년 5월 16일) 인터뷰에서 "구글은 신인가?"라는 질문에 이렇게 답했다.

"구글 자체가 신은 아니지만, 오랫동안 구글에 접속하여 검색하고 나면 마치 구글이 신처럼 느껴진다. 갑자기 모든 것에 대한 해답을 알게 되는 것이다. 신이라면 이처럼 모든 것을 알 것이 아닌가."

구글의 검색 능력은 왕의 권위를 넘어서 누군가에게는 신적인 권위를 갖게 된 것이다.

단순함으로
모두를 만족시키다

　네이버나 다음은 검색창과 검색어 순위, 뉴스, 콘텐츠, 광고 등을 홈 페이지에서 보여주기 때문에 홈페이지에서 다루는 데이터의 양이 많다. 이는 특정 서비스에 빠르게 들어갈 수 있다는 장점이 있지만, 처음 인터 넷을 접하는 이들에게는 어디로 가야 할지 모르는 혼란을 주기도 하고, 인터넷에서 뭔가를 검색하려 한 사람들에게는 중간에 옆으로 새는 길을 마련해주기도 한다.

　이에 비해 구글의 홈페이지 디자인은 굉장히 단순한 편이다. 홈페이 지에 검색창과 몇몇 링크밖에 없다. 드넓은 화면을 얼마 사용하지 않기 때문에 네이버나 다음과는 달리 모바일 전용 홈페이지를 따로 만들 필 요도 없었다. 검색이 필요한 사용자에게 다른 것을 제공하지 않고 검색 을 주로 제공하려 하므로 그 심플함으로 인해 사용자들은 홈페이지 접 속 후 오로지 검색에만 집중할 수가 있다.

　구글의 단순한 디자인은 여기에서 끝나지 않는다. 구글에서 제공하 는 광고 서비스인 구글 애드센스에서도 그 단순함이 드러난다. 구글의 광고 서비스는 두 가지로 나누어진다. 하나는 타사의 광고처럼 이미지 를 활용하는 것이고, 다른 하나는 글자만으로 대상을 광고하는 것이다. 글자로 하는 광고는 현란하지 않지만, 꼭 필요한 정보를 담기 때문에 소비자들이 필요한 정보를 한눈에 알아보기에 좋다. 키워드와 짧은 설 명, 그리고 주소를 첨가한 광고는 단순함 속에 필요한 모든 것을 다 담고 있다.

2005년에 구글은 새로운 서비스로 전 세계를 놀라게 했다. 고해상도 위성 지도를 대중에 개방한 것이다. 보통 이 당시까지만 해도 위성 지도는 구하기 어렵거나 돈을 주고 구해야 하는 자료였다. 하지만 구글은 전 세계 위성 지도를 초고해상도 데이터를 제외하고 무료로 개방했다.

구글어스는 점차 길 찾기 서비스까지 추가했다. 로드뷰 서비스인 스트리트뷰 기능을 추가한 것이다. 이 스트리트뷰 기능을 사용하면 가보지 않은 길을 실제로 가는 것처럼 볼 수가 있다. 길을 찾을 때 쓸 수 있는 기능일 뿐만 아니라 외국에 가보고 싶은 곳을 간접 경험하고 싶을 때 쓸 수도 있다. 이를 통해 장거리 여행을 못 해본 사용자들에게 새로운 경험을 제공한다.

이제 구글 어스는 지구 탐험만 서비스로 제공하지 않는다. 우주도 볼 수 있고, 달과 화성을 탐험할 수도 있으며, 해저도 볼 수 있을 정도이다. 구글은 이를 통해 인류에게 우주와 바닷속을 향한 새로운 꿈을 제공해 준다.

구글은 위성 지도 서비스뿐만 아니라 검색 서비스에서도 새로운 능력을 보여주었다. 마치 검색하는 사람의 머릿속에 들어갔다 나온 것 같은 검색 결과를 자주 보여줄 수 있게 된 것이다. 아키네이터라는 프로그램은 프랑스의 Elokence.com에서 개발했다. 이 프로그램은 스무고개 게임과 비슷한데, 지니가 나와서 사용자에게 질문한다. 이 질문에 '예', '아니오'로 대답을 하다 보면 지니는 어느새 사용자가 머릿속에 생각하고 있던 답을 맞힌다. 이것이 가능한 이유는 유용한 질문들을 데이터베이스화하고, 사용자들의 이용 패턴을 분석해 왔기 때문이다. 구글도 이와 비슷하게 검색 서비스를 제공하고 있다. 구글은 웹 페이지를 하나하나 분석하여 데이터베이스화하고, 사용자들의 이용 패턴을 분류하는 방식을 사용하고 있다.

구글은 웹 페이지들에서 의미 있는 링크를 찾아내는 분석을 한다. 링크된 웹 페이지들이 얼마나 연관이 있는지를 알아내어 중요도를 매기는 것이다. 이뿐만 아니라 웹 페이지의 해당 데이터가 얼마나 가까이 배치되어 있는가, 해당 데이터를 표현하는 글씨체는 어떠한지까지 분석한다.

간혹 검색엔진을 조작하여 자신의 페이지가 최대한 위에 보이게 만들어서 광고 이익을 얻으려는 사람들이 있기 마련이다. 하지만 구글이 만든 중요도 분석은 속임수를 통해 자신의 페이지를 노출하려는 사람들을 피하고 사용자들이 정말로 원하는 페이지를 위에 노출시키도록 했다.

그뿐만 아니라 구글 검색 시에 오타가 발생하면 그 오타를 자동으로 해결해주는 서비스가 있다. 한글로는 알고 있는 단어를 외국어로 잘 모르고 있을 때 유용한 서비스인데, 오타가 난 외국어 검색어를 구글은 자동으로 인지하고 올바르게 인도해준다. 이는 구글을 이용하는 수많은 사용자가 이미 그 오타를 낸 적이 있고, 그 오타를 낸 사람들의 검색 패턴을 분석하여 이 사람들이 무엇을 검색하려 했는지를 파악해내는 것이다.

구글의 패턴 분석 능력은 매우 뛰어나서 이용자가 입력한 검색어를 저장하고, 구글 계정 정보로 이용자가 공개한 개인 정보를 파악하며, 접속 IP를 통해 이용자가 있는 곳을 분석해낸다. 이를 통해 이용자에게 필요한 정보를 맞춤으로 신속하게 제공해 줄 수 있다.

구글 번역의 경우는 아예 번역 결과에 대한 피드백을 실시간으로 받는다. 이렇게 받은 피드백은 다음 번역에 참고되어 번역의 정확성이 점점 높아지게 된다. 이에 따라 사용자가 원하는 번역을 정확하게 볼 수 있게 해주니, 이것이 바로 이용자를 배려하는 시스템이다.

구글의 이용자 배려는 '아라폰'에서 절정에 달한다. 기존의 스마트폰은 제작사에서 정한 사양을 소비자 마음대로 바꿀 수가 없었다. 하지만 구글은 마치 DELL사에서 컴퓨터를 조립하듯 스마트폰을 조립할 수 있게 한 것이다. 사용자는 원하는 스타일과 성능으로 스마트폰을 조립하고 가격대를 매길 수 있다. 구글은 소비자들이 원하는 것이 무엇인지를 생각하고 이에 따라 서비스를 제공한다는 것을 보여주고 있다.

구글은 이용자뿐 아니라 직원들도 배려한다. 구글의 사무실은 'GooglePlex'라고 하는데, Google과 Complex(종합단지)의 합성어다. 종합단지라는 표현을 쓸 정도로 이 사무실에는 온갖 복지 시설이 포함되어 있다. 당구장, 수영장 등의 수많은 복지시설은 직원들의 개방적 분위기와 독창성을 키워주기 위한 것이다. 사무실과 식당은 직원들이 팀 내에서 또는 팀 간에 상호작용하고 업무나 취미 활동에 대해 대화하기 편리하도록 설계되어 있다. 직원들은 CEO나 그 외 임원들에게 직접 질문도 할 수 있다.

구글은 직원이 단 50명이었던 1999년에도 이미 전속 요리사를 고용했다. 그리고 현재는 세계 각지에서 온 직원들을 위해 다양한 메뉴를 제공하고 있다. 이익을 창출하기에 급급했던 것이 아니라 직원들을 최대한 지원했기 때문에 직원들이 최고의 성과를 낼 수 있었다. 일례로 구글은 직원들에게 업무 시간의 20%는 업무를 하지 않도록 지시했지만, 오히려 이 20%의 시간 동안 온갖 혁신적인 제안들이 나왔다고 한다. 구글에는 이용자들과 직원들의 낭만이 공존하고 있는 것이다.

▌더 강렬한 인상으로 다가가는 ▌로고 서비스 두들

구글의 로고는 1999년에 확정된 이후 2015년까지 같은 로고를 하고 있다. 2015년부터 새롭고 더 깔끔한 로고를 사용하기 시작했으나 이로고 자체는 구글의 자유로운 분위기를 전달해줄 뿐 강렬한 인상을 전달하진 않는다. 강렬한 인상은 이 정형화된 로고가 아니라 오히려 재미있게 바뀌는 로고인 두들에 의해 전해진다. 두들은 무언가를 끼적대며 낙서하는 것을 뜻한다. 더구나 알파벳도 Google의 g를 d로 바꾼 Doodle이니 구글의 인상을 전하기에 유용한 이름이다.

노동절을 맞이하여 구글은 노동자들을 상징하는 도구로 로고를 새로이 변경한 두들을 구글 홈페이지에서 보이게 했다. 이밖에도 두들은 어린이날 기념 두들, 추석 기념 두들, 한글날 기념 두들 등 기념일이나 행사가 있는 날에 매번 의미를 담아서 다양한 로고를 구글의 홈페이

다양한 기념일과 행사를 기념하는 구글의 '두들'들

지에 게시한다. 더구나 이 로고는 나라마다 다르게 나타나기도 하기 때문에 Google 기념일 로고 사이트(http://www.google.com/doodles)에서 매우 다양한 로고를 감상할 수 있다.

브랜드 가치 1, 2위인 애플과 구글은 본래 서로 시장이 겹치지 않았다. 애플은 컴퓨터 관련 기기를 만들고, 구글은 웹 검색 서비스를 제공했기 때문이다. 하지만 이제 상황이 바뀌었다. 구글에서 IOS에 대응되는 Android OS를 밀고, 모토로라를 인수하여 아이폰에 직접 스마트폰 경쟁을 선언했기 때문이다.

애플에게는 컴퓨터 관련 기기 제조에 핵심 역량이 있고, 구글에게는 웹서비스에 핵심 역량이 있다. 서로 다른 이 두 역량을 경쟁시장에서 얼마나 발휘할 수 있느냐로 승패가 결정될 것이다. 이 방법에 센소와 칼로카가티아, 그리고 아트코어가 있다. 얼마나 독창적인가, 얼마나 아름다운가, 얼마나 쓰기에 좋은가를 넘어서 얼마나 선한 동기로 혁신하였고, 얼마나 규모를 크게 하며, 얼마나 단순함과 뛰어난 기술력을 가질 것인가, 얼마나 소비자들과 직원들에게 낭만을 제공할 것인가, 얼마나 사람들에게 좋고 강렬한 인상을 심어줄 것인가, 이것이 각 기업이 핵심역량을 경쟁시장에 적용하는 구체적인 지침이 될 것이다.

구글의 아트코어

- 구글만의 독창적인 검색 시스템과 웹브라우저 개발(르네상스)
- 검색 능력으로 신에 비유되는 권위 획득(바로크)
- 모든 정보를 담아내는 단순한 디자인(고전주의)
- 이용자와 직원 모두에게 만족감 선사(낭만주의)
- 인상적인 로고로 재미 전달(인상주의)

05 친환경이라는 꿈을 향해 달린다, **테슬라**

1970년대 이후, 오일쇼크는 수많은 국가의 경제 질서를 바꾸었다. 기존의 경제 환경은 오일쇼크와 함께 그 한계를 드러낸 것이다. 유가의 증가로 생산비가 증가하자 수많은 기업들이 타격을 입었고, 실업률 증가와 인플레이션이 동시에 일어나는 스태그플레이션이 일어났다. 석유의 가격 변화만으로 전 세계의 경제가 휘청대었다.

이에 페이팔의 CEO였던 엘론 머스크(Elon Musk)는 화석 연료의 그늘에서 벗어나기 위해 화석 연료보다 상대적으로 넘치는 자원인 태양광을 이용한 태양광 전지와 여기에서 얻은 전기로 달리는 전기 자동차의 시대를 열고자 했다. 전기자동차 기업인 테슬라 모터스는 2003년 엘론 머스크에 의해 설립되었다. 전기자동차 기업답게 전기공학자인 니콜라 테슬라(Nikola Tesla)의 이름을 따서 지었다. 상용화하기가 쉽지 않았기 때문에 수많은 자동차 회사들이 전기자동차 산업에 손을 대었다가 실패를 맛보는 상황이 반복되었다. 그러나 테슬라 모터스는 2010년대 중반까지 그 위용을 계속 과시했다.

남다른 창의력이 힘을 발휘하다

보통 기업가들은 자신의 주변에 있는 사람들을 경계하며 없는 권위도 내세우려 하기 마련이다. 하지만 엘론 머스크는 자신의 프로필 사진에 정장 차림의 권위 있는 모습 대신 장난스러운 모습을 담고, SNS로 다른 사람들과 소통하는 것도 즐기고 있다. 전기자동차를 설계할 수 있는 최첨단 기술력은 그의 우뇌에서 온 것이지만 전기자동차의 상용화 자체를 상상할 수 있는 창의력은 그의 좌뇌에서 왔다. 이런 창의성은 그의 장난기에서 비롯된 것이다. 도전하는 것을 두려워하지 않았기 때문에 그의 센소와 창의성이 온전히 발휘될 수 있었다.

1980년대에 나온 아동용 학습서적에는 전기자동차가 축전지 무게 때문에 효율이 낮고 상용화가 어렵다고 서술되어 있다. 실제로 전기자동차는 박람회나 골프장에서나 탈 수 있었을 정도로 상용화가 덜 되어 있었다. 자동차용 축전지는 2000년대까지 리튬폴리머 전지로 발전해왔지만, 여전히 상용화에 대해 부정적인 부분이 많은 편이었다. 하지만 이에 대해 엘론 머스크는 특이한 발상을 해냈다. 특수 전지를 만드는 대신에 일반적으로 쓰는 크기인 18650 전지를 자동차에 쓰기로 한 것이다. 물론 충전 용량에 한계가 있으므로 머스크는 전지를 6,000개 넘게 연결하여 용량 문제도 해결하고, 성능 개선도 꾀할 수 있었다. 하지만 여기에서 끝난 것이 아니다. 그동안 출력 때문에 크게 만들지 못해 골프장 자동차나 쓸 법했던 전기자동차로 SUV를 만들어 낸 것이다. 건전지를 바꾸고 차체에 튼튼하고 가벼운 소재를 쓴 덕분에 최초의 전기 SUV라는 새로운 차종을 만들어 낼 수 있었다.

전기자동차의 출력과 용량 문제를 해결한 테슬라는 이제 전기자동차 성능의 최고점이 어디인지를 보일 필요가 있었다. 전기자동차의 성능에 의심을 품고 있던 사람들이 워낙 많았기 때문이었다. 이를 위해 필요한 것은 최고 수준의 전기 스포츠카를 만드는 것이었다.

이렇게 해서 나온 것이 바로 테슬라 '로드스터'다. 제로백(시속 0km에서 100km로 가속하는 데에 걸리는 시간) 4초를 찍는 2인승 오픈 스포츠카다. 가격도 10만 달러로 일반 스포츠카들과 비슷한 편이다. 가솔린이나 디젤 차량들과 비교했을 때 손색이 없음을 보여준 것이다. 오히려 전기 자동차의 특성상 변속기가 없으므로 기름으로 가는 차량에 비해 손실되는 출력이 적었다. 이는 전기자동차의 새로운 권위를 보여주었다.

이러한 권위에 걸맞게 테슬라의 전기자동차는 성능 면에서도 절대 뒤지지 않는다. 자동차의 파워 트레인은 본래 복잡한 편이다. 클러치에 미션 등 여러 부품이 포함되어 있다. 하지만 전기자동차인 테슬라는 이렇게 복잡한 파워 트레인을 장착할 필요가 없다. 그냥 모터와 배터리, 그리고 전류 제어 프로그램만 있으면 되는 것이다. 그러므로 기름으로 가는 차에 비해서 출력 손실이 적은 편이다. 변속기가 없으므로 변속 충격도 없다. 변속 충격이 없으므로 CVT 무단변속기 차량과 같은 효과를 낼 수 있다.

일반 미션은 엔진의 출력이 변속 충격으로 인해 오르락내리락 하게 된다. 하지만 변속기가 없는 전기 자동차는 CVT 차량처럼 엔진 출력이 일정하게 유지되어 웬만한 기름으로 가는 차보다 더 효율이 높아지는 것이다. 뿐만 아니라 기존의 기름 차량들은 피스톤을 이용한 엔진이 장착되어 있다는 점에 유의할 필요도 있다. 왕복 운동을 회전 운동으로 변환하는 엔진이기 때문에 이 변환 과정에서 출력 손실이 발생한다. 이렇다 보니 독일의 반켈은 이 출력 손실을 막기 위해 반켈 로터리 엔진을 개발해 보았다. 이를 통해 왕복 운동에서 회전 운동으로 바꾸는 변환 과정은 생략할 수 있게 되었지만, 정작 출력은 좋은데 기름을 많이 먹는 현상이 일어났다. 4행정식 피스톤 엔진보다 폭발 주기가 짧았기 때문이었다. 이 때문에 2015년 현재 아직 많은 차량들은 피스톤 엔진을 사용하고 있다.

하지만 테슬라에서 개발한 차량은 전기자동차이다. 전기자동차는 그냥 전자기력에 의해 모터가 돌아가는 형식이다. 왕복 운동이 필요 없고, 기름을 폭발시킬 필요도 없다. 그냥 모터가 돌아가면 그게 그대로 자동차의 출력으로 연결되기 때문이다. 이 덕분에 웬만한 슈퍼카가 아니면 테슬라 로드스터의 가속력을 다른 차량이 따라오지 못하는 일도 생기게 되었다.

테슬라는 전기공학자인 니콜라 테슬라(Nikola Tesla)의 이름을 따서 지었다.

더구나 테슬라 차량의 내구성은 매우 좋은 편이다. 전기 자동차로서 효율을 끌어올리기 위해 가벼운 소재를 사용하면서도 가볍게 하느라 내구성이 떨어지는 것을 막기 위해 더 튼튼한 소재를 사용했기 때문이다.

지구의 환경을 위하여

테슬라 모터스의 목표 중의 하나는 화석 연료로 인한 지구 환경의 오염을 막는 것이었다. 매연에 찌든 대기, 그리고 그 대기를 도로변에서 먹으며 자라온 은행나무의 은행은 먹을 수 없는 현실을 바꾸고자 한 것이다. 이를 위해 전기 자동차를 개발한 테슬라 모터스는 보유한 특허들을 공개했다. 특허를 공개해 타사에서도 전기자동차를 개발하도록 유도

함으로써 함께 전기자동차 시장을 만들어 나가기로 한 것이다.

테슬라에서 공개한 특허 중에 대표적인 것으로 슈퍼차저를 들 수 있다. 슈퍼차저는 전기차 급속충전소를 의미한다. 즉 주유소 같은 것이라 볼 수 있는데 슈퍼차저를 만들어 내는 방법은 테슬라의 특허였다. 주유소에 특허가 있다면 수많은 주유소를 만드는 동안 그 특허사용료가 얼마나 쌓일까? 하지만 테슬라 모터스는 이 특허를 공개했다. 경쟁사들에도 특허를 공유함으로써 진정한 친환경적 사회를 이끌어 나가려 한 것이다.

또한 테슬라 모터스의 최고 경영자 엘론 머스크는 솔라 시티라는 기업을 경영하고 있다. 솔라 시티는 태양광 발전을 다루는 회사로 태양광 발전 사업을 확대하고 여기에서 나온 전기로 테슬라 자동차를 굴릴 수 있게 하는 것이다. 기존의 석탄이나 우라늄을 이용한 화력 발전이나 원자력 발전보다 친환경적이며, 화학 반응으로 물을 끓이고 그 수증기로 회전 운동을 일으켜서 전기를 내는 기존의 발전 방식보다 회전 운동이 생략된다는 점에서 뛰어나다.

이러한 테슬라의 기업 활동 배경에는 아름다운 자연을 현시대를 사는 사람들과 나누고 후대의 후손들에게 물려주려는 엘론 머스크의 꿈이 담겨 있다.

■ 테슬라만의
■ 특별한 디자인

테슬라의 모델 X는 문이 양옆에서 올라가며 열리는 구조이다. 문이
꽤 높이 올라가기 때문에 차들이 몰려 있는 주차장에서 차 문을 높이 연
다면 주차장에 있는 수많은 사람들의 이목을 끌 수 있다. 더구나 팰컨
윙 기능이 공간을 감지하여 문이 열리는 각도를 조절해 주기 때문에 시
시각각으로 달라지는 문의 각도를 감상할 수 있다.

또한, 한국 차종에서 보기 힘든 미려한 디자인은 주변 경관과 어울리
며 한 폭의 그림이 된다. 햇빛을 받으면 하얀빛에서 석양빛으로 변하며
반짝이며 주변의 경치에 녹아드는 테슬라 모터스의 디자인은 테슬라 모
터스 자동차들을 소비자들에게 순간순간의 좋은 추억으로 남게 해준다.

테슬라 모터스는 신생회사이다. 2015년 현재 아직 창립된 지 12년

테슬라의 모델 X

밖에 안 된 기업이다. 하지만 1908년부터 수많은 세월을 견디며 살아온 대기업인 GM이 테슬라 모터스를 경계하여 전담팀까지 꾸리고 있을 정도다. 판매량도 꾸준히 늘고 있는 데다가 정부의 보조금까지 받고 있어서 앞으로 성장 가능성이 충분하다.

테슬라 모터스가 이렇게 된 배경에는 그 짧은 시간 동안 5단계의 아트코어를 충분히 활용했기 때문이다. 긴 시간을 유지한 기업이라 해도 아트코어가 없으면 하급 물품을 생산하는 기업이라는 평가에 머물 뿐이고, 만들어진 지 얼마 안 된 기업이라 해도 아트코어를 활용할 수 있으면 세계적인 기업으로 우뚝 성장할 수 있다는 것을 테슬라가 보여주고 있다.

테슬라의 아트코어

- 자동차에 일반 건전지를 넣은 혁신(르네상스)
- 스포츠카 생산으로 전기자동차에 권위 부여(바로크)
- 성능에서 뒤지지 않는 시스템 개발(고전주의)
- 지구 환경을 위한 꿈의 실현(낭만주의)
- 강렬한 인상을 남기는 특별한 디자인(인상주의)

06 디자인으로 어필한다, 현대카드

현대카드는 이미 포화상태였던 우리나라 신용카드 시장에 뒤늦게 진출하여 업계의 주목을 받았다. 초기에는 기존의 업체들(삼성, 국민, BC)에 비해 회원 확보 면에서 많은 어려움을 겪을 수밖에 없었다. 그러나 현대카드는 알파벳 시리즈, 컬러 시리즈로 구성되는 일관성 있고 차별화된 마케팅 전략을 펼쳐 2002년부터 불과 4년 만에 신용판매 점유율을 5배 이상 성장시켰다. 그리고 마침내 2005년 말에는 업계 1위를 차지하는 결과를 냈다.

현대카드는 카드업계에 진출하면서 카림 라쉬드(Karim Rashid)라고 하는 이집트 출생의 유명 디자이너와 손잡고 플레이트를 디자인했다. 이후 현대카드만을 위한 서체를 디자인한다든가, 카드 패키징에 대해 큰 노력을 기울이는 등 '칼로스(kalos, 美)'를 실현하기 위해 많은 것들을 진행한다. 출범 당시 타 업계 카드 디자인 비용이 평균 20만 원을 웃돌았는데, 현대카드는 카드 디자인 비용으로만 약 1억 원을 들였다. 당시 타 업계의 카드 디자인은 이름도 없는 사내 디자인실에서 나온 것들이었음을 상기할 때 세계적인 산업디자이너인 카림 라쉬드를 영입한 것은 칼로스를 이룩하기 위한 획기적인 발상이라 할 수 있다.

현대카드는 칼로스를 실현하기 위해서만 노력한 것이 아니라 '아가토스(Agathos, 善)' 또한 실현하기 위해 많은 고민과 노력을 기울였다. 초기에 자동차 관련 카드만 있었던 현대는 360도 고객 분석 시스템인 'CLM(Customer Lifestyle Management)'을 도입하여 고객들의 삶을 정확히 파악한 후 각각에 맞는 카드 시리즈인 알파벳 시리즈를 완성했다. 다른 카드사들의 복잡하고 어려운 카드 종류와는 완벽히 차별화된 기능성을 가진 시리즈였다. 현대카드는 이에 안주하지 않고 근래에는 +와 −로만 구별이 가능한 더욱 쉬운 시리즈로 재정비했다.

이처럼 현대카드는 출시 시점에서 '칼로카가티아'를 완벽히 적용하여 외향적 아름다움과 기능적 아름다움을 탑재한 카드를 선보여 왔다. 특히 현대그룹의 최대 강점인 자동차라는 아이템을 이용해 고객의 성향에 꼭 맞춘 카드 전략으로 국내 최초로 500만 회원을 돌파하는 성과를 올렸다. 모회사 격인 자동차의 장점을 카드 혜택으로 살려낸 것이다.

자신의 장점을 살린
차별화된 마케팅 전략

르네상스는 고대 그리스 로마문화로의 회기를 외쳤던 시대였다. 고대 그리스 · 로마 문화는 인간 중심적 문화였다. 르네상스 이전 중세의 신본주의적(기존 업계의 관행과 매너리즘) 사상에서 벗어나고자 르네상스가 탄생하게 되었다. 이것을 적용해 보자면, 현대카드는 자기 자신의 장점을 발견하고, 갈고 닦아 내세우고자 했다.

2003년 한국의 신용카드 부실사태는 세계 경제를 공황에 빠뜨린 미국 금융위기의 축소판이라고 할 정도로 잔인한 사태였다. 2003년부터 2년간 한국 카드업체의 적자규모는 10조 원이 넘었고, 2001년 다이너스 카드를 인수하며 카드 사업에 뛰어든 현대카드도 이 사태를 피할 수는 없었다. 이때 현대카드는 '현대카드 M'이라는 새로운 카드를 발표했다.

이는 자가용을 이용하는 고객들을 위한 카드로 주유비 등에 대한 혜택을 제공하는 카드 종류였다. 모회사 격인 현대자동차의 잠재적 능력과 가치를 카드회사 영업 아이템으로 잘 소화해냈다. 이처럼 현대그룹 내의 최대 강점인 자동차라는 아이템을 이용해 고객의 성향에 꼭 맞춘 현대카드 전략은 주목을 끌었고, 이내 국내 최초로 500만 회원을 돌파했다.

바로크 시대의 예술은 절대 권력을 뒷받침하기 위해 최고의 '칼로카가티아'를 추구한다. 이는 기업이 절대적 아름다움을 위해, 최고의 것으로 만들기 위한 노력이며 변하지 않을 '칼로스'를 갖추려 노력하는 단계이다. 현대카드는 M 카드에 이어 여러 가지 알파벳 시리즈를 선보이고 또다시 주목받게 된다. CLM 프로그램을 통한 고객 분석은 VVIP를 대상으로 한 시리즈를 선보이도록 도와

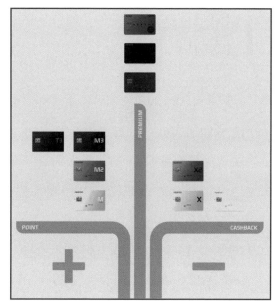

현대카드의 카드 포트폴리오

주었다. 프로그램에서 도출된 최상위층 대상의 마케팅도 객관적 데이터 분석을 통해 나온 결과물이었다. 월 1,000만 원 이상 카드를 이용하는 고객의 소비성향, 한국의 자산가와 특정 지역 부유층의 통계, 은행 프라이빗뱅킹 이용자 수 등 데이터를 분석한 끝에 한국에도 파격적으로 높은 수준의 서비스를 원하는 VVIP 계층이 존재한다는 확신을 하고 관련 마케팅을 강화했다. 이어서 상위 5%에 드는 고객을 타깃으로 '더 퍼플카드'를, 젊은 층 전문직종사자 등을 대상으로 '더 레드카드' 등을 선보이고 세분화했다. 이로써 현대카드는 VVIP 마케팅을 선도하는 카드회사로 대표될 수 있었다.

디자인으로
완성하다

    고전주의 시대에는 많은 것들이 완전한 형식미를 갖추게 된 시기다. 이를 달리 보자면, 시스템을 개발하는 것으로 볼 수 있다. 현대카드의 시스템은 아주 체계적이었다. 현대카드는 많은 것들을 개발했고 발전시켰다. 하지만 이러한 것들은 올바른 때에 올바르게 쓰여야만 제 진가를 발휘할 수 있다.

    현대카드는 'Expression 통합관리'라는 시스템을 도입하게 되었다. 이것은 다양한 개념으로 다양한 사람들이 디자인 작업을 하더라도 '현대카드다움'을 잃지 않도록 구축한 통합 시스템이다. 처음 CI와 서체를 개발한 후 오랜 시간이 흘러 개발자가 아닌 다음 세대의 작업자가 작업한다고 하더라도 처음의 기획의도와 멀어지지 않도록 지침을 설정한 것이다. 즉 개념적 접근과 시각적 접근 모두 통합관리의 대상이었던 것이다. CI부터 TV광고, 인쇄광고, SNS, 제품디자인 등 전반적으로 표현을 통제하고 시스템화했다. 이렇게 브랜드 아이덴티티 리뉴얼이 끝난 후 10년 동안 현대카드는 지속해서 통일된 이미지를 보여주고 있다.

    이런 성과에 힘입어 현대카드는 새로운 경영방침을 내세웠다. 바로 "분석 + 스피드 = 변화, 혁신"이라는 원리를 적용하게 된 것이다. 고객의 라이프스타일을 분석하는 CLM를 도입하여 이용자들의 소비패턴과 라이프스타일에 대해 자세히 분석하고 타깃을 세분화하여 고객의 로열티 확보를 위한 방법으로 활용했다. 수억 원을 들여 고객 성향과 소비패턴을 분석해 맞춤형 카드를 만드는 등 치밀한 경영전략은 차별화된 결과를 가져왔다.

그와 더불어 스피드 경영 방침으로 다른 경쟁 업체가 하지 않는 블루오션을 감각적으로 빠르게 잡아냈다. 2003년 M시리즈에 이어서 2012년까지 나온 다양한 혜택의 카드들은 알파벳을 이용하여 사용자들이 이해하기 쉽게 고안되었다.

완성도 100%를 추구하기보다는 80%라도 최대한 신속하게 전진하여 불필요한 과정을 없애고자 했다. 이것은 고객의 소비형태의 접근 방법에 따라 기존 시장에서 제품을 특화하고 지금까지 존재하지 않았던 시장을 발굴해 혁신을 추구한 전략이라고 할 수 있다. 이러한 분석과 빠른 스피드의 정신으로 다른 카드사들보다 더 빨리 고객의 입맛에 맞춘 맞춤형 서비스를 제공하는 현대카드로 성장하게 되었다.

▌낭만적인 기업문화를
▌만들다

낭만주의는 말 그대로 낭만적이고 초현실적인 것을 그리는 시대이다. 일상을 소중히 하는 생각 또한 낭만주의 시대의 특징이라고 할 수 있다. 이것은 현대카드의 기업문화에서 잘 드러난다. 차별화된 현대카드의 혁신적 인사 시스템의 정착은 다른 기업에서는 찾아보기 힘든 이색적 경쟁력이다. 시장원리에 입각한 인사 시스템을 도입해서 다른 기업에는 그저 '낭만'적으로 보이는 일들을 실제로 진행하고 있다.

첫째로 오픈 커리어마켓 프로그램을 통해 다른 부서로 옮기고 싶은 직원이 자신을 등록해 마케팅을 펼치도록 하고 있다. 둘째로는 잡 포스팅 존(job posting zone)을 마련하여 각 부서에서 원하는 인재를 공모한다. 이러한 인사 시스템은 사원 자신이 자신을 마케팅 할 수 있는 능력을 배양하여 전투에서 승리할 수 있는 인재를 확보하고 사원들의 자유도를 높이는 효과를 얻고 있다.

다른 혁신적이며 낭만적인 기업문화로는 주간회의를 없애고 업무보고는 한 달에 한 번 메일로 보내는 것, 사원이 올린 결재는 비근무시간까지 포함하여 평균 10시간 이내에 결재가 이루어지도록 하는 것, 사장은 1, 2개월에 한 번씩 직원들에게 드리는 보고서를 전 임직원에게 발송하는 것 등등이 있다.

회사의 시설 또한 현대카드의 아이덴티티를 명확히 드러낸다. 회의실부터 로비, 우편함까지 근무하는 직원들의 공간조차도 디테일하고 낭만적으로 디자인되어 있다. 임원의 방은 유리로 되어있어 직원들은 임원이 어떻게 일하고 있는지 알 수 있으며, 임원의 책상은 벽을 향하고 있어 책상에 앉아 일하다가 의자만 돌리면 회의할 수 있도록 배치되어 있다. 승진하더라도 크기와 구조가 같은 임원실을 사용하며, 임원이 나가게 될 경우에는 바로 회의실로 사용하게 된다. 현대카드의 임원실은 권위는 가고 투명함만 남긴 사례를 보여주고 있다.

또한, 복장은 비즈니스 정장을 착용하되 넥타이는 착용하지 않아도 되는 새로운 형태의 사무 복장을 제시하고, 사장이 연단에 서도 박수를 치지 않는 문화를 정착시켰다. 미팅할 때에도 상석이 따로 없으며 회의 참석자들은 자신이 편한 자세로 회의에 임할 수 있다.

현대카드 사옥의 지하통로에는 사원들을 위한 서비스존이 마련되어 있다. 이곳에는 회사원이라면 일주일에 한 번 이상은 꼭 들르게 되는 것들을 모아놓아 사원들의 편리성을 높였다. 이처럼 현대카드 회사 내부 문화의 낭만적인 환상과 공상의 세계는 사원이 자신의 자아를 소중히 생각해주는 기업문화를 좋아할 수밖에 없게 만든다. 이는 곧바로 창의적 아이디어와 아이템 발굴에 매진할 수 있는 환경과 욕구를 만들어주는 것이다. 이런 점에서 낭만주의 예술의 요소는 무척 중요한 것이다.

현대카드는 항상 인상적인 디자인에도 사활을 걸고 총력을 기울였다. 현대카드의 디자인 마케팅은 매우 유명하다. 그 첫 시작은 브랜드 아이덴티티를 리뉴얼한 것이었다. 2003년 현대카드는 기업의 브랜드 이미지 통합을 위해 CI를 비롯한 브랜드 아이덴티티 구성요소들을 재정비했다. 이는 단순히 심볼을 변경하는 수준이 아니라 고객에게 브랜드를 효과적이고 인상적으로 인식시켜 시너지 효과를 누리기 위한 것이었다.

인상주의적 속성을 볼 수 있는 현대카드의 CI 로고타입은 볼드한 라인이 실제 카드의 굴곡을 떠오르게 하는 디자인이다. CI 리뉴얼 전략을 통한 효과는 첫째, 기업이 가지고 있는 이미지를 시각적으로 단일화하여 해당 회사만의 독자성을 정확히 전달할 수 있다는 것이다. 또 외부적으로는 특화된 이미지를 잠재고객들에게 정립시킬 수 있고, 내부적으로는 새로운 기업문화를 창조해내 직원의 단결과 애사심을 고취하는 점도 들 수 있다.

Hyundai Card

현대카드 CI

가장 유명한 디자인 작업은 서체 개발을 꼽을 수 있다. 심볼보다 대중에게 많이 노출되는 것은 바로 서체다. 현대카드의 서체는 카드를 형상화한 디자인으로 CI의 그래픽 모티브와 연동된다. 카드라는 상품 자체에도 쓰이고, 그것을 설명해주는 팸플릿에도 사용되고, TV 광고, 인쇄 광고 등 우리가 읽을 수 있는 현대카드의 모든 것에 쓰이는 서체를 디자인한 것은 무엇보다 쉽고 인상적인 아름다움을 브랜드 아이덴티티로 전달할 수 있었기 때문이다.

이처럼 출범 당시부터나 지금까지 주변의 엄청난 반대에도 불구하고 타 카드회사의 디자인 비용에 비해 엄청난 액수를 디자인 개발 비용으로 꾸준히 지출한 현대카드는 인상주의 예술의 요소를 잘 분석해 적용한 사례라 할 수 있다. 이제 현대카드와 디자인은 떼려야 뗄 수 없는 현대카드만의 독자성으로 소비자들 인식에게 확고히 자리 잡고 있다.

현대카드 좋은 디자인은 더 좋아질 수 있다는 생각으로 플레이트를 재 디자인했다. 리뉴얼한 카드는 기존의 뭉툭한 모서리를 각 지게 만들어서 사소하지만 큰 차별화를 두었고, 색감이나 그래픽 요소도 상당히 절제하여 세련미를 높였다. 이는 현대카드를 처음 받아 본 소비자에게 인상적인 반응을 이끌었다. 뒷면의 마그네틱 선도 다른 카드사의 경우 그저 기능적인 부분의 한 요소라고 보았지만, 현대카드의 경우 날렵하게 만들고 혜택에 대한 글귀를 집어넣는 등 다른 카드사들이 아무도 신경 쓰지 않던 부분까지도 차별화의 목적으로 삼았다.

결과적으로 인간사회에서 모든 성공적인 삶이나 예술은 인상적이라는 평을 받아왔다. 상품의 명품화 전략에서 마지막 귀결점이 되는 것은 상품의 인상적인 요소이다. 이는 필수불가결한 것으로, 지각변동이 심한 현대의 소비시장이나 소비자의 심리상태를 생각해볼 때 우리는 늘 인상적인 요소를 가져야 하는 것이다.

현대카드의 아트코어

- 모회사의 장점을 카드의 아이템으로 삼은 회귀 전략(르네상스)
- 고객 소비 패턴 분석을 통한 VVIP 마케팅(바로크)
- 디자인 통합 관리 시스템으로 브랜드 아이덴티티 확보(고전주의)
- 혁신적인 인사 시스템을 비롯한 낭만적인 기업문화의 확립(낭만주의)
- CI 리뉴얼 전략으로 인상적인 브랜드 아이덴티티 전달(인상주의)

07 모두를 위한 디자인, 브래들리 타임피스

지난 2013년 7월 미국의 소셜 크라우드 펀딩 사이트 '킥스타터'에 한 국인 최초로 참여하여 역대 4위 펀딩 액수인 59만 달러를 모은 남자가 있다. 칼로카가티아(kalokagathia)와 아트코어(artcore) 그리고 그만의 센소(senso)의 삼박자를 갖춰 삶을 멋지게 디자인해 나가고 있는 ㈜이원(Eone)의 김형수 대표이다.

'킥스타터' 참여 당시 미국 언론들은 그의 작품인 브래들리 타임피스에 대한 뜨거운 관심을 드러냈다. 현재 이 시계는 전 세계에서 품절 사태를 일으키고 있는 '핫'한 아이템이 됐다. 한국인으로서 참 '배부른 소리'하기 힘든데 김형수 대표는 '배부른 소리'로 시장을 내다보고 고객을 발굴한 대표적 사례이다.

감수성은 다양한 경험에서 성장한다는 사실을 김 대표의 사례는 보여준다. 국내에서 고교를 졸업한 후 미국에서 심리학을 전공해 대학과 대학원을 마친 그는 이후 신경과학으로 박사과정을 밟다가 군 복무를 위해 귀국했다. 첫 직장은 한 신문사 기획팀이었고, 이후 재무컨설팅 회사에서도 근무했다. 그러다 다시 미국으로 가 MIT 경영대학원에 입학했다.

그런 그가 지원했던 미국의 한 회사 면접 자리에서 퇴짜를 맞았는데 그때 "참 일관성이 없는 삶을 살았다"는 말을 들었다고 한다. 전공했던 공부나 일에 얽매이지 않고 그때그때 하고 싶은 일을 찾았던 그가 제3자 입장에서 보면 끈기없고 쉽게 포기하는 사람으로 보였던 모양이다. 그러나 반대로 생각하면 항상 새로운 것에 관심을 두고 시도해보는 성격이 결과적으로 브래들리 타임피스의 탄생에 큰 도움이 되었다.

▌고객의 불편함에
▌눈을 뜬 선한 동기

'브래들리 타임피스'는 시각장애자용 시계다. 이 시계의 독보적 특징이자 시각장애인들에게 폭발적 인기를 얻게 된 큰 이유는 바로 사용자가 시간을 확인할 때 아무에게도 들키지 않을 수 있다는 점이다. 시침과 분침 대신 작은 구슬 2개가 돌아가며 시간을 나타내는데, 사용자가 손끝으로 이 구슬을 만져 시간을 확인하는 구조다. 김 대표는 브래들리

스나이더 씨를 포함해 수많은 시각장애인을 만나면서 그들은 자신이 시간을 확인하는 것을 다른 사람에게 알리고 싶어 하지 않는다는 점을 알게 되었다. 그런데 기존 시각장애인을 위한 시계는 대부분 소리로 시간을 알려준다. 그것은 곧 주변 사람들이 그가 시간을 확인하고 있음을 알 수 있다는 이야기다. 비시각장애인들은 쉽게 공감할 수 없는 사항이지만, 대부분의 시각장애인들은 남들과 다르지 않은 제품을 쓰고 싶어 한다.

여기에 착안해 그는 '모두를 위한 디자인'을 모토로 'Everyone'을 줄인 이원(Eone)이라는 이름의 회사를 만들었다. 그리고 2년여의 고민과 시행착오 끝에 만지는 시계인 브래들리 타임피스를 탄생시켰다. 이처럼 다른 사람의 불편함을 제품으로 돕고 싶은 마음, 나와 다른 사람의 마음을 다 알지 못하지만, 최대한 가까이에서 바라보고 이해하려는 마음, 그 마음을 가득 담아 시각장애인들에게 보물과도 같은 가치를 선사하고자 한 것이 이런 혁신적인 제품을 탄생시킨 배경이 되었다.

브래들리 타임피스라는 시각장애인용 시계를 선보이며 주목을 받은 이원. 그러나 여기에도 시행착오는 있었다. 시각장애인을 위한 기능에

브래들리 타임피스 시계

만 신경을 쓰고 상대적으로 제품의 색깔이나 디자인에는 신경을 덜 썼다. 그런데 놀라운 점은 많은 사람들의 편견과 달리 시각장애인들도 비시각장애인과 마찬가지로 예쁜 디자인과 멋진

색상을 원한다는 것이었다.

이에 이원은 브래들리 타임피스를 시각장애인뿐만 아니라 비시각장애인에게도 인기를 끌 만큼 매력적인 디자인으로 완성했다. 시계를 뜻하는 단어로는 워치(Watch)와 타임피스(Timepiece)가 있다. 보통 공장에서 기계로 생산하거나 손목에 차는 시계를 워치라고 하고, 장인이 수작업으로 공들여 만드는 시계를 타임피스라고 부른다. 브래들리는 워치 대신 타임피스를 선택했다.

디자인에는 특정 물건 혹은 서비스의 사용을 편리하게 해주는 기능적 요소가 있어야 한다. 또한 독특해야 한다. 그런데 요즘에는 미학적으로 아주 특별하고 남달라서 특정 계층만 사용할 수 있는 디자인을 멋진 디자인이라고 여기는 경향이 있다. 하지만 더욱 많은 사람들이 함께 공감하고 경험을 나눌 수 있는 요소가 있는 디자인이 더 아름다운 디자인이다.

스토리를 입힌 네이밍과 디자인

시계 이름 '브래들리 타임피스'는 미 해군 장교로 복무 중 폭파 사고로 실명한 뒤 패럴림픽 수영 종목에서 금메달과 은메달을 따며 재기에 성공한 미국인 브래들리 스나이더의 이름을 땄다. 브래들리 타임피스를 개발하는 데 있어서 가장 힘들었던 부분은 시각장애인들의 생활과 관

브래들리 타임피스의 다양한 디자인의 시계

심사를 이해하는 일이었다. 특정 고객을 목표로 하는 제품을 디자인하려면 그들의 생활, 문화, 가치관을 잘 알아야 하기 때문이다. 그래서 실제 시각장애인인 브래들리 스나이더 씨의 의견을 많이 참고했고, 그와의 인연이 브랜드 네이밍으로까지 이어진 것이다.

브래들리 타임피스는 디자인에 스토리를 입히고, 디자인을 통해 서로를 연결하기 위해 여러 시각장애인들과 모여 회의를 했다. 김형수 대표는 시각장애인들로부터 점자를 읽을 줄 아는 시각장애인이 얼마나 될 것 같으냐는 질문을 받았다. 그리고 시각장애인 10명 중 1, 2명만이 점자를 읽을 수 있다는 사실을 그때 처음 알게 되었다. 시각장애인이라면 당연히 점자를 읽을 줄 알 것으로 생각했던 편견이 깨어지는 순간이었다. 큰 충격을 받은 김형수 대표는 우리 사회가 시각장애인들을 위해 해야 할 일이 무한하고, 이원이 할 수 있었던 일이 분명 더 많다는 깨달았다.

브래들리 타임피스는 볼 수 없는 사람도, 볼 수 있는 사람도 쓸 수 있는 시계다. 디자인에 끌려 이 시계를 찬 비시각장애인은 시간을 손으로 만지면서 시각장애인의 삶에 조금이라도 다가갈 수 있다. 이를 통해 서로의 경계가 무너질 수 있으며, 이러한 만지는 감각을 더욱 더 많은 세상 사람들이 알아가는 것이 브래들리 타임피스가 추구하는 바다.

지금까지 브래들리 타임피스에 대한 반응은 조금씩 다르다. 시각장
애인의 사회 참여도가 높은 미국을 비롯한 대부분의 선진국에서는 매우
좋은 반응을 보인다고 한다. 시각장애인이 멋을 내기 위해 찰 수 있는
시계라는 평가를 많이 받기 때문이다. 그러나 시각장애인의 사회적 참
여가 상대적으로 적은 국가에서는 아직도 가격 책정에 대한 이견이 많
다고 한다. 앞으로 개선해야 할 사항임은 분명하다.

김형수 대표가 장애인과의 공감능력을 기반으로 새로운 일에 끊임없
이 도전할 수 있는 것은 우측 뇌의 도움 없이는 불가능한 이야기로 보
인다. 그가 말하는 '기능성이 좋은 것은 물론이고 디자인 또한 사랑받을
수 있는 제품'을 만드는 것, 이것은 이미 기원전 고대 그리스인들이 생
각한 아름다움에 관한 미학적 가치관이다.

브래들리 타임피스의 아트코어

- 선한 모티베이션(motivation)과 진정한 혁신(르네상스)
- 왕의 소장품 같은 화려함(바로크)
- 보편성과 미니멀리즘 미학(고전주의)
- 고객의 입장에서 생각하기(낭만주의)
- 인상적인 네이밍 스토리(인상주의)

'배부른 소리'를
함께 해줄 독자들에게

서구 유럽인들에게 있어 시간이 빚어낸 아름다운 가치들은 그들의 일상과 늘 함께하고 있다. 한국의 풍토에 가장 잘 맞는 건축이 한옥이듯 유럽의 풍토에 가장 잘 맞는 것 또한 그들의 건축양식이다. 그들의 건축양식에는 각 시대의 칼로카가티아를 사랑하고 꿈꾼 예술들이 그대로 같이 이식되어 있다. 굳이 예술사 공부를 따로 하지 않아도 피부로 느낄 수 있는 자연스러운 생활양식이며, 자신들의 주변에서 옛사람들의 정취를 쉽게 느낄 수 있는 환경이다. 자신들이 살아온 오랜 삶의 현장을 우리처럼 근대화, 산업화라는 명목 아래 훼손시키는 우를 범하지 않은 그들이기에 예술을 피부로 느끼는 것이 우리보다 수월하다. 학교교육 현장에서도 인문학 위주의 교과목들이 대학 입시에서 중요한 그들이

국·영·수 위주의 교육으로 무장한 우리보다 창의성에 있어 수준 높은 감수성을 가진다. 이것이 지금까지 서유럽의 예술사를 '인간이 좋아하는 것들'이라는 개념으로 다시 한 번 살펴본 이유다.

어느 날 뉴욕을 다녀온 이탈리아 친구가 필자에게 "맨해튼에 있는 유럽식 건물들을 보고 있자니 눈에 너무 거슬렀다"고 한 말이 인상 깊었다. 당시 필자의 눈에는 유럽의 건물이나 맨해튼의 유럽식 건물은 크게 달라 보이지 않았고 그냥 다 비슷한 서구의 건물이라고만 생각되던 때였다. 그래서 그 친구에게 뭐가 문제인지 물어보니 맨해튼에 있는 건물에는 서로 다른 양식이 한 건물 안에 혼재된 것이 많아서 그게 보기 안 좋다는 것이었다. 건축학도도 아닌 친구가 서양 예술 양식에 대해서 어떻게 그리 잘 아는지 신기했다.

그리고 그 이유가 유럽인들이 살아온 환경에 있었다는 것을 알게 되었다. 그들은 일상 속에서 너무나 자연스럽게 예술 양식을 그대로 느끼며 살아왔다. 말하자면, 자기 집은 르네상스 양식, 이모네 집은 바로크 양식, 고모네 집은 로코코 양식, 삼촌네 집은 고전주의 양식, 친구네 집은 낭만주의 양식, 학교는 20세기 후기 인상주의 양식의 건물들인 것이다. 그런 환경 속에서 살다보니 특별히 예술사를 공부하지 않아도 예술을 이해하고 공감하는 능력이 우리보다 상대적으로 뛰어날 수밖에 없었다.

서구의 예술을 이해하는 것이 지금 우리에게 중요한 이유는 앞서 말씀드렸듯이 서구의 문화가 갖는 '인간 본능에 입각한 상업성' 때문이다.

우리는 우리의 역사와 주변의 아름다운 것들을 망각한 채 서구 문물에 한순간 눈이 멀어 그들의 문물을 근대화 산업화란 이름으로 '선택'했다. 그러나 그러면서도 정작 그것에 대한 이해는 부족했다.

서구의 공산품, 즉 Made in Europe에는 인간을 유혹하는 요소인 칼로카가티아 정신과 함께 예술적 콘텐츠가 이식되어 있으므로 대중들에게 '선택'받는 데 있어 유리할 수밖에 없다. 그동안 우리가 그들에게 쉽게 우리가 열어왔던 것도 그 때문이다. 그런데 우리는 어떤가. 우리 역시 많은 공산품을 생산하고 있지만 그들이 제시한 겉모양만을 '선택'해 충실히 따라 제작하고 있다.

이제는 이런 점을 자각해 예술적 감수성에 기초한 창의성으로 '인간이 좋아할 수밖에 없는 요소'로 무장한 한국만의 독특한 스탠더드를 만들고 제시해야 한다. 그래야 제2의 경제성장을 이룩할 수 있는 토대를 만들 수 있지 않을까.

한국의 '아이돌' 문화와 싸이의 '강남 스타일'은 서구의 아름다움을 잘 이식해 우리만의 관점으로 재해석해내어 세계 속에서 한류의 가능성을 알린 사례라 할 수 있다. 자국 문화에 대한 자부심이 강한 프랑스에서조차 한국의 아이돌 문화가 주는 충격은 잠깐의 신드롬일지라도 돌풍을 일으키고 있는 것이 현실이다. 이런 프랑스 청소년 문화의 세태를 꼬집기 위해 프랑스 유력 일간지 〈르 몽드〉 지가 발 벗고 나서 한국의 아이돌 문화는 예술이 아닌 기획 상품이라 아무리 떠들어대도 달라지는 건 없었다. 평소 영어를 무시하고 모국어를 중요시하여 영어로 물어도 프랑스 말로 대답하던 프랑스의 청소년들이 이제는 한국어로 된 노래를 따라 부르고 한국의 음식을 찾으며 한국 아이돌의 패션을 따라한다. 이런 것을 보면 예술과 문화가 갖는 불멸의 힘이 느껴진다.

한국의 아이돌 문화에 농락당한 프랑스 청소년들의 무지함을 알리고자 한 〈르 몽드〉의 사설이 망각한 사실이 있다. 서구의 역사와 예술 역시 기원전부터 늘 '인간이 좋아하는 요소'로 기획되고 발전해왔었다는 점이다. 하지만 요즘 들어 〈르 몽드〉도 달라진 태도를 보인다. 구독자들의 달라진 취향 변화에 발맞춰 한국의 아이돌뿐만 아니라 프랑스에서 열리는 다양한 한국의 공연 예술 문화에 관심을 두고 리뷰기사를 싣고 있다. 이제는 우리의 아름다움을 인정하고 적극적으로 알리고 있는 실정이다.

이런 점에 비추어 볼 때 예술을 '예술을 위한 예술'의 순수함으로 바라보고 학문적으로 연구하며 지켜나가는 것도 중요하지만, 예술을 상업적인 시각으로 바라보고 새로운 창작의 영역으로 확대하는 것이 필요한 시점이라는 생각이 든다. 기원전 동시대 여타의 신정일치 국가나 전제군주국가와는 다르게 인본주의와 민주주의의 이상을 열었던 고대 그리스의 정통적 가치관에 입각해 예술을 '인간이 좋아하는 것'들로 개념화하고 새롭게 인식해야 한다. 그래서 학교교육을 비롯해 우리 사회 전반에서 예술이 중요한 요소로 자리 잡았으면 하는 바람이다.

순수예술과 상업예술의 경계는 20세기 이후에나 성립되는 개념이라는 사실을 잊지 말기 바란다. 예술은 결코 어렵고 모호한 개념이 아니다. 예술은 어떤 분야에서든지 우리의 배를 부르게 해주는 유익한 요소가 될 수 있다.

　이 책의 독자 여러분 모두가 인간의 역사에서 예술이 주는 특별한 교훈을 통해 삶을 멋지게 디자인하고 세상을 지배해나가는 클라식쿠스(claasicus)로 살아가시기를 기원한다.

참고문헌

- 고영복, 《사상사 개설》, 사회문화연구소, 1996.
- 길민권, 〈구글에 방치되고 있는 공공기관, 일반기업 개인정보 노출 조사 결과〉, 데일리시큐, 2015.9.25.
- 김국태, 〈위기 극복 기업에서 배우는 지혜〉, LG경제연구원, 2004.
- 김희선, 루이 비통, '김연아 스케이트 트렁크' 3400만 원에 낙찰, OSEN, 2013.1.31.
- 랜달 스트로스, 《구글, 신화와 야망》, 고영택 옮김, 일리, 2009.
- 매튜 프레이저·수미트라 두타, 《소셜 네트워크 e혁명》, 최경은 옮김, 행간, 2010
- 박기현, 《프랑스 문화와 상상력》, 살림, 2004.
- 박연선, 《색채용어사전》, 예림, 2007.
- 스티브 블랭크·밥 도프, 《기업 창업가 매뉴얼》, 김일영·박찬·김태형 공역, 에이콘출판사, 2014.
- 유인경, 빅데이터 전문가 송길영 다음소프트 부사장 "빅데이터의 본질은 인간의 마음과 욕망을 읽어내는 것", 주간경향, 2015.2.17.
- 이위재, '실리콘밸리의 대부' 스티븐 블랭크, 조선일보 위클리비즈, 2014.7.12.
- 이재진, 《패션과 명품》, 살림, 2004.
- 에릭 리스, 《린 스타트업》, 이창수·송우일 공역, 인사이트, 2012.
- 제르맹 바쟁, 《바로크와 로코코》, 김미정 옮김, 시공아트, 1998.
- 최보윤, 2㎜ 바느질 간격 재며 한땀 한땀… 가방 하나도 200개 공정 거쳐, 조선일보 위클리비즈, 2012.1.2.
- 캐롤 스트릭랜드, 《클릭, 서양미술사》, 김호경 옮김, 예경, 2012.
- 편집부, 《파퓰러음악용어사전》, 삼호뮤직, 2002.
- 편집부, 《클래식음악용어사전》, 삼호뮤직, 2001.
- 편집부, 《최신명곡해설》, 삼호ETM, 2012.
- 편집부, 《클래식명곡해설》, 삼호뮤직, 2002.
- 편집부, 《미술대사전》, 한국사전연구사, 1998.
- 편집실, "예쁜 그림 감상하듯 수학 문제 풀었어요", 월간 과학과 기술, 2006.5.
- 한국문학평론가협회 편, 《문학비평용어사전》, 국학자료원, 2006.
- EBS 동과 서 제작팀·김명진, 《EBS 다큐멘터리 동과 서》, 지식채널, 2012.
- Daniel Eran Dilger, 「Jony Ive's minimalist designs could reshape the future of iOS, OS X」, Appleinside
- Ken Makovsky, 「Inside Apple #2」 Forbes
- Walter Isaacson, 「How Steve Jobs' Love of Simplicity Fueled A Design Revolution」, Smithsonian.com